人はいつ「死体」になるのか

生と死の社会学

ジョン・トロイヤー 著　藤沢町子 訳

TECHNOLOGIES
of the
HUMAN CORPSE

JOHN TROYER

原書房

人はいつ「**死体**」になるのか

生と死の社会学

妹ジュリーと、いつになったら書きおえるの、と彼女が私をせっついていた時間のすべてに。

同じくそう言っていた両親のロンとジーンに。

三人へ、たくさんの愛を込めて。

目次

謝辞

本書の完成は以下の人々、団体、機関のおかげである。まず誰よりもグラシア・マリア・レドンド・ネバド、両親のロン・トロイヤーとジーン・トロイヤー、妹ジュリー・トロイヤー、バース大学社会・政策科学部、バース大学死および社会研究センター、死および社会研究センターで過去にともに働いた、そして現在ともに働いている同僚のみんな、マシュー・ブラウンをはじめとするＭＩＴプレス社の方々、ジョアンナ・エーベンステインと病理解剖学図書館、本当に必要とするときに助言をくれたヘイリー・キャンベル、ケイトリン・ドーティ、フィル・オルソン、エイラ・フランシス、リン・ロフランド、死の世界にかかわる友人や同僚のみんな、ジョン・アーチャー、ヘイディ・ワッソン、チェーザレ・カサリーノ、ミハウ・コビアルカ、ミネソタ大学のカルチュラル・スタディーズおよび比較文学部、同学部のジュリエッタ・シン、これまで講義で教えた学生のみんな、キャシー・ウォルザックと全米葬儀ディレクター協会、ミネソタ大学バイオメディカル図書館のキャサリン・チュウ、ミネソタ大学葬儀科学プログラムのマイケル・ルブラント、本書に第一章として含めた原稿を、ジョン・トロイヤー、「エンバーミングされた幻影」として、〈モータリティ〉誌第一二巻（二〇〇七年第一号）の二二‐四七ページに初掲載し、第三章の原稿を、ジョン・トロイヤー、「HIV／AIDSの死体のテクノロジー」として、〈メディカル・アンソロポロジー〉誌第二九巻（二〇一〇年第二号）の一二九‐一四九ページに初掲載してくれたテイラー・アンド・フランシス社（https://taylorandfrancis.com/）、メアリー・ローチ、キャンディ・カーン、クリスティ・バッケン、ギリシア語についての疑問に答えてくれたアリ・ホプトマンとヴァル・パキス、アンバー・トライブ、本書が出版されるずっと前に亡くなったが今もうしろで見守ってくれている祖父母、キャロル・トロイヤー、キース・トロイヤー、ウィスコンシン州ハドソン高校の尊敬すべきかけがえのない恩師たち、チュパカブラ、それからビスガマン。

まえがき

家族がみんな死んでしまう前に、この本を完成させる必要があった。

あなたが今読んでいる原稿を執筆し、修正し、さらに推敲しているあいだのことだった。二〇一七年七月下旬、妹ジュリー・トロイヤーは多形膠芽腫《こうがしゅ》という悪性脳腫瘍と診断され、腫瘍を小さくするための緊急手術を受けた。それから一年近く放射線治療と化学療法を重ねたのち、二〇一八年七月二九日、家族と暮らし教師の仕事をしていたイタリアのミラノで亡くなった。あとには夫と幼い子ども二人が残された。

妹が亡くなっただけでなく、二〇一八年六月一五日には父の弟キースも多臓器不全でこの世を去った。私がバース大学の死および社会研究センターでおこなったエンドオブライフ問題の研究に対して、ミネソタ大学から卒業生功労賞を授与された晩だった。キース叔父が亡くなった場所は、偶然にも授賞式の会場から二ブロック先にあるミネソタ大学病院の一室だった。私と両親は授賞式に出席していたので、キースの死を知ったのは、大学から車で三五分のところにあるウィスコンシンの家に帰り着いたあとだった。急いで引き返し、病院で別れを告げた。

父のロン・トロイヤーは、二〇一五年後半から何度か心臓発作を起こし、そのあと冠動脈の一二カ所にステントを挿入しなければならなくなった。私がこの文字をタイプしている二〇一九年前半、両親は開心術の日程を決めるため、循環器科医との面談に向けて準備をしている。負担の少ない治療はもはや選択肢にない、誰もがそうわかっている。母のジーン・トロイヤーはまずまず健康だが（ありがたや）、ひどい関節炎など加齢による不調に悩まされてはいる。

私自身はというと、遺伝子のなかでがんと心臓病が猛威を振るっているわけだから、本腰を入れて減量しなければならない（鋭意取り組んでいる）。だがこうした出来事をとおして、家族にとって生と死がどんな意味をもつかについての私の理解は、数年間で根本から変わった。

ここで説明しておきたい。私は、死と死にゆく過程と死体を学問横断的に研究する、世界で数少ない機関の一つ、バース大学死および社会研究センターのセンター長を務めているのだが、それだけでなく、アメリカに住む父は、葬儀ディレクター〔葬祭業務に従事する専門家〕をしていた。人生はずっと死を中心に回ってきたと私が言うとき、それは誇張ではない。死は私の知るすべてであり、本書は私の生活に住み着いた死と死にゆく過程と死体の一団に対する、いろいろなものが入り交じった応答である。当初はおおよそ学術（風の）書にする予定だったが、執筆するうち、読者に死や死にゆく過程や死体についてこれまでとはまったく別の仕方で考えてもらう本になった。あとから見ると、意図せず回想録めいた部分もある。私は自分をエッセイストとは思わないし、回想録を書くつもりも毛頭なかったが、妹の死が、ふとページの合間に立ち現れて無視することができなかった。心から思う。死を相手に闘うのは間違いだ。勝つのは死だ。勝つのはいつだって死だ。

死ぬと告げる

自分は人の死や死に際に慣れていると思っていたが、そうでもないとわかったことが、本書を妹の話で始めた理由だ。人間の死すべき運命については経験も学位もあるのに、四三歳という早すぎる妹の死を前にして、私はすっかりうろたえてしまった。

だがうろたえたとはいえ、多くの人が人の死に際して慌てふためくのとはやはり違った。同じ感情の要素はあったが、人間は誰でも予期せず死ぬ、とくに愛する身近な人は予期せず死ぬ、と私は教わって育った。だから、死はごく普通のことだった。ジュリーが脳腫瘍を抱えて生きた一年のほぼあらゆる局面において、自分なりの狼狽に襲われながら、割って入ってホスピスケア〔死期の近い患者を対象に、延命治療をせず、身体的苦痛の緩和や精神的援助をおこなう医療〕を提案しなければならない、妹に死が迫っていると理解させなければならない、と強迫的に思っていた。しかし自分でもよくわからない理由から、最後の最後まで何も言わなかった。

逆にいえば、最終的には話をした。二〇一八年七月一三日の夜、イタリアで妹と二人きりのとき、何が起きてるの、ときかれた。だから、もうじき死ぬ、と教えた。妹の手を取り、医療チームの誰もしなかったことをし、カウンセラー陣が義弟に禁じてきた話をした。私は可愛い妹に告げた。ウィスコンシンの実家には二度と帰れないこと、イタリアで死ぬこと、安らかな最期のために家族はなんだってするつもりであること。一六日後、ジュリーは死んだ。

妹の言った三つのことが、やり取りのなかで強く印象に残っている。一．きっぱりと告げてくれてありがとう。二．自分がもうじき死ぬのはわかっている（私たちは同じ家庭で育ったのだから当然だ）。三．宣告をしたのがお兄ちゃんでよかった、逆の立場だったら自分も同じようにしたから。

最後の時期にはこんな会話をしたのだった。

ジュリーの全身状態はこのときには悪化の一途をたどっていた。腫瘍が原因で右目の視力はすでになく、左目も時間の問題だった。同じく腫瘍のせいで平衡感覚にひどく異常をきたして寝たきりになり、聴力も低下していた。よかった面は、身体的な苦痛をあまり味わわずにすんでいたことだ。少し前から地元のホスピスで緩和ケア用の薬の処方と外来治療を受けており、呼べば電話一本で医師と看護師が家に来てくれた。でも、地元のホスピスにかかりはじめたあとでさえ、目前の死について誰も何も言わなかった。兄妹の会話からまもなく、妹はコンフォートケア〔苦痛なく最期を過ごすための医療〕を受けるためにホスピスの総合入院施設へ救急車で移っていった。死に場所選びの通説とは反対に、ジュリーは自宅で死にたくないと言い、義弟は妻の望みどおりに手はずを整えた。

死の宣告をした二晩のち、スカイプでウィスコンシンのママとパパと話したいかと妹に尋ねた。妹は話したいと答えたので、彼女のとなりに寝そべってノートパソコンを開き、全員の顔が見えるようにした。このときすでに長時間でなくても集中力を保って語らうのは難しかったので、短い会話になった。だが互いに愛していると伝え合い、ジュリーは自分が死ぬと理解していることや、でもものすごく理不尽に感じているということを話した。

よく聞く末期疾患の話では、臨終の人はたいていたい平静な態度で運命を受け入れ穏やかに死へと歩いていく。妹は、死ぬことに腹を立てていた。死が迫っていることを完全に理解し受け入れており、最期の数週間にも死を拒む様子はなかったが、両親に向かって確かにこう言った。「死ぬのって最悪。ほんとに最悪」ジュリーはただ、もっと生きたいと思っていた。家族も同じ気持ちだった。

両親も私も知る由はなかったが、家族四人そろって会話をするのはこれが最後になった。パソコンの画面越しでも、家族四人の会話だった。

死の本を書く

妹とはこの本についてもたくさん話をした。ある出版社とのあいだで災難がつづいたあと刊行が難航したこと。MITプレス社と編集者マシュー・ブラウンが現れて救ってくれたこと。妹が私を「死の帝王」と呼んだこと。父には何年もこんな冗談を言われつづけた。できれば俺が死ぬ前にさっさと仕上げてくれよ、この目でちゃんと読みたいからな。家族で笑っていたが、父が最初の心臓発作に襲われた時点で笑い事ではないと悟った。そして妹が病気になり、あっという間に死んでしまった。

二〇一八年の四月には、ジュリーが本書の出版を見届けることはないとわかっていた。ジュリーの誕生日を祝うため、私は自分のパートナーや両親とイタリアを訪れていたのだが、がんとその治療が容赦なく妹を解体している状況は火を見るより明らかだった。「妹の死を見つめる」と題してとりとめなく気持ちを書きつけはじめたのもこのときで、何編かは本書に収録した。二〇一八年の四月を思い返すと、エンドオブライフ・ケア〔人生の終焉を迎える時期に、生をよく生きられるよう支援すること〕や死ぬことについて何も言わなかったのは間違いだった。とはいえジュリーの誕生日会の場だったし、私のパートナーが当時をふりかえっていつも言うには、妹の友達のほとんどは「死ぬ」という言葉を聞く心の準備ができていなかった。まったくパートナーの言うとおりで、私もよくわかってはいるが、専門家として認識していたことと一個人として発言したことを比べると今でも葛藤を感じる。

葬儀ディレクターの子なら死は親しい友人であるから、虚しくも皮肉な状況に思えた。子どもの頃、私と妹は父が働くあちこちの葬儀社で何時間も過ごした。世界中の「シックス・フィート・アンダー」〔二〇〇一〜二〇〇五年に放映された、葬儀社を舞台としたアメリカのドラマ〕ファンはがっかりするだろうが、葬儀社に住み込んだ経験はない。でも、父が供花《きょうか》を飾りつけたり、ヴィジテーション〔葬儀の前に親しい人が集まる会〕の場となる教会の絨毯に掃除機をかけるのを見て育った。クリスマスの朝に父がいないと思ったら、前夜に誰かが死んだからだったことも少なくない。日常。どれも当たり前の日常だった。私もジュリーも多くの子どもとは違う生活だと理解していたが、他の生活など知るすべもなかった。それに、両親は幼いわが子に対して死や葬儀や死体のことを隠さないようにあえてしていた。葬儀社にまつわる子ども時代の最初の記憶は（よくある話だ、葬儀社で育った人がいたらきいてみてほしい）、おばあさんのヴィジテーションが始まる前に死んだ彼女の手を触ったことだ。棺に横たわる彼女の皮膚の際立った冷たさと、その理由を両親に尋ねたのを覚えている。女性は死んでいて、人は死ぬと体温が変化するのだと両親はそろって説明をした。おばあさんの手はまったく正常だ、と二人は言った。死体というものはまったく正常なんだよ、と。そしてこのとき、私はずいぶん幼くして悟った。死体は怖くなんかない――ただ死んでいて、触ると冷たいだけだと。おばあさんが着ていた青いポリエステルのパンツスーツも記憶に残っている。一九七〇年代半ばの出来事だったのだろう。

いよいよ容体が急変して妹が死んだとき、私はイングランドのブリストルにいて（現在の居住地）、午後四時五五分発イタリア行きの便に乗る直前だった。日曜日だった。搭乗口の待合所に座っていると、先にホスピスに着いた共通の大学時代の友人から電話があり、ジュリーが夫の手を握って死んだと告げられた。当初は翌週後半にイタリアへ飛ぶ予定だったが、土日のうちに妹の夫や友人と何度か電話で話し、すぐにでもミラノへ向かうべきだと決まった。妹の娘と息子は前日に別れを告げていた。空港で待っているあいだ、前述の友人が何度か携帯のメッセージで呼吸状態の悪化を教えてくれていたから、最後の電話が来たときも驚きはしなかった。死の直前のやり取りで友人に何度も念押しした。ジュリーは蘇生を望んでいない、万一ホスピスが延命処置を決めても絶対にだめだと。関係者はみな承知していたので、まずない事態と思われたが、兄として妹を守りたい気持ちが頭をもたげ、いざ死ぬときはそのまま死ねる状況を絶対確実にしてやりたかった。私が向かっていると知ったホスピスが延命処置をしたら最悪だった。こうした内容のやり取りをすべて携帯のメッセージでおこなうのは妙な感じがしたが、現代に人が死ぬときはこういうものだとわかってもいた。最後の電話で繰り返し言った。ジュリーの体をどこにも移さないでくれ。ホスピスに留めておいてくれ。着いたらすぐに会いたいんだ。友人は、心配いらないと請け合った。

両親に電話をした。パートナーにも連絡したが、ノルウェイの真ん中で団体旅行のガイドの仕事をしている最中だったから、イタリアへ来て合流することはできなかった。友人が遺体を留め置いてくれるから到着後すぐジュリーに会えるはずだ、とそれぞれに伝えた。私の会話を耳にして多くの心配と少しの衝撃を含んだ目でこちらを見ていた子ども二人連れの若夫婦に、ちょっと気持ちの整理をしたいので、飛行機に乗る前に時間稼ぎをしてくれませんかと頼んだ。ご心配にはおよびません、と年若い母親に請け合った。大丈夫。私は大丈夫。なんたって死の帝王なのだから。しばらくして滑走路へ歩いていき、飛行機に乗り込んだ。搭乗口一一番。ブリストル空港。妹の死を知った正確な場所を知りたいなら、搭乗券を取ってある。

日曜の午後に唯一予約できた片道切符で、ブリストルからアムステルダムを経由しミラノへ向かったので、ホスピスに到着したときには死後数時間がたっていた。ジュリーは看護師の手で病室から〈Mortuaria《モルトゥアリア》〉の階へ移されていた。このイタリア語は、エレベーターで地下へ下りながら世界一奇妙なダンテの『地獄篇』体験について頭のなかにメモをしていたときに、案内板にその文字を見つけたので覚えているのだ。とても親切な看護師二人が個室まで案内してくれ、たどたどしい英語でごゆっくりどうぞと言った。私は食事が注文できるレベルのイタリア語で感謝を伝えた。

ステンレス。部屋に入って最初に気づいたのがそれだった。死んだ妹の体はステンレス製の台に横たえられ、となりにシンクとシャワーホースがついたステンレス製のカウンターがあった。妹は入院着のままで、下半身を布で覆われていた。床を見ると台の脚元に排水口があった。二秒かかって、博士号を取得したクリティカルシンキングの能力と葬儀社で育った経験とを合わせて使い、目の前の死んだ妹がホスピスの準備室にいることを理解した。

準備室は、葬儀ディレクターが葬儀のために遺体を「準備する」場所だ。

今から言うことは意味不明かもしれない。でも、私は妹のこの姿を見てとてつもなくほっとした。あの部屋のなかで。あのステンレスの上に寝かされて。霊安室のなかにいて。

二人の子ども時代がそこにあった。私たちはこういう部屋で大きくなった。

慣れ親しんだステンレスの部屋のなかで、病室にいた場合よりずっとなごやかな気持ちでジュリーに語りかけ、手を握り、抱きしめてから別れのキスをした。いっしょにいた四五分ほどのあいだに、乗り継いだ飛行機でつづった文章を読んで聞かせ、両親の面倒は見るとしっかり伝えた。なかなか立ち去ることができなかった。何日も死んだ妹の手を握ったまま、子どもの頃に見た準備室の数々に思いを巡らしていられたらどんなによかったか。

その日の夜遅くみんなとホスピスを出ると、目にする街灯すべてに地元の葬儀社の広告が下がっていた。イタリア語で〈funebri《フネブリ》〉と書いてある。いろんな言語で「葬儀社」またはそれに類する言葉がわかることは、数ある私の特技の一つだ。広告はさりげないどころか、でかでかとしたバナー広告で、どうがんばっても見逃しようがなかった。独立記念日のパレードやゲイのプライドフェスティバルの告知バナーに似て色鮮やかだったが、デザイナーは大人になって広告業界に進んだ筋金入りのゴシック好きなのだろう。イタリアでは普通なのか、と義弟にきいた。アメリカや英国なら、ホスピスを出てすぐのところに葬儀社の広告など設置しないと思ったからだ。義弟は（わりと）普通だと答え、イタリア企業が顧客のいる場所を心得ている証拠だと言ってのけた。それから二人で声を上げて笑った。二人ともジュリーはきっと面白がるとわかっていた。母さんと父さんにも教えてあげなくてはとも思った。もちろん、忘れずに教えてあげた。写真まで撮る始末だった。

妹の家に泊まり、妹に死の宣告をしたベッドで寝た。二日後の七月三一日、義弟とミラノの中心へ出て死亡届の必要書類一式を提出した。いうまでもなく大変な一日だったが、義弟にはとりわけつらかった。

七月三一日は義弟の誕生日だ。

八月一日が葬儀だった。

葬儀で終わる

ジュリーの葬儀は、とびきりスタイリッシュでモダンなイタリア式の葬儀社でおこなわれた。子ども時代から知るアメリカ中西部のものとはずいぶん違う雰囲気だったが、葬儀社であることに変わりはなかった。ジュリーはいつも大理石の床やモダニズム建築を素敵だと言っていた。十字架をはじめとするイエズス・グッズ（と兄妹で呼んでいた）はあまり好きでなかったが、そこはイタリアだから仕方がなかった。私とジュリーは、どの町のどんな種類の葬儀社でも誰より先に発見できる能力を普段から冗談の種にしていた。「あれは葬儀社」と私が言うか妹が言うかすると、ずいぶんたって実際に看板が現れる。いっしょの友人は、ザ・ニューヨーカー誌の漫画で背後から静かに死神が迫るのを指摘された人みたいに薄気味悪そうな顔でこっちを見る。私たち兄妹はただ直感で葬儀社を察知するのだ。

妹の死後数時間のうちに義弟が葬儀の手配をし、私がイタリアへ向かうあいだに葬儀社に連絡して担当者に会っていた。葬儀の打ち合わせは状況によらずつらいものだが、愛と献身の心をもって自ら準備することを義弟が必要とし望んでいると私にはわかった。それに私が同席した場合、妹の件に集中するより、イタリアの葬儀社のやり方やその理由について質問することに時間を費やしてしまっただろう。義弟は葬儀社のスタッフに亡き妻の父親がアメリカの元葬儀ディレクターだと伝えることも忘れなかった。アメリカの葬儀ディレクターの多くが同業者の家族を弔うときにしたがう暗黙の規律が、イタリアでも機能していたのを感じた。

葬儀当日、ウィスコンシンから飛行機で来た両親を空港で拾って会場へ向かった。偶然だが、両親はもとから八月一日にミラノへ来る予定を立てており、何カ月も前に航空券を予約してあった。四月下旬にジュリーの誕生日で集まったとき、生きながらえて八月にもう一度だけトロイヤー一家で集合したいと願っていた。でも、家族四人は葬儀社で最後のさよならを言うことになった。

別れの瞬間、死や死にゆく過程や死体や葬儀や葬儀社や葬儀ディレクターや死別の悲しみといったものの身近さと、愛する人の死に際《ぎわ》に関する広範な学術的文献の記述と、両親がわが子の死にすすり泣いている光景とが、どうにも相容れないものに思えた。葬儀社に着くと、両親に対して取るべき行動が明確に頭に浮かび、さっと死の専門家モードに切り替わった。同時にこう思ったのを覚えている。この死の経験はあり得ないはずだった。妹が最初に死ぬことはあり得ないはずだったし、両親が死んだジュリーの姿を目にすることもあり得ないはずだった。母さんと父さんのどっちが先に死ぬだろう、と兄妹でときどき話した。でも自分たちのどちらかが両親より先に死んだ場合について真面目に検討したためしはなかった。真面目に、というのは、中年直前危機に見舞われていた三〇代前半の私がバイクを買ったとき、バイクで死んだら殺す、と妹が言い放ったことがあるからだ。ジュリーの死後、バイクのことをよく思い出し、好き放題の自分が生き残り妹が脳腫瘍で死ぬなんて不公平だと感じたことについて考えた。二人の運命を関連づけるのは理性的とはいいがたいが、死んだきょうだいの手を取りながら、人は得てしてこんなふうに考える。

葬儀が始まる前に遺族や弔問客が故人に会えるヴィジテーション用の個室で、母さんと父さんは長いことジュリーといっしょにいた。やがてジュリーの遺体を移動させる時間になったので、夫の選んだヨーロッパ式の先の細い棺に入れ、葬儀会場の礼拝堂へ運んで蓋を閉めた。

私は前日に（死亡届の書類を提出したあと）同じヴィジテーション用の個室で妹と過ごしたのだが、妹の見栄えのよさに安堵した。両親を呼んで、葬儀社の担当者は亡き娘の処置でへまをしたぞと告げたくはなかったからだ。「へま」とはひどい言い方だとわかっているが、直近の心配事だったのだ。葬儀社で育てば、下手な処置をされた死体がどんな見た目になるかわかる。私もジュリーも当然知っていた。

死の世界に興味津々の読者は、エンバーミング〔遺体の長期保存や感染予防、外見を整えることを目的として、消毒や防腐処置、修復等を施すこと〕を施したのか気になっていることだろう。妹はしなかった。世話になった葬儀社では（あるいはイタリア全土でもそれほど）エンバーミングが一般的でなかったので、腐敗を遅らせるための電気式冷却パッドの上に寝かせた。夫が用意した服を着て、化粧とヘアメイクをしてもらった。重ねて言うが、いい見栄えだった。父は葬儀を取り仕切る仕事の他に、葬儀科学、なかでも死化粧を教える仕事を何年もしていた。だから、妹を人前に出すために葬儀社がどんな準備をしたのかを母さんと父さんと私の三人でじっくり精査したと言うときには、文字どおりすみずみまで確認したということだ。それ以外の時間は泣いていて、ジュリーの頭上に置かれた巨大なイエズスの十字架を見てくすくす笑ったりもした。本人は十字架なんてごめんだっただろうから。

そして葬儀が始まった。ネオ・ロココ様式の礼拝堂はすぐに満員になり、あふれた人々はロビーで耳を澄ませた。供花には、妹の大好きだったヒマワリとガーベラがふんだんに使われていた。ミュージシャンの友人が演奏をした。それから一人ひとりがジュリーの面白話を英語やイタリア語で披露した。イタリア人の多くは、もっと厳粛な自国式のやり方とはずいぶん違うと感じたようだが、とても気に入ってくれた。翌日ジュリーは火葬され、今はイタリアの自宅の本棚に骨壺を置いて子どもたちがママに挨拶できるようにしてある。

妹の葬儀をどのように記述すべきか、私は長いこと自分自身と議論した。作家がキーボードの前に座って他人が聞いているのも知らず独りごちるようにぶつぶつと言った。「死んだ妹の体について的確に描写せよ、でも奇妙な感じのする描写はいけない」。本書を執筆する主な目的、ひいては研究をつづけてきた主な目的は、人間が近代の死と死にゆく過程を可視化するために用いる、不可視のテクノロジーのすべてを理解することだ。可視化とはつまり、定義すること、理解可能にすること、経験されること。こうしたテクノロジーについてなら何ページだって書けるし、ご覧のとおり、実際に何ページも書きつづける。そういうわけで、たとえば妹の体の腐敗を遅らせる電気式冷却パッドを見たときには、一九世紀から葬儀で用いられている非侵襲的保存技術の全歴史が自動的に思い浮かんだ。でも、ジュリーの葬儀のこととなると、言いたいのは、葬儀をした、ということだけだった。ジュリーは生きた。そして死んだ。誰もが笑って泣いた。人々は本能的に写真をソーシャルメディアに投稿した。言語は無力らしかった。言葉はしっくりこなかった。そして私は長年、死を嘆く人々の言葉が引用された学術論文や著書を読んできており、彼らの語る感情は、まさに私が経験しているものだった。だから私は意図せずジュリーの死に向けて心の準備をしていたことになるが、同時に、そうした文献を読んできたからこそ、ただこう言いたい気持ちにもなった。やっとわかった。やっとわかった気がすると。

災難

まえがきの結びには哀れなおちが必要だった（妹が死んで終わりじゃ物足りない）。だから最後に災難に見舞われた。ジュリーの死や過去一〇年の出来事すべてをつづった日記帳を、イングランドへ帰る飛行機に置いてきてしまったのだ。葬儀について書き留めたあと、日記帳を座席の前のポケットに入れ、ガトウィック空港に着陸した瞬間ふっと回収するのを忘れた。ブリストルへ向かう電車に乗って二〇分、リュックサックから取り出そうとした私は過ちに気づいて愕然とし、引き返して機内に入れてくれと航空会社に懇願した。当然許可されなかったが、しかるべき連絡先の電話番号と、遺失物を登録するウェブサイトを教えてもらった。遺失物返却窓口は応対時間を過ぎていたので、留守番電話にメッセージを吹き込み、ご多分にもれず長すぎて最後は強制終了された。かけ直して同じくらい長い二つ目を残し、妹のこと、妹の脳腫瘍のこと、妹が死んだこと、日記帳は自分にとって何より大事なものであることを吹き込んだ。自分は死について研究する学者で（なぜこの点が重要だと思ったのかわからないが、とにかくそう説明した）、日記帳を開くと「妹の死を見つめる」と題した詩のようなものが書いてあるはずだ、だから**どうかどうかお願いですから**日記帳を私のもとへ返してください。どうも。長くなってすみません。

　月曜の夜九時にできることはもうなかったから、自分への猛烈な怒りゆえに頭が痺れた状態で家へ帰る電車にまた乗った。ジュリーの死を実感したのはこのとき、電車に一人座って、日記帳がガトウィック空港に監禁されているがために気持ちを書き出せないでいるときだった。ジュリーに話しかけだしたのもこのときだ。日記帳を取り戻せるよう助けてくれと頼んだ。そして先回りして答えるが、死者に話しかけるのは、一〇〇パーセント正常なことだ。冗談じゃなく、試してみるといい。死者はものすごく聞き上手だ。

翌日、半狂乱の電話をもう何度かかけて本気の涙を流したあと、優しいスコットランド人女性（名前は覚えていない）が電話越しに慰め、日記帳が戻るよう必ず自分が手配すると請け合ってくれた。今では日記帳を視界の外に置くことはめったになく、この文字をタイプしているあいだも目を注いでいる。だが書き込むという点では、どうすれば妹の死を消化できるか見当もつかない。そのうち方法を見つけると思う、それは確かだ、でもバートルビー〔ハーマン・メルヴィル著の短編の主人公〕のように、そうしないほうが好ましいのです。

出来事の記憶と感情が全体的にぼんやりしだした頃の話だ。葬儀の一カ月後、ウィスコンシンで別途立ち見形式の追悼会をした。父親はジュリーの人生の記録として一五〇枚以上の写真を一枚いちまいスキャンし、パソコンのデスクトップに「ジュリーの思い出」フォルダを六つつくって保存した。私はフォルダごとにパワーポイントでスライドを作成し、当日かちかちクリックして上映した。妹の追悼会でパワーポイントを操作するのは妙な気分だったと言わざるを得ないが、やりたいことは実現できたし、現在使われているプレゼンテーション用ソフトウェアが二一世紀の追悼テクノロジーのなかで歴史的地位を占めるものであるのは間違いない。行事中に役目があったのもよかった。義弟もイタリアからやってきたし、今度は私のパートナーも参加できた。プロのオペラ歌手になった高校時代の友人が「忘れられない人《アンフォゲッタブル》」を歌った。その昔、合唱発表会で彼が妹と歌った歌でもあった。追悼スピーチをする友人もいた。花の飾りつけを申し出てくれた人もいた。都合のつかなかった二人は演奏の録音を送ってくれたので、思い出の写真をスクリーンに映しながら音源を流した。会場は地元のホテルの宴会場だったから、ウィスコンシン人らしく、最後はバーで無料の飲み放題にした。妹はいつだって飲み放題が好きだった。

　トロイヤー一家に特技があるとしたら、それは葬儀の計画と実施だと胸を張って断言できる。まあ、意外でもなんでもないかもしれないが。母さんは受付ともてなし全般を監督し、数百人分のカップケーキも焼いた。私は音響と映像を担当し、父さんは全体の演出をした。でも、家族で力を合わせて追悼会をするうちに悲しい気持ちにもなった。両親が死んだとき、妹なしでどうすればよいかわからないからだ。親の葬儀には妹がいてほしいと心底思う。

　ちくしょう、ジュリーの奴め。

　本書のまえがきでは、葬儀社育ちという生い立ちの影響で一風変わった世界の見方をするようになったことについて時系列で記載するつもりだった。事実、最初の原稿はちょっと面白い話で始まっていた。父親が登場して、死体は本当は冷たくない、室温とちょうど同じ温度なんだよ、と説明する。実際の出来事だ。つくり話じゃない。でも最近になってようやく、自分の育った環境はもっとずっと重要な役割を果たしたと気づいた。おかげで、兄として末期患者となった妹の手を取り告げる準備ができていた。ジュリー、おまえはもうじき死ぬと。
そして私は今、老いゆく両親の面倒を見る唯一の子どもという立場にある。
冒頭で言ったように、家族がみんな死んでしまう前にこの本を完成させる必要があった。

追記

二〇一九年一一月二九日、ミネアポリス・セントポール国際空港で、父ロン・トロイヤーが倒れ、あとから聞けば心停止だった。バハマ諸島でのクルーズから午後に母さんと帰国したところで、レンタカーの受付へ向かっていた。ドラマさながらに、長いエスカレーターのいちばん上でうしろの母さんに倒れかかり、母さんは父さんの体が下まで滑り落ちないよう必死で抱えた。父は背の高い大柄な人だったから、並大抵のわざではなかった。

まわりの人たちが心肺蘇生法《CPR》を始め、救急医療技術者《EMT》や消防士や警察官の一団が現場に到着して父さんの心臓の動きを再開させた。それから救急医療士が父を救急車に載せ、二〇一五年から心臓の問題で世話になっているミネソタ州セントポールの集中治療室へ搬送した。心肺蘇生中の苦難の時間にずっと母の手を握っていてくれた若い女性には大変感謝している。見知らぬ人の思いやりがいちばん目に見えて現れるのは、この種の危機的局面だ。

この原稿をタイプしている二〇一九年一二月三日時点で、父はまだ集中治療室にいるが、容体は落ち着いており、バイタルサインも良好だ。でも、意識が戻ったことはなく、今後もないと思う。倒れたあと、脳に酸素のいきわたらない時間が長すぎた。私はもうすぐアメリカへ行き、母さんが父のエンドオブライフ・ケアについての希望や医学的措置に関する選択を実行に移す手伝いをするつもりだ。こうした可能性について数年前にすっかり相談がすんでいたことや、両親が願いを書面に残してくれたことはありがたい。父のリヴィング・ウィル〔医療等の選択について事前に意思表示をしておく文書〕はすでに取り出して、目の前の黒い日記帳の下に置いてある。

最後に二つ。

一．父さんは本書の完成を知っていた。校正刷りと表紙のデザインを見たし、まえがきにジュリーのことが書いてあるのは自分にとって大きな意味があると言ってくれた。一一月に母さんとイングランドに来たのだが、最後に交わした会話の一部は、父がページ上でジュリーに会えてどれほどうれしかったかということだった。だが話すより、ただ泣いて頷き合う時間のほうが長かった。父と息子はこんなふうに言葉がなくても思いが通じる場合がある。

二．父は望んだとおりの死に方ができそうだ。一瞬で、ぽっくり、意識を失ったらそのまま二度と目覚めない。母さんとのクルーズを満喫したあとで。空港で。父さんは空港も空港のラウンジも海外旅行にまつわる何もかもが大好きだった。私もだ。

というわけで、父さんは死んでいない。今のところは。でも、もう母さんと自分の二人だけ、という感覚が強い。それに妹を見送ったあと、間を置かず昏睡状態に陥った父親の姿を目にするという体験は筆舌に尽くしがたい。何が起きているか理解している、でも何が起きているか理解したくない。何度もサミュエル・ベケットの言葉を思い出す。「続けなくてはならない、私には続けられない、私は続けるだろう」〔『名づけられないもの』、宇野邦一訳、河出書房新社、二〇一九年〕

でもとりあえず今は、母さんを支えなければならない。大丈夫。私は大丈夫。なんたって死の帝王なのだから。

二〇一八年四月二九日

妹の死を見つめる

僕はまだ、妹の死を見つめるような歳じゃない
まだ大人げないところがあるし
自分のことでめいいっぱいだ
そして死の知識を詰め込みすぎたからだろうか　どんなふうに、どうして
妹がもうじき死ぬのか、わからないでいる。
目の前で時計がチクタクいっている　時は止まらず
妹を仕留めようとしている　まだ
親も死んでいないのに。
それで僕は今　途方に暮れている　この三日間
妹が最後の時間に突入するのを見ていたから↓
みんなで誕生日の歌を歌ったとき僕は
終わりまで歌うこともできなかった。
これが　妹の最後の誕生日会になると知っていたから。

今もまだ、何と書いたらいいかわからない。
どれだけ泣いたか、どれほど涙を流したか、伝える言葉がわからない
何が目の前で起きているのか、みんなが悟っていく様子を
見ていた。
この二流の空港の待合所に座って思う
妹がこの町を出ることはもう絶対にないと。
ここが妹の死に場所だと。
このばかみたいな二流の空港の待合所で
僕がサンタ・マリアを抱えていたときに　妹はもう
涙を堪えきれないでいた。
妹と自分のために強くありたい。
だが友よ、僕はもうどうすればいいかわからない。
　窓の外を眺めている
死神をつかまえて何もかもぶちまけたい
そのうちそうすると思う。でも今はやめておく。
その可能性は慌てふためくなかで燃やした。

虚空をにらみながら　間違いに気づいている
虚空が、今にも死にそうな妹を味わうように食らっている。
だから僕をよく知る友よ、僕はこのページに書いた言葉に戻ってくる
死ぬには若すぎるきょうだいの早すぎる死に
どんなに書きつづけたって　どんなに
インクを費やしたって
誰の頭も追いつかないうちに、この死は現実のものになる。
だから友よ、僕にはいつにもましてきみが必要だ
きみのページに端から端まで胸の内を書き出させてくれ
僕がずっと　生を選びつづけられるように
たとえ妹が衰えて、死に近づいていくとしても。

序章　人間の死体

一九八一年七月九日、医療および生命医学行動科学研究における倫理的諸問題を検討するための大統領委員会が、『死を定義する：死の定義における医学的、法的、倫理的諸問題』という報告書を発表した。[1] 議論の中心は、機械によって人工的に生命を維持している個人の法的立場をめぐる問題だった。報告書の序章によると、「そうした体の生死を判断するための明確な手引を提供するために、従来の法的基準をどのように更新できるかについて考察し提案すること」が、大統領委員会に課せられた任務だった。[2] 一九七〇年代後半から一九八〇年代前半にかけてのアメリカでは、新しい種類の医学的テクノロジーが、死を以前よりあやふやなものにし、それまではあり得なかった種類の「ほとんど」死んでいる、あるいは「だいたい」死んでいる人間の体をつくり出していた。大統領委員会の前に横たわる重大な問題はつまり、「人工的に維持された体は、法に（そして社会に）新しいカテゴリーをもたらすものであるため、従来の方法ではその死を十分明確に定義することができない」というものだった。[3]

三五年以上も前に大統領委員会の最終報告書が取り組んだ複雑な主題は、現在も課題として残り、再定義がおこなわれている。その主題とは、人間の体はいつ、科学、医学、法の観点から死んだとみなされるのか、というものだ。もっとおおざっぱな言い方をすると、委員会はこう尋ねた。いつ体は死ぬのか？　そして、死んだらいつ死体になるのか？　本書では、この問いに答えるために、死んだ人間の体とテクノロジーの関係を歴史と理論の両面から批判的に検討する。歴史的、理論的テクノロジーには、機械、政治的概念、人間の法、主権機関などが含まれる。人間は死体を制御するために、これらのテクノロジーを使って日々死体を分類し、秩序立て、再利用し、物理的に変容させている。

　テクノロジーに言及するからにはまず、死体を変化させるのに使う機械の歴史について考察しなければならない。また、そうした機械と人間の政治学や死の解釈が縒《よ》り合わさるさまを提示し、批評するつもりだ。[4]二一世紀初期の今、死体の歴史、理論、未来について書くためには、人前に出すために死体を視覚的、生物学的に制御する、目に見えない無数の機械を丸裸にする必要がある。でも、近代の死体をつくり出した機械のテクノロジーの姿を暴くだけでは十分とはいえない。本書における真に困難な挑戦は、人間の死体をつくり出すのに使われるテクノロジーが、物質的であるのと同じくらい、概念的なものでもある、と明らかにすることだ。物質的なテクノロジーについては、さまざまな形で議論するが、これにはたとえば、一九世紀のエンバーミングの機械や、一九七〇年代の死にまつわる活動集団、ＨＩＶ／ＡＩＤＳの死体を扱うためのバイオハザード用装備、人体組織の闇取引、〈ボディ・ワールド〉展〔日本で開催された〈人体の不思議展〉とも関連のある人体標本の展示会〕の展示物などが含まれる。概念的なテクノロジーも、やはり物質的なものにかかわり、物質的テクノロジーと同じくらい実体のある結果を生む。概念的なテクノロジーの例としては、近代の死体の概念を規格化するにあたり、アメリカの葬儀業をはじめとする団体が果たした組織的な役割や、アメリカ政府管理下にある軍の強制収容所で拘束者の死が政治的に曖昧にされること、さらには、特許法を使って人間の死という考え方そのものに対して異議を唱え再定義を試みる概念的可能性などが挙げられる。

人間の死体にかかわる概念的、物質的テクノロジーについての議論を組み立てるために、さまざまな批判理論家、文化史家、社会科学者の研究を用いる。それだけでなく、すっかり忘れ去られた一九世紀の葬儀ディレクターによる文献や教科書も参照する必要がある。彼らが人間のエンバーミングという分野に残した成果が、今日も使われているテクノロジーの理論的枠組を確立したからだ。本書が本書なりの地道なやり方で提示する議論は、一九世紀に死体の見た目を制御する目的で人間が開発したテクノロジーが、現代のアメリカにおける（また、第一世界全体におよびつつある）死と死体の解釈にどんなふうにして重大な貢献をしたか、についてのものである。初期の一九世紀のテクノロジーは、しばしば形態を変えるか、単に消えるかした。でも、人間の死という概念を揺るがすその力は、現在もけっして失われてはいない。

本書は、私が死体の政治学について考えはじめるずっと以前に人間の体の限界を追究した大勢の人の歴史的、理論的研究に負うところが大きい。そうした研究をおこなっている人の一人、哲学者ジョルジョ・アガンベンは、私の死体についての考え方にも影響を与えた、シンプルだが重要な言葉を記している。『ホモ・サケル：主権権力と剥き出しの生』〔高桑和巳訳、以文社、二〇〇三年〕でアガンベンは、現代の生と死を定義することの難しさについてこんなふうに述べている。今日、「生と死が完全には科学的概念ではなくむしろ政治概念」になっていると。[5]

アガンベンの洞察が今後も重要な意味をもちつづけるのはもちろんだが、本書では、死の定義論の単なる焼き直し以上のものを提示したい。人間の死体を扱ったこの論考の目的は、死体によって結論するのではなく、死体から始めることで、近代の西洋世界における生と死の政治学について、より多くの人に議論してもらうことである。さらなる目的は、多様な背景をもつ読者に、二一世紀に、どんなふうにして死と死体が、さまざまな意味の対立や、状況の競合、政治的闘争を生み出すかについて考えてもらうこと、そしてそれによって、自分自身の死すべき運命について考えてもらうことだ。[6] 大統領委員会がバイオメディカル機器の時代における生と死の意味を解析することで議論に貢献したように、私も本書によって、読者が、テクノロジー、政治学、死にゆく過程、死体が日々重なりの度合いを強めている現状について考えるための一助となりたい。この目標に向けた、根本にかかわる重要な第一歩として、つぎの二つの鍵となる質問を投げかけよう。死んだら、自分の体をどうしてほしいですか？　希望を近親者に伝えてありますか？　また、これらの質問について考える際には、「死の未来」や、死体と更新されつづける人間の死の定義との長年にわたる関係性も合わせて考えてほしい。大統領委員会が「法は、人間の死が発生したと立証するための新たな手段を承認すべきだろうか」と問いかけたとき、未来の死と死体を法的観点からどう解釈すべきか、は鍵となる問いだった。[7]そして、この問いは三〇年後の今も変わらず、重要な意味をもっている。

大統領委員会の報告書や同じ主題を扱う学問的研究を見るとよくわかるのは、人間の体が生きているような生きていないような条件下で何年も存在できる現状を考えると、死を定義することはとてつもなく難しいということだ。法学と生命倫理学の教授であるアルタ・シャーロは、この状況についてつぎのように述べている。「死の法的定義を選択するためには、法的な死が生物学的な死と一致すべきか否かを決める必要があり……死の生物学的定義は、他の多くの生物学的現象と同じく、そもそも曖昧なものである」と。[8]こんなふうに生死の区別はもとからあやふやであることに加えて、つぎのような疑問も生じる。法的にも生物学的にも体はまだ生きているといえるが、医学的にはその「人」は死んでいる、というのはどんな場合なのか？　シャーロによると、「『人』という言葉は、法律用語として使う場合、法の下の平等を認められた権利主体を意味する。この語は、生物学的な概念としての『生きている人間』と範囲が一致するものではない。会社は人であり得るが、胎児や南北戦争以前の奴隷は人に該当しない」。[9]

つぎのようないっそう複雑な問いについても答えを見つけなければならない。生きている人（広い意味で）が死体になるのはいつなのか？　あるいは、人が完全に死んだとみなされるのは、厳密にはいつなのか？　一九八〇年の統一死亡判定法は、この問いに対してほぼ答えを出しており、アメリカの大部分で、個人の実上の完全な死を判断するための判例法として使われている。統一死亡判定法はこう定めている。「以下のいずれかの状態になった個人は死亡している。（一）心肺機能の不可逆的停止、または（二）脳幹を含む脳機能全体の不可逆的停止」[10]。以上をすべて勘案すると、つぎのようにいえるだろう。死体とは、脳の活動および心肺反射の一方または両方が不可逆的に欠如し、それによって法的に確立した人が生物学的に死亡した体になったもの、と。だが、死体を定義することと人間の体を取り巻く死後の条件を定義することは、そう単純明快ではない。

死と死体をめぐる定義や倫理的限界といった難題はすべて、一九八一年に大統領委員会の報告書が発表されて以降も解消されずに残ってきた。むしろ、どのような条件下における肉体の死を人の生の終わりとみなすべきかについての議論は、複雑さを増し、主権国家の権威者によっていっそう厳密に管理されるようになった。死と死体は今、人々の議論と想像のなかでかつてないほど活気づいている。人々が議論を始めた主な原因の一つは、人間の体と近代の医学的テクノロジーの関係にある。多種多様なバイオメディカルの機械が、死ぬことの許されない二一世紀の人間の体をつくり出した。別の言い方をすると、人間の体の生は、生きるという実践が生物学的または経済的な理由で維持不可能になるまで延長される。となると、そうしたテクノロジーの使用について出てくる主張の一つは、あらゆる手段を講じて何がなんでも生を維持すべき、というものだ。「生」が歴史的に構成された人間の境界の外へ押し出されてしまったために、現代の死の法的、生物学的、医学的定義はつぎつぎと問題にぶち当たる。[11] この状況についてアガンベンは、一九六〇年代初期にフランスの神経学者二人が取り組んだ、人間の不可逆な昏睡についての草分け的研究に言及し、こう言い表している。「モラレとグーロンは、超過昏睡の利害が蘇生という技術的―科学的な問題をはるかに超えるものだということをただちに理解した。そこで問題になっていたのは、まさに死の新たな定義にほかならなかった」[12]と〔『ホモ・サケル』、高桑和巳訳〕。

死体は、生と死の限界に関する論争の境界を示す中心人物だ。死体とは、主体のようなもの、ほとんど人であるもの、いくらか法的権利をもつが生きている人にはおよばない体、である。T・スコット・ギリガンとトーマス・F・H・ストゥーヴィは、著書『死の法 *Mortuary Law*』で、人間の体は死んだあと、事実上、財産のようなものになると述べている。

> 商業的な意味での財産ではないが、法は確かに、その体と関係のある近親者に権利の束を与える。遺族が得る権利とは、処分をするために体をもっていく権利、法の範囲内で身体部位の使用を許可する権利、他の人に体を所持させない権利、体を処分する権利などである。こうした権利の束が、遺体を遺族の財産のようなものにする。[13]

こういうわけで、死因が脳の機能不全であれ心肺の機能不全であれ、死んだ人の体は、新たな存在の状態に移行する。そうなると、「死んだ自分」の管理は、自分以外の誰かの仕事になる。そうして法の下でなんらかの権利をもつ体とみなされた死体は、普通と思われている科学的、法的、医学的「生」の規則を大きく揺るがす実存の状態に入る。だが、人間の死体は、法やテクノロジーの行使を受けるだけの、完全に受動的な体ではない。ギリガンとストゥーヴィが指摘したように、死体は財産のようなものになる。つまり、法定後見人、あるいは主権者がその死体をどうにかしなければならないのだ。人が死んだあと、死体は、あらゆる種類の結果、行為、シナリオを生じさせ、人の法的定義を死後の「権利の束」に変える。その束のなかにあるものは、独自の歴史と理論的位置づけをもつ、死んだ人間の体である。

本書は、七章にわたって、死体を絶えず変容させる歴史、テクノロジー、政治的概念、人間の実践について考察する。第一章「エンバーミングされた幻影」では、機械を使って人間の死体を変容させた一九世紀の保存テクノロジーの歴史と理論について説明する。[14] そうしたテクノロジーを使った人間による実践の社会・歴史的影響を分析すると、どのようにしてすべての死体にかかわるまったく新しい死後の条件がつくり出されたのか、が見えてくる。保存テクノロジーは事実上、近代の死体を発明し、死体を新しい何かに変容させた。写真のイメージ、列車の乗客、生きているように見える死体、といったものにだ。こうした技術革新は、二〇世紀初期における葬儀業の出現につながり、二〇世紀初期の葬儀業は、保存した死体を、時間の影響を受けないかのような死体に変えた。人間の死体は、体の腐敗を司る通常の生物学的時間の外部に存在できるようになると、制限なく人目に触れさせておける主体になった。近代の死体の出現は、一九世紀の人間のテクノロジーの所産であり、一九世紀の人間のテクノロジーは、一種のエンバーミングされた幻影をつくり出した。この幻影は今日もなお、生きている人間が、死を見る際にしばしば無意識に使っているものである。

第二章「ハッピー・デス・ムーヴメント」は、二〇世紀に時を進め、一九七〇年代における死と死にゆく過程に着目する。第二次世界大戦までの期間は、第一章で議論した一九世紀の定型を維持したが、第二次大戦後、エンドオブライフの実践は大きく変化し、一九七〇年代の社会運動がその変化を後押しした。だからたとえば、今日の死と死にゆく過程にまつわる社会運動は、一九七〇年代に生まれたものも多い。具体例を挙げると、人々が集まってエンドオブライフの問題を話し合う現在のデスカフェは、四五年前に「死を認識する《デス・アウェアネス》」運動として始まったものだ。死や死にゆく過程や死体についての真に堅牢な二一世紀の歴史文献は、一九七〇年代、あるいは私が「長大なる一九七〇年代」と呼ぶ時期を含んでいなければならない。この時期にはたとえば、一九六九年にエリザベス・キューブラー・ロスが『死ぬ瞬間：死とその過程について』〔鈴木晶訳、中公文庫、二〇二〇年〕を出版したし、〈力を解き放つためのＡＩＤＳ連合〉（ＡＣＴ ＵＰ）が主導したＡＩＤＳの流行に対する抗議活動が、一九七〇年代の社会的アクティヴィズムを一九八〇年代に路上に連れ出した。一九七〇年代の死と死にゆく過程についての文献のなかに、特別な注目に値する一冊がある。それは、一九七八年に初版が出版され、二〇一九年五月にＭＩＴプレス社によって復刊された、社会学者リン・ロフランドの『死ぬ技巧 *The Craft of Dying*』だ。第二章では、『死ぬ技巧』四〇周年記念版に私が寄せた序章を引用しながら、ロフランドの根本的な考え方や、それらが今日もなお大きな意味をもつ理由について詳しく説明する。

ロフランドの著書が出版された数年後の一九八〇年代初期、前例のない数のゲイ男性と静注薬物使用者が死にはじめた。原因は、のちにHIV／AIDSとして知られることになる病気だった。第三章は、病気の流行が「HIV／AIDSの死体」を生み出したことと、HIV／AIDSの死体がアメリカの葬儀業全体に与えた影響に着目する。HIV／AIDSの死体は、葬儀ディレクターが死体を普通のものにしたり変容させたりするために発達させた制度的な制御に対して、正面から難題を突きつけた。アメリカの葬儀ディレクターの多くが、HIV／AIDSによって生じた死体に触ることをとにかく嫌がり、そうした反AIDS感情が原因で死体のエンバーミングが不可能になる場合も少なくなかった。HIV／AIDSの死体の出現に対する葬儀業の反応と変化は、死体がもつ生産的可能性を再検討するよいきっかけを提供する。葬儀業の変化と、HIV／AIDSの死体がもつ生産性を分析するために、死体のテクノロジーが使用されているのは明らかである。HIV／AIDSの死体が原因で生じた制度的難題から出現するものは、政治的可能性をもつ死体である。その政治的可能性というのは、キャサリン・ウォルドビーが示唆するように、クイア政治の概念にかかわるものであるとともに、より大きな主題である人間の死にかかわるものでもある。[15]

二〇〇六年一〇月、ナショナル・パブリック・ラジオのインタビューで、〈ボディ・ワールド〉

展の創案者グンター・フォン・ハーゲンスは、二つの展示の可能性について語った。[16] 一つの展示は、人間の身体部位と動物の身体部位を交ぜ合わせて神話の生き物をつくるというもの。もう一つは、性交する男女の死体だった。フォン・ハーゲンスは、二つの展示について可能性を示唆するだけで、詳しい話は何もしなかった。そして二〇〇九年五月、ドイツのベルリンで「命のサイクル」と題した新たな展示会を開催し、予告どおり、性的な体勢の死体を二組用意した。各カップルは男性一人と女性一人からなり、異性間性交をしていた。二〇〇九年五月の展示会には残念ながら、神話の生き物はいなかったし、フォン・ハーゲンスはそうした生き物の展示をまだ試みてもいなかった。[17] 二〇年以上もつづく〈ボディ・ワールド〉展は、死体を絶えず何か新しいものに変えてきた。こうした「新しさ」の追求こそ、フォン・ハーゲンスが〈命のサイクル〉展でやりたかったことだといえるだろう。フォン・ハーゲンスの展示会は、解剖学の歴史と、死体についての大衆文化的な物語を生み出す言語を使って、経済的な成功を収めている。また、多くの人を怒らせることにも成功しているのだが、性的な行為をする死体も例にもれず人々を憤慨させた。第四章「プラスティネーションの分類法」は、フォン・ハーゲンスがつくり出した物議をかもす体勢の死体を受け入れ、人間の分類学、死体の解剖学、死といった観点から彼の仕事が生じさせたより大きな派生効果について批判的に分析する。

世界中で今、目に見えないとされる「闇市場」が、死体から入手した組織、骨、四肢によって活況を呈している。第五章では、「死、死にゆく過程、身体部位のグローバルな取引」について考察するとともに、いわゆる死体の「闇売買」の分析もしている。さらに、グローバルな葬儀業と関連づけて、身体部位の取引の行く末を議論し、アメリカのバイオメディカル業における「ボディーブローカー」の存在によって生み出された死体の総死体経済価値についても議論する。「ボディーブローカー」は、買い手と死体の主な供給源三つのあいだで仲介役を務める。[18]買い手には、たとえば、バイオメディカル企業や、形成外科センターなどが含まれ得る。死体の主な供給源三つとは、医科大学院、葬儀社／火葬場、解剖をおこなう地方自治体の死体安置所である。一九世紀中頃から変わらず、ここぞという局面で科学とテクノロジーが死体に対して用いる戦法は主に、物理的な死体の商品化だった。この過程によって、人間の死体は、無限の生産的可能性をもつ場に変容する。死体の完全な商品化が現実に制限されるのは、死体の腐敗が始まるとき、それから死体の金銭的な生産高を最大化する方法について想像力が枯渇するときだけだ。身体部位の取扱業者は、知ってか知らでか、死体のテクノロジーのつぎなる必然のステップをつくり出す手伝いも積極的におこなっている。つぎのステップでは、よりグローバルな射程をもつようになるが、死後のバイオマテリアルの調達戦略は変わらずローカルなものである。そして重要な点だが、つぎのステップにはアメリカの葬儀業もかかわることになる。

一九世紀以降、死後にまつわる人間の政治学は、あらゆる種類の死体のテクノロジーに、じつにさまざまなやり方で自らを組み込んでいった。ジョルジョ・アガンベンは（ミシェル・フーコーの理論を援用し）、鍵となる政治的インターフェースのうちの二つ、すなわち生政治と死政治を、生かす権力、死なせる権力とそれぞれ定義した。[19] 第六章「生政治、死政治、死体政治」では、第三のインターフェースとして、死体政治を提示する。死体政治とは、権威者がいかなる実際の「死」の発生も認めることなく、人間の体を死んだ状態にする権力である。[20] 誇張ではなく、人間の体は、あいだになんの過程も検討もはさまずに、生きている状態から死んでいる状態へ移行する。別の言い方をすると、死体政治は、認識可能ないかなる形式の死も経由させずに死体をつくり出す、ということだ。第六章では、生と死と死体についての政治が、主権権力との関係でどのように機能するかに関しても分析し理論化する。この議論が全体として中心に据えるのは、さまざまな個人や集団が死と死体を制御しようと試みるなかで「人間」という概念自体に生じる根本的な変化である。歴史的に位置づけられた死体のテクノロジー（たとえば、エンバーミング用の機械、死後写真など）は、とどまることなく政治的変容を遂げ、死を防止するテクノロジーになりつつある。そしてその結果、人間の死すべき運命に対する全面的な制御が実行可能性を帯びて見えてくる。だがそこで、第七章「死を特許化する」では、つぎのような議論が得られる。ミシェル・フーコーとジョルジョ・アガンベンがそれぞれのやり方で主張するように、死と死体に対する人間の全面的制御がもたらすのは、解放ではなく、概念として、種としてのホモ・サピエンスの全面的放棄である。

人間の死体を取り巻くテクノロジーには、初期のエンバーミング用の機械から未来の死のない体まであるわけだが、何より重要なのは、死体を取り巻く新旧のテクノロジーに関する議論はどれも、テクノロジーによって定義された人類のモデルを示すのではなく、起こり得る一連のシナリオを示しているということだ。テクノロジーは道具と実践を必要とする。だから、死体のテクノロジーについていえば、産業からもっと遠くにあると思えるシナリオ（自然葬など）であってもやはり、人間の発明した道具と実践を必要とする。私たち人間がテクノロジーを使うのであって、テクノロジーが人間を使うのではない。「悪いのはテクノロジー」という考え方が、死、死にゆく過程、死体を議論する際の悪習として確かに残っている。だから、死後のテクノロジーに対する批判が少しでももち上がる前に、私たちは、自分たち生きている人間が、与えられた道具をどんなふうに使うと決めるのか、にまず目を向けなければならない。レイモンド・ウィリアムズが『モダニズムの政治学：新順応主義者たちへの対抗』（加藤洋介訳、九州大学出版会、二〇一〇年）で示唆するように、「どんな場合でも、新しいテクノロジーがあらわれる瞬間は選択の瞬間である」[21]。人間にとっての死は、急速にそうした選択の一つになりつつある。死体のない生き方が、生の概念にどんな影響を与えるのか、まだほとんど考慮も検討もしていないのに。

二〇一八年六月一二日

妹の死を見つめる――湖の町／死の町

友よ、ここが生まれ育った湖の町だ。
　呆れるくらい長くいて、とうとう出たと思ったら
いつの間にか死のことしか話していなかった
それが僕の仕事になった
でも今、死は、自分事として目の前にある。
どんなタトゥーにするか、もう考えだしている
妹を覚えておくためのタトゥーだ。
もうじき妹が僕の体を飾ることになる
まわりには他の親戚もみんないる。
妹はまだ早すぎるけれど。
叔父が亡くなるのも見たし、家族の物語の最終章が
いよいよ形を現しはじめた。
死の話ばかりして嫌にならないかと、死神にきかれたことがある。

答えはノーだ。嫌になんてなれない。これが唯一自分の知る現実だから。
すぐに捨てるつもりのない現実。きっと捨てるなんて無理だろう。
それに正直なところ、死は落ち着く。
僕が今も住める町だ。

第一章　エンバーミングされた幻影

全国の葬儀ディレクターおよびエンバーマー〔エンバーミングをおこなう専門技術者〕各位に少々お知らせ申し上げたい。半年前、私は数ガロンのビスガ・エンバーミング液をつくった。……ようやく完成した薬品は、変色した箇所があった場合にその変色を解消するだけでなく、黒くなった血液と結合して血液自体の色をもとの自然な色に戻す。その結果、変色の痕跡は一つ残らず消え失せ、生きているとしか思えない完璧な外見を死体に与えることができる。

——カール・ルイス・バーンズ、ビスガ・エンバーミング液の広告、一九〇二年

死体はいつも注目の的だ。というわけで一九〇二年一〇月、シカゴ・エンバーミング専門学校で講師を務める兄弟カール・ルイス・バーンズ博士とソーントン・H・バーンズは、ウィスコン

シン州ミルウォーキーにある全米葬儀ディレクター協会で、エンバーミングを施した死体と身体各部の大規模展示会を開催した。展示の中心は、「ビスガ・エンバーミング液」を使って保存した人体標本だった。「ビスガ・エンバーミング液」というのは、バーンズ博士が発明、製造した商品で、他のエンバーマーが仕事で使ってくれるだろうと目論んだものだった。エンバーマーや葬儀ディレクターとして働く人を対象とした初期の業界誌、その名も〈棺《ザ・キャスケット》〉の一二月号は、展示会についてこんな記事を掲載している。「五〇を超える数の標本が展示されるとともに、シカゴ・エンバーミング専門学校の各教室の様子を表す写真や、動脈、静脈、臓器を描いた特別な解剖図が壁一面に掲示されていた。……かつてないほど衝撃的な展示会だった。ビスガ液の適切な使用がもたらす効果がありありと示されていた」[1]

展示の目玉は「ビスガマン」だった。エンバーミングを施した男性の死体なのだが、しゃんと椅子に座って脚を組み、お洒落なスーツまで着ていた。〈ザ・キャスケット〉誌の記事いわく、「わが国史上最高のエンバーミング標本といっても過言ではない」[2]。この絶賛ぶりを見ると、当時、まるで生きているかのような姿の死体を目にすることは驚きの体験だったとよくわかる。二〇世紀初期のアメリカにおいてビスガマンは、一九世紀中後期の保存テクノロジーが完璧な融合を果たしたこと、それによって有機物としての人間の死体のもつ意味が大きく変わったことを象徴していた。ここでいう一九世紀中後期の保存テクノロジーとは、共通の結果を生じさせる人々の選択や、エンバーミング用の化学薬品、各種の機械、葬儀慣習といった一連のもので、これらはすべて、死体を「ちゃんと人間らしい」見た目に保つことを意図していた。だが、人間の死体に作用するこうした産業的な力は、腐敗を一時停止するために死体の化学的生理を変化させただけにとどまらなかった。この産業的な力は、人間の死、という概念そのものも同時に変えてしまった。

一九世紀中期のアメリカでは、こんなふうにして死体が産業化された。そして近代の人間の死体は、産業化によって、ただの死体ではなく、発明され製造される消費者向けの商品にもなった。もっと具体的にいうと、近代の人間の死体は、目に見える死の影響を一般大衆の目にはあたかも見えないようにする一九世紀中期の特定のテクノロジー、つまりエンバーミングと写真術というテクノロジーを使ってつくる発明品になった（現在も変わらずそうだ）。死体を扱うためのテクノロジーには、別種のものもある。たとえば、大陸横断鉄道による輸送や、一九世紀後期アメリカの葬儀業でおこなわれた処置といったもの。こうしたテクノロジーもエンバーミングと写真術に加勢して、死体を扱っていられる時間を長くしたり制御したりした。一見ばらばらに見える各種のテクノロジーが一九世紀後半に融合し、二一世紀の西洋諸国における新たな死の解釈を生み出した。だが、それよりもっと注目すべきは、テクノロジーが、有機物の分解と視覚的劣化に抗う、時が止まったかのような人間の死体を発明した、ということ。各テクノロジーが独自のやり方で貢献し、まったく新しい死体の概念まで生み出したのだ。

死後の主体と死後の条件

二一世紀の死体の有機的安定性は、一九世紀のエンバーミング革新がつくり出したものだったわけだが、とすると、日常に死体があふれていることは（その多くは目に触れないとしても）矛盾を感じさせる。そう、テクノロジーによって変化した死体は、日常に存在するにもかかわらず、いまだ十分に研究された主題とはいえないのだ。[3] 医学、政治、経済、哲学、宗教といったさまざまな分野の言説には、死体の歴史が含まれている。だが、こうした死体の歴史を含む各分野の言説が見過ごしがちなものがある。それは、機械を使ってつくり出された、死んだ人間の体だ。[4]「死後の主体（postmortem subject）」という語は、この見過ごされた死体をもっとも正確に定義する言葉であり、死を取り巻き、永久に操作可能な死体を商品に仕立て上げる社会的、政治的、生物学的な条件もうちに含んでいる。[5] こんなわけで、死後の体というもの——生のあとの「生」を有する体とでもいうもの——の出現は、人間の死体を変化させた一九世紀のテクノロジーと切っても切れない関係にある。

とすると、歴史における「死後の主体」の出現は、死体を保存することが、死体をもっと生き生きした見た目にするという人間の行為になった瞬間だと考えられるかもしれない。テクノロジーを使ってこんなふうに死体を変化させはじめたのは一九世紀中期のアメリカだが、こうしたことはもちろん現在もおこなわれている。ただし、別の形態を取っているし、その形態もしばしば短期間で変わっていく。[6] 実際、人間の死体と生きている人間との動的なかかわり合いの領域である「死後の条件（postmortem conditions）」に目を向ければ、法的、医学的、生物学的変動がいっだって浮き彫りになり、このことは死と死体について明らかにするのに役立つ。[7]「死後の条件」は、日常生活のシナリオをいくつもうちに含んでいる。死体にまつわる死の概念は、ますます多様な要素をあわせもつようになっているのだが、「死後の条件」が含む日常のシナリオは、そうした多様な要素をもつ死の概念を法律に落とし込み、定義づけようと試みる。人間による死の定義が変われば、「死後の条件」もまた変化し、互いに異なる、ときには対立さえする存在論的状態をつくり出す。その一方で、「死後の条件」は、人体の死後の状態への介入を強めるテクノロジーの強烈な変化によって生み出されるものでもある。たとえば、エンバーミングと写真術という一九世紀のテクノロジーは、死体の死後の状態を揺るがし再定義する重要な道具として機能したわけだが、それは、まったく新しい種類の「死後の条件」をつくり出すことによってそうした機能を果たしたのである。

こうした死後の条件のうちに置かれた人間の死体は、二重の機能的性質をもっている。「死去した主体」という性質と、「死亡状態にある客体」という性質だ。この特定の主体／客体関係をいうときに、「死去した」「死亡状態にある」というカテゴリーを使うことが重要で、理由は二つある。一つ目の理由は、家族や聖職者といった医療や葬儀の消費者側の人間から見た場合、「死去した主体」は「死亡状態にある客体」では絶対にあり得ない、ということ。もう一つの理由は、医学や葬儀のテクノロジーを使う側の人間から見た場合、「死亡状態にある客体」は必ずしも「死去した主体」ではない、ということ。ここで提起する主体／客体関係には、明確な線引きがなく、どっちがどっちと簡単に分けられるものではないといえる。だから、主体と客体それぞれの存在論は、「死後の条件」という絶えず揺らいでいる境界の内部において、見る側が死体とどんな関係にあるかに依存している。本章では以降、一九世紀のテクノロジーが死体を変化させることによってつくり出したこの「死後の条件」について考えたい。そのために、三つの部分に分けて歴史と理論の両面から説明するつもりだ。まずは、写真術とエンバーミングの関係について。つぎに、死後の循環と流動性について。そして最後に、「生きているが死んでいる」という逆説的な、近代の過剰に刺激された死体の構築について話してみよう。

写真術とエンバーミング[8]

トム・ガニング〔映画・メディア史研究者〕はこんなことを言っている。一九世紀アメリカの写真術は、三次元世界の機械的複製を可能にし、産業界における「心像（imagery）の標準化」を生じさせたと。[9]人間の生の心像が記録、印刷、複製されるなか、人間の死の心像も記録、印刷、複製された。人々は亡くなった人の体を写真という証拠に残すことでその人のことを覚えておこうと思ったわけだが、これは視覚的複製術の新形態である写真術の重要な用途の一つとして登場したものだ。[10] こんなふうに死体の見た目を写真に記録しはじめたことがきっかけとなって、ある重要な過程が始まった。それは、生きている人が見たときに、死後の条件がどんなふうに見え得るか、あるいは見えるべきか、を標準化する、という過程だ。ガニングは、死の写真撮影の当時の人気ぶりを示すために、一九世紀中後期のアメリカとヨーロッパにおける「心霊写真」の製作について論じている。心霊写真とは、家族写真の背景部分に「奇跡」のように現れた死者の霊の写真的イメージを捉えたものをいう（図1．1参照）。生きた人間の被写体のうしろに「リンカーンやベートーヴェンのイメージ」が浮かび上がる場合もあったから、写真に写り込む霊は家族に限られなかった。[11]

ガニングは、一九世紀の大衆が写真術をどう考えていたかを分析し、こんな主張をしている。大衆は、カメラという機械が、普通の人間の目には不可能ななんらかの方法で死の世界を「見る」ことができる、と信じていたと。ガニングはさらに、一九世紀の写真術の消費者が、あり得なそうな「心霊」の出現を信じるようになった過程と理由を、「……幽霊は人間の目には見えないにもかかわらず、より感受能力の高い写真によって捕捉される」と説明している[12]（「幽霊のイメージと近代的顕現現象」、望月由紀訳、『アンチ・スペクタクル：沸騰する映像文化の考古学』、長谷正人・中村秀之編訳、東京大学出版会、二〇〇三年所収）。もちろん、こうした心霊写真は偽造で、撮影技師が故人の「幽霊」をあとから重ね焼きしたものだった。[13] とはいえ、大衆による心霊写真の受容は、イメージを生み出す機械の力が、生きている人に作用するのと同じように、死の「真の」姿を実際に捉えられていたのではないか、と示唆している。心霊写真術は、追悼を目的とした写真術の主流にはならなかった。でも、亡くなった人を写真に収める能力は、人間の死を、いっとき固定された安定的なイメージに変え、有機物の分解による変化をしない体を捉えた。ジェイ・ルビー〔人類学者〕は、死の写真術の歴史についての著書『影を確保する *Secure the Shadow*』でつぎのように述べている。「人間は死に適応するなかで無数の工芸品をつくり出し、使ってきたわけだが、追悼写真もその一例だと考えられる。というのも、つくり出されたもの、つまり写真は、死をとおして失った人に似ているので、死者を偲ぶ個人にとって、社会にとって、失った人の代わり、あるいはその人を思い出させるものとして機能する」と。[14]

死後に撮る「死後写真」はこんなふうに、撮影以降の長きにわたる死体の見た目を決定づけるようになった。そういうわけで、当時の撮影技師は、最大限生き生きしたイメージを捉えようと奮闘した。死体の撮影は手早くおこない、それによって腐敗のしるしの写り込みを防ぐとともに、可能なかぎり「生き生きしている」死者の姿を残した。ルビーによると、「写真術が誕生して最初期の四〇年間（一八四〇〜八〇年頃）、写真撮影業者は『死者の肖像写真』を撮影する旨の広告を定期的に打った。『ご連絡後一時間で亡くなった方の写真撮影が可能です』と謳う広告がアメリカ全土でよく見られた」[15]。こんなふうに、撮影技師はすぐに駆けつけてくれるし、写真もすぐに手に入るようになった。これは何を意味するかというと、たとえば、一世紀前はカンヴァスに絵の具で死の肖像画を描いていたわけだが、それと比べて、死体の死後の状態をずっと早くずっと安価に

図1.1　心霊写真、男性と亡くなった家族。出典：医学博士スタンリー・B・バーンズとザ・バーンズ・アーカイヴの厚意により転載。(『眠りについた美しき人々 II：悲しみ、死別、記念写真の家族 *Sleeping Beauty II: Grief, Bereavement and the Family in Memorial Photography*』、バーンズ・アーカイヴ・プレス、2002年、52ページより)

複製可能なイメージにとどめられるようになった、ということだ。[16]

さらにルビーはこう述べている。「死体や葬儀や死を嘆く人々を撮影する慣習は、写真撮影そのものと同じ長さの歴史をもつ。当時も現在も広くおこなわれていることであり、アメリカ全域でほとんどの社会階層、多くの民族に見受けられる」と。[17] 死体のイメージの凍結、すなわち「死への魅了等と、機械的複製という技術的な装置を通して死を克服すること」は、一九世紀において多くのアメリカ人の目に死がどのように映っていたか、ということの視覚的痕跡をつくり出した[18]（「幽霊のイメージと近代的顕現現象」、望月由紀訳）（図1．2〜1．4参照）。今や、いつどこで発生した死体でも、イメージとして残すことができるようになった。だから、人間の死を視覚的に消費する行為は、近親者に限られたものではなくなった。写真術が登場する前の時代は事情が違い、亡くなった人の体についての個々人の思い出は、その同じ体が否応なく腐敗してしまうことによってしばしばかき乱されたので、死体を見るのは、死体の分解が始まる前でなければならなかった。[19]

写真術のおかげで、近親者だけでなく多数の人が生き生きした死体の像を見ることができるようになった。しかも、時間制限はないし、どこへでも移動させられた。カメラという機械装置が、死のもたらすあらゆる時間的、空間的制約から死体を首尾よく脱出させた。こうしてあるとき突然、死のイメージは、埋葬時の人の姿を視覚的に伝える、持ち運び可能なものとなった。ちなみに人間の死体は、初期の写真術にとってうってつけの被写体でもあった。というのも、死体ならぴくりとも動かないからだ。一九世紀中期のボストンの有名な銀板写真撮影会社サウスワース・ア

図1.2　身元不詳の女性の死後写真。出典：ジョージ・イーストマン博物館の厚意により転載（2019年）。（『影を確保する *Secure the Shadow*』、ＭＩＴプレス、1995年、68ページより）

ンド・ホーズは、こんな広告を打って、大衆が生き生きとした見た目の死体に寄せる期待につけ込んだ。「亡くなった方のミニチュア［財布大または絵葉書大の写真］をご納得、ご満足いただける品質で製作すべく日夜努めております。多くは芸術家の目で見ても、深い眠りについているような自然な仕上がりです[20]」。撮影技師が機械を使ってつくり出した視覚的痕跡は、一般大衆にまったく新しい死体の見方を提供した。一八七〇年にエヴァ・プッタムなる人物がおばのアデレイド・ディキンスン・クリーヴランドに宛てた手紙を見てみよう。手紙には、おばアデレイドの死んだ妹メイベルの写真について書かれた箇所があり、機械による死体の視覚的制御がどれほど強力だったかをよく示す一例になっている。「これでよかったのだと思わせてくれるものがなければ、どれほどお寂しいでしょう、どれほどおつらいでしょう。おばさまが亡き妹君メイベルの素敵な写真を手に入れることができて私もうれしいです。額と髪の感じがとても自然ですね[21]」。一八〇〇年代後期になると、死後写真の撮影についての広告は一般誌からも写真業界誌からも姿を消しはじめた。これは、死にまつわる写真の情報が大衆にすっかり浸透したからだ。[22]

死の写真術は、一九世紀にまた一つテクノロジーの革新が起きて人間の体の死後の条件を変えたときに勢いを失った。ここで新たに登場したテクノロジーは、機械を使ったエンバーミングである。機械的エンバーミングは、南北戦争終結後のアメリカで、ゆっくりとだが着実に死後におこなう処置の標準になっていった。[23] ロバート・ハーベンスタインとウィリアム・レイマーズ〔社会学者と歴史学者〕は、『アメリカにおける葬儀業の歴史 *The History of American Funeral Directing*』でつぎのように述べている。南北戦争は、「エンバーマーが、基地や戦場や公立病院や近くの鉄道施設で待機して働き、軍部や戦死者の家族の必要に応える姿が見られた最初の紛争」だったと。[24] エンバーミングの処置は、戦死した北軍兵士に対して広くおこなわれていた。そのため、一八六五年に南北戦争が終わったとき、エンバーマーは、一般大衆に差し出すべき新しい消費者向け商品を手にしていた。その商品というのは、機械を使って保存した死体である。[25] サウスワース・アン

図1.3　母親と死んだ子どもの死後写真。出典：ジョージ・イーストマン博物館の厚意により転載（2019年）。（『影を確保する』、ＭＩＴプレス、1995年、91ページより）

図1.4　死んだ女性とその死を嘆く女性の死後写真。出典：ジョージ・イーストマン博物館の厚意により転載（2019年）。（『影を確保する』、ＭＩＴプレス、1995年、95ページより）

ド・ホーズといった写真撮影会社が提供する死者の写真イメージは、死後にまつわる視覚的文化の歴史を定義し、規格化したわけだが、そのことは、一九世紀後期のエンバーマーが生きているかのような死体を製作するにあたって重要な役割を果たした。二〇世紀初期に入っても、写真術は葬儀業でまったく使われなくなったわけではなかった。むしろ、エンバーミングが可能にしたのは、早々に埋葬してしまわずに、実物の死体を人前に置いておくことだった。つまり、エンバーマーは、死後の写真術を排除するのではなく、死体についての写真イメージの美学をそのまま真似したのだ（そして「深い眠り」についているような効果を生じさせた）。

一九世紀のエンバーミング処理は、つぎのような工程でおこなわれた。まず、手持ちの真空ポンプを使って死体の体液を取り除く。有機液体の除去が完了したら、同じ真空ポンプを使って、今度は死体に防腐用の化学溶液を注入する（図1．5〜1．8参照）。こうした機械を使ったエンバーミングの根本的、歴史的意義は、人体の生理を無効化して、その腐敗を著しく遅らせた点にある。機械的、化学的処理がとうとう、時がたっても変化しない死体をつくり出したのだ。

エンバーミング処理の効果は、相当に「素晴らしし」かったようだ。一八六三年のワシントンDCの企業名鑑に掲載された広告はこんなふうに謳っている。

エンバーミングなら当社にお任せを

遺体の黒変を断固阻止！

しかし肌の色と容貌の自然さはそのままに。当社の方法なら、全身の腐敗を内から外から食い止めることが可能です。

切断も摘出もなし

エンバーミングを施された方は、まるで沈思黙考しているかのようなお姿、まるでひと眠りしているかのようなお顔。[26]

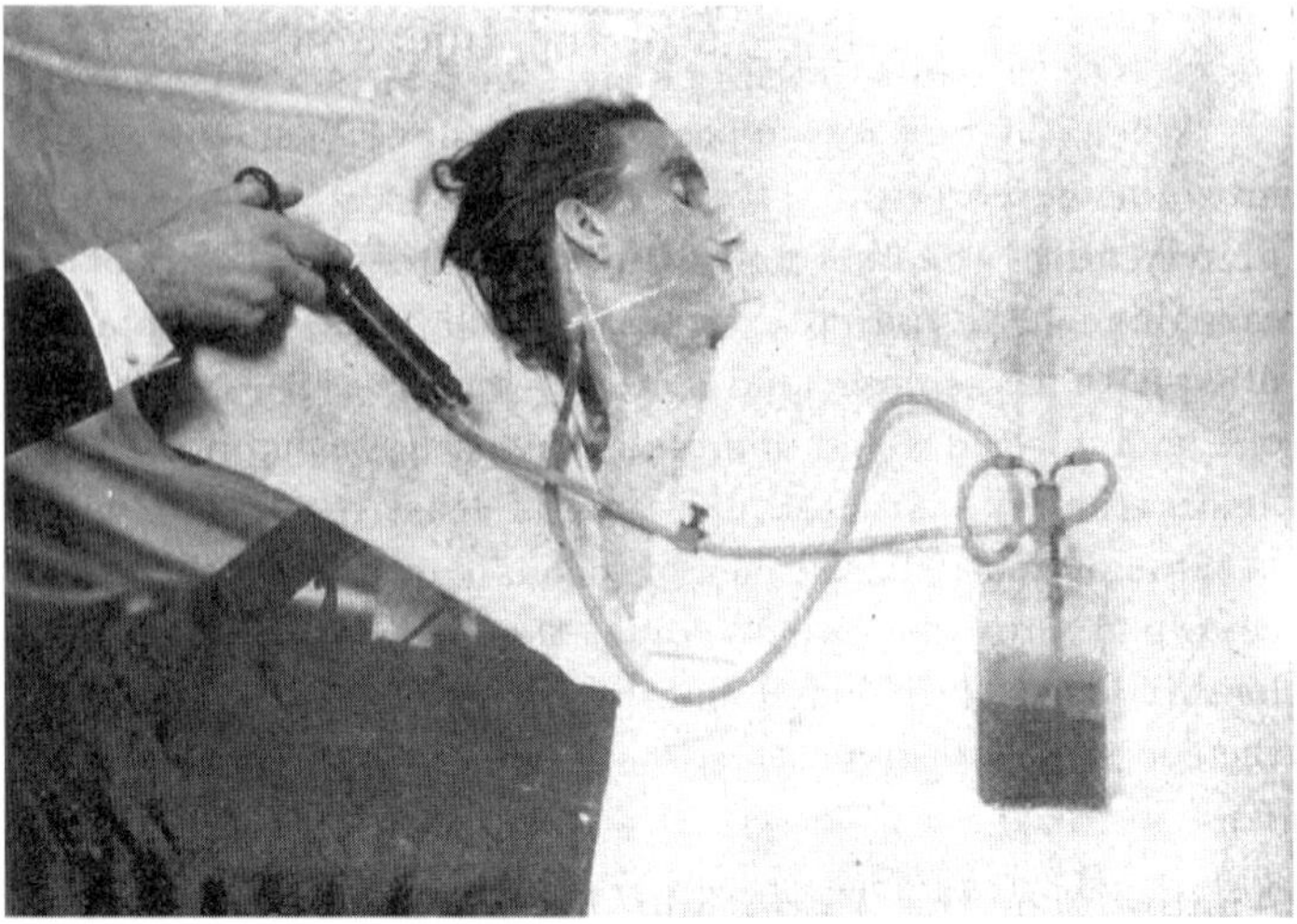

LINEAR GUIDE.
Needle in position. Operator injecting the body.

図1.5　エンバーマーが死体に溶液を注入している。出典：全米葬儀ディレクター協会の厚意により転載。（『エンバーミングの技法と科学 *The Art and Science of Embalming*』、トレード・ピリオディカル・カンパニー、1896年、248ページより）

一九世紀にカール・ルイス・バーンズ博士が著した教科書『エンバーミングの技法と科学 *The Art and Science of Embalming*』（一八九六年）は、かなりのページを割いて、適切なエンバーミングがもたらす効果について説明している。死体にエンバーミングを施す重要な理由としては、つぎの四つがあるという。［一］「死者の友人が見る可能性がある期間、あるいは、適切な埋葬地に搬送可能になるまでの期間、腐敗が外見に現れることを防ぐため……」［二］死体の殺菌……［三］身元が判

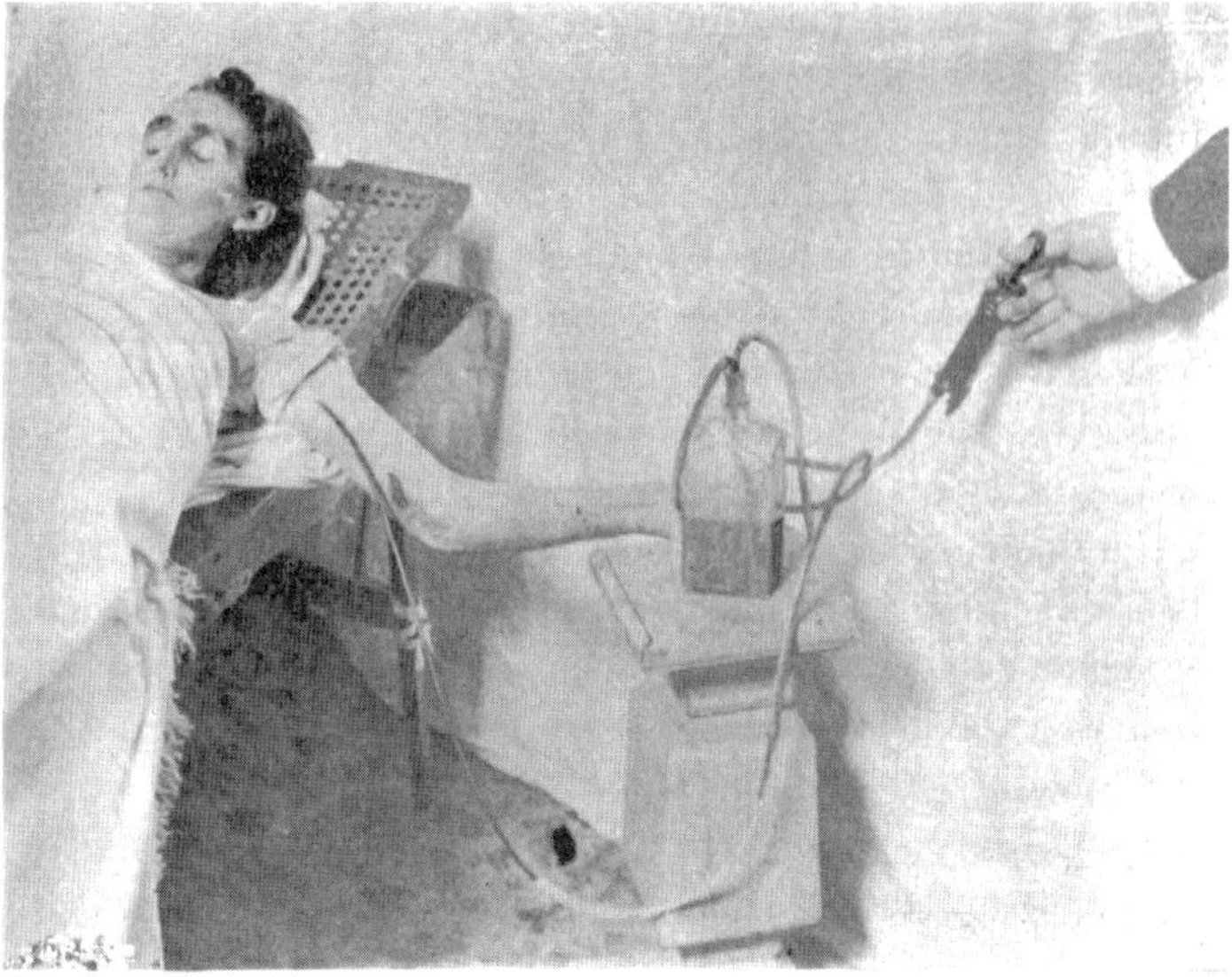

OPERATOR REMOVING BLOOD FROM THE BODY; FLEXIBLE SILK TUBE INSERTED INTO THE LEFT BASILIC VEIN AND ENTERING THE RIGHT AURICLE OF THE HEART.

図1.6　エンバーマーが死体から血液を取り除いている。出典：全米葬儀ディレクター協会の厚意により転載。（『エンバーミングの技法と科学』、トレード・ピリオディカル・カンパニー、1896年、141ページより）

明するまで死体を保存するため……［四］人の気持ちにかかわる理由として、死体を生きているかのような見た目にするため[27]」。バーンズは要所要所でこう断言する。エンバーミングの力というのは、死体の全面的な制御であり、その目的は、あらゆる疾病や有機物の分解を防ぐこと、そして体がもつ美的魅力を保つことだと。同じ教科書のうしろのページでは、エンバーマーの仕事を神の業の手助けになぞらえて、こんなふうに述べている。「エンバーミングは死体の腐敗を防ぐ。体はどこも欠

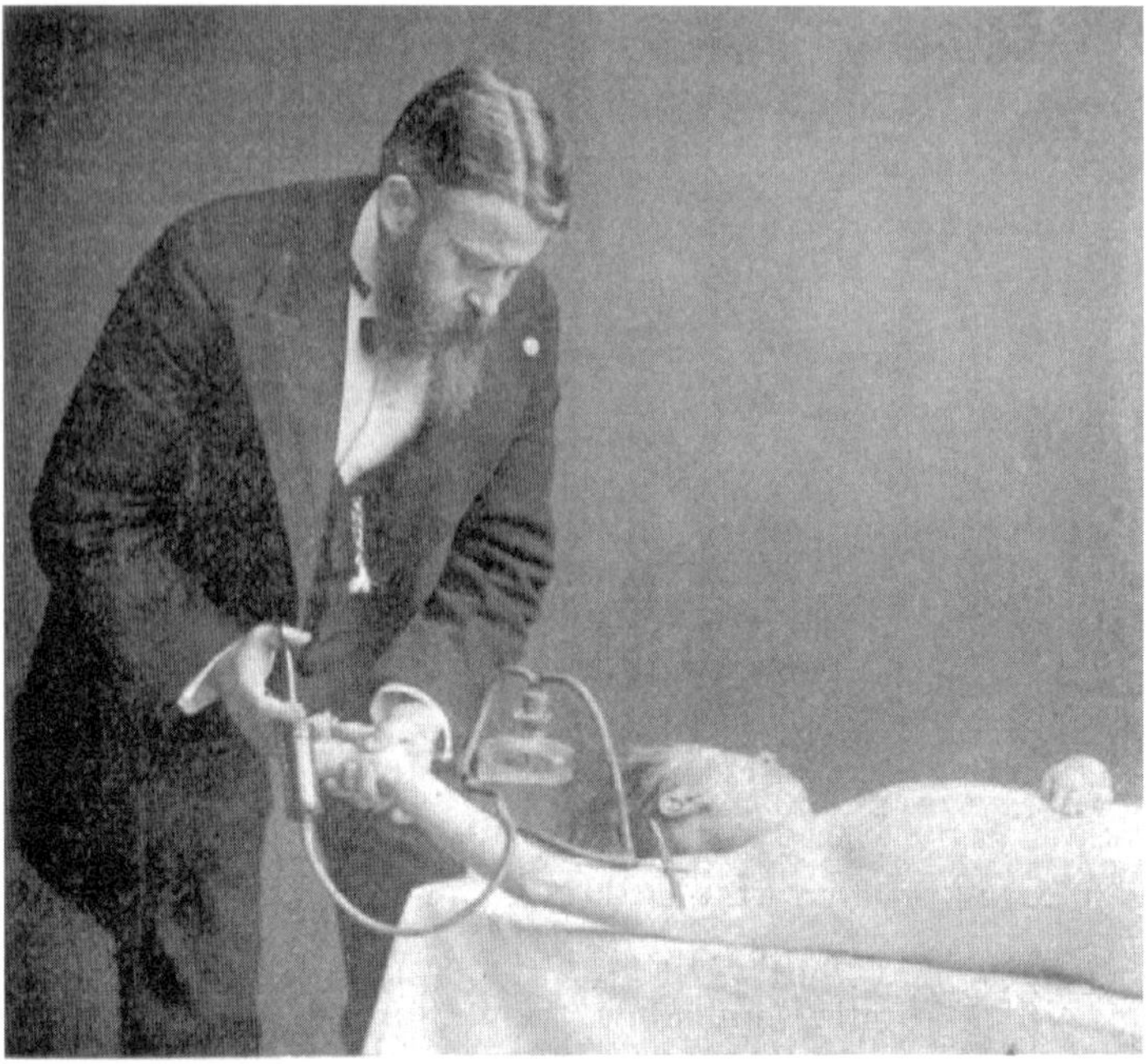

Operator Injecting Arterial System with Vacuum Pump.

図1.7　エンバーマーが死体に溶液を注入している。出典：全米葬儀ディレクター協会の厚意により転載。(『エンバーミングの技法と科学』、トレード・ピリオディカル・カンパニー、1896年、231ページより)

けていない状態で維持され、ベッドで眠っていただけであるかのように、終末のラッパの響きに目を覚まし、喜びに包まれて復活をする。そして、肉体のなかで神を見るのだ。……こうして死は、私たちに対して長い眠り以上の力をもたなくなる[28]」

こんなふうにバーンズは、死体の全面的制御とエンバーマーの仕事がもつ神意の徳性とを結びつけているが、

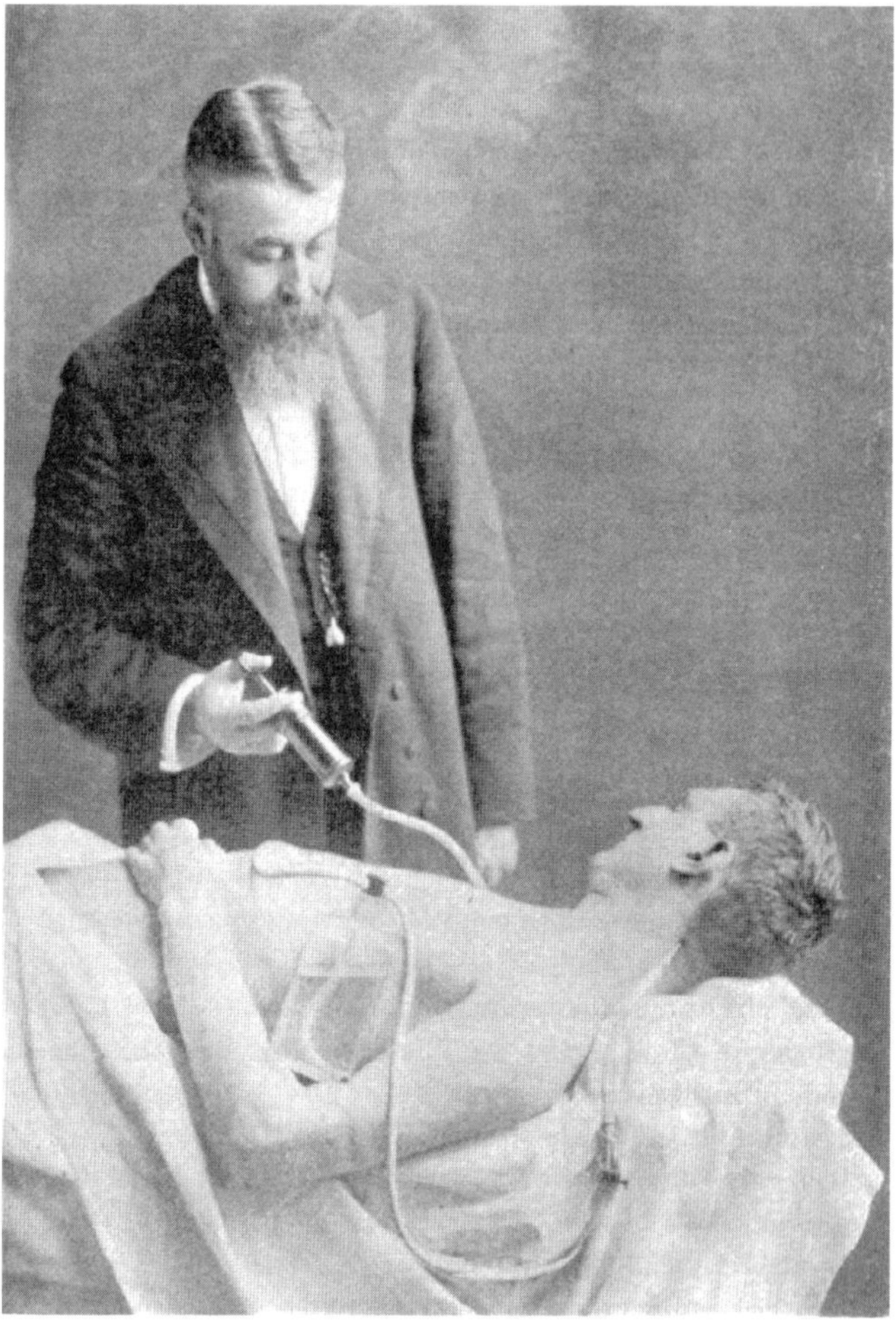

The Barnes Needle Process.

図1.8　エンバーマーがバーンズ式エンバーミング法を用いて処置をしている。出典：全米葬儀ディレクター協会の厚意により転載。（『エンバーミングの技法と科学』、トレード・ピリオディカル・カンパニー、1896年、251ページより）

この結びつきは、死後の条件と死体の視覚的制御にとって重要な意味をもつ。[29] さて、死の写真術と同じようにエンバーミングは、見る人の目に映る死体の死後の状態に影響をおよぼすだけでなく、死体を見つめる過程も大きく変えてしまった。これが写真術とエンバーミングが合流する重要な地点だ。つまるところ、エンバーミングと死の写真術が根本から変えてしまったのは、見る側の生きている人間が、死体の「死後の条件」をどんなふうに見るか、ということだった。実際、エンバーミング処置におけるこうした革新は、「エンバーミングされた幻影」の出現を可能にした。大衆は、長い時間死体を視覚的に経験するために、もはや写真術のレンズを必要としなくなった。なぜなら、バーンズ式エンバーミング法のポンプや針を使えば、今や死体を自分の目でじかに見ることができるからだ。アメリカの初期の葬儀業におけるこの重大な転換が、今日もつづく死体の経験を規格化した。そして、どんな死の姿が「自然」なのか、あるいは「普通」なのか、についての大衆の理解を変えてしまった。ジェームズ・ファーレル〔歴史学者〕は、アメリカの死の歴史に関する著書のなかで、死体に対しておこなわれた初期の視覚的制御についてつぎの二例を引いている。「W・P・ホーエンシュー〔アイオワ州の葬儀ディレクター〕は、『念頭に置くべきは、死のしるしが最小限にとどまるよう死体を整えること』と助言した」。数年後の一九二〇年には、「ボストンの葬儀業者がこんな広告を出したという。容貌を整えるだけなら一ドル。静かに運命を受け入れた表情にする場合は二ドル。キリスト教徒の希望と安楽の表情を与える場合は五ドル」。[30]

ボストンの葬儀業者の価格表からわかるように、エンバーミング処理とその処理がつくり出す

「エンバーミングされた幻影」によって、死体は今やいくつもの新しいやり方で商品化できるようになった。死体を変化させるのに使う器具はほとんど人の目に触れないし、エンバーミング処理は閉じた扉の向こう側でおこなわれる。だから最後に出来上がるのは、生きているように見えるが、機械的介入の跡の見えない、新しい種類の「死後の主体」だった。こんなふうにエンバーミングの器具は全然見えないわけだが、そうしたまったき不可視性のおかげで、機械装置は永久に、見る側の人間による死体の理解の一部となることができた。しかも、見る側の人間の、死に対する意識的な理解を直接変えることなく、だ。一九世紀後期には、死体を見るという行為が、ほとんど気づきもしないうちに別物になった。どういうことかというと、死体を見る行為は、それまでは、いつかは腐敗する、制御されていない死体をじかに見ることだったが、それが、なんらかの方法を介してつくり出された死体のイメージを見ることに変わったのだ。つまり、以前はなんの制御もされていなかった死体の「死後の条件」が、最初は写真術によって、つぎにエンバーミングによって、制御下に置かれたわけだが、そうなると、見る側の生きている人間のつくり出す「エンバーミングされた幻影」が、まるで繭のように効果的に死体を包み込んだ。こうして死体は、どんな悪臭も醜さも病気も人間の死すべき運命さえも剥ぎ取られた死の空間に置かれた。一九世紀後期にはもはや、死体の舵取りをするのは生物学的な死ではなくなった。そうではなく、死体や死体の提示する「死」に対する制御は、人間の行為者の手に委ねられるようになったのだ。

死体が死んでいるふうに見えなくなりはじめるやいなや、「エンバーミングされた幻影」を再生産し、つねにそれが本物だと主張しつづける必要が生じた(しかも時間も地理的境界も越えて)。そして、そうした「エンバーミングされた幻影」を再生産、再主張する必要性によって、死体を扱うまったく新しい市場が誕生した。写真術とエンバーミングの関係が、死体の腐敗をつかまえて、経済的に利益を生むビジネスにつくりかえたというわけだ。エンバーミング処理は、人間の死体を新しい消費者向けの商品に変容させるのに一役買っただけでなく、別の役割も果たした。どういうことかというと、当時、死体が公共空間を巡ることと、人々の健康を脅かす病気との関連が認識されていたのだが、エンバーミング処理は、亡くなった人の体の「安全性を高める」ことによって、そうした病気の危険を取り除く役割も果たしたのだ。こうしてエンバーミングは衛生面で人気を博し、その結果、さまざまな液体系保存用消毒剤の登場と市場拡大を促した。だが他方では、多くの問題を生じさせ、来るべき二〇世紀初期の葬儀業と死体を困らせることにもなった。

循環と流動性の政治学

「循環(circulation)」と「流動性(fluidity)」という語は、テクノロジーによって変化した人間の死体に関連してそれぞれ二重の意味をもつが、二組の意味はどちらも、一九世紀のアメリカで死体に起きた出来事の重要な側面を表している。「循環」と「流動性」という言葉がここで使われるときに意味するのはまず、人間の体内を巡る液体の動きのこと、それから、アメリカ中を巡る死体の鉄道輸送のことだ。これらの言葉は修辞的に使っている部分もあるが、物質的な意味で使っているといったほうがより正確である。それぞれの語を使って明らかにしたいのは、つぎのようなことだ。一九世紀の人間の死体は、エンバーミングによる死の時間的性質の制御と鉄道輸送による死の空間の制御において、どのようにして中心的存在になったのか。列車に載せて死体を運ぶことは、人間のテクノロジーによる死体の制御をまた一つ重要な段階に押し進めた。

アメリカ大陸横断のために、死体はどんなふうにして安全なものにつくりかえられたのだろうか。その歴史の物語は、化学的エンバーミングと都市間鉄道輸送の出現が融合したことに深いかかわりがある。アメリカ人が大陸中に散らばると、死体も同じ距離と経路を移動しなければならなくなった。ファーレルはこう述べている。「南北戦争中、戦線から遺体を自宅へ帰すためにエンバーミングを施す場合があった。戦争が終わってからも、エンバーマーは、かつては移動が盛んだったアメリカ人の死体を家族や友人のもとへ届けるために死体の処置をつづけた[31]」と。一九世紀における南北戦争後の期間に死体を輸送する場合には、さまざまな問題が立ちはだかった。ハーベンスティンとレイマーズは、そうした問題を明らかにし、「駅で列車を点検し、適切なエンバーミングを施されていない死体や、荷箱の破損、伝染病の菌を保有する死体の有無などを調べる必要が生じた」と記している[32]。さらに、全国各地の葬儀ディレクターが「憤慨」する様子も伝えている。「問題に対処するための規則も規定も体系的に明文化されておらず、現場は混沌と化している」としばしば嘆いていたようだ[33]。

南北戦争直後から二〇世紀初期にかけて、葬儀ディレクターや死体を輸送する鉄道会社は深刻な状況に直面した。まともな訓練を受けていないエンバーマーが適切な水準に満たないエンバーミングの仕事をしてしまうケースがかなりあったのだ。一九〇七年一〇月、ヴァージニア州ノーフォークで北米エンバーマー審議会第四回合同年次会が開催された。議題は、エンバーミングの不十分な死体が全国各地に輸送されることによって生じる諸問題について。会長であるミネソタ州セントポールのH・M・ブラッケン博士が年次挨拶をして、輸送対象の死体の処置をする個人に対し、規格化された徹底的なエンバーミング教育を施す必要性についてこんなふうに説いた。「葬儀業者の関心事が地元で早々に埋葬する遺体の処置だけであるかぎり、目の前の仕事は単純だった。しかし、旅と移住の時代となり、新たな責務が降ってきた。それは、輸送が可能となるように死体を保存することである。この責務が葬儀業者をエンバーマーに変えた[34]」と。だが、個人を対象として鉄道輸送に適したエンバーミングの訓練を始めたところ、節操のない詐欺師に好機を与える結果にもなってしまった。ブラッケン博士いわく、「医学生の前に試験対策の達人が現れるように、どこからともなく『溶液男』が出現して、エンバーマーにエンバーミング溶液や対策講座を提供した[35]」。

ブラッケン博士の説明に出てきた「溶液男」というのは、各地を回ってエンバーミング指導者の仕事をする人を指す語だ。彼らはあちこちで「学校」を開いては、エンバーマー志望者に死体の保存法を教えた。だがこうした指導者のほとんどは、自分自身が教えられるほどの知識も経験

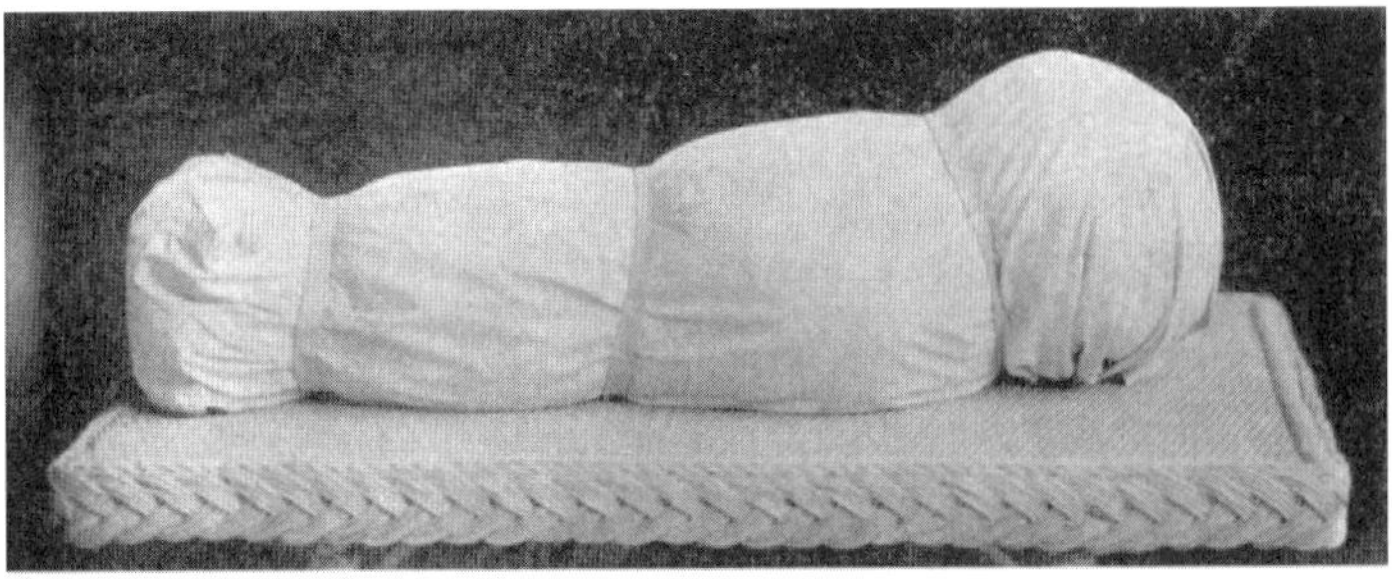

図1.9　鉄道輸送用に梱包された死体。出典：全米葬儀ディレクター協会の厚意により転載。（『エンバーミングの技法と科学』、トレード・ピリオディカル・カンパニー、1896年、349ページより）

もない者で、指導は怪しげな結果につながる場合が多かった。[36] ハーベンスティンとレイマーズはこんなふうに述べている。「面白いことに、エンバーミング溶液調合の先駆者は、医学的訓練を受けたか否かによらず、『○○教授』と名乗ることを選んだ。そうして、正式な指導など影も形もない昔の一八六八年、E・クレイン『教授』が特許を取得し、『クレイン式電気力学的防腐剤』を売り出した[37]」

ブラッケン博士が演説をした前年の一九〇六年、「溶液男」の所業によって最大の迷惑をこうむった職業人たちは、すでに特別会議を開催し、死体の鉄道輸送に関する規則の確立と標準化に乗り出していた。[38] 主な参加団体は、全米一般手荷物代理店協会、全米衛生官会議、それから全米葬儀ディレクター協会。特別会議で承認された「輸送規則」は、参加団体が自らに課した九項目の規制事項を含み、輸送に不適切な処置をされた死体から生じる諸問題について直接的な対策を講じ

Box ready for transportation to any part of the world.

図1.10　死体運搬用の棺。出典：全米葬儀ディレクター協会の厚意により転載。(『エンバーミングの技法と科学』、トレード・ピリオディカル・カンパニー、1896年、350ページより)

るものだった。[39] 具体的には、一連の疾病（黄熱病や炭疽《たんそ》等）への対応や死体の輸送方法について定めてあった。

第一項はもっとも明快で、こう定めてある。「天然痘および腺ペストの死体は州、準州、地区、地方をまたいで輸送することを全面的に禁止する」。第二項の要求は、疾病の恐れのある死体はすべて、州公認のエンバーマーが適切な処置を施すこと。まずエンバーミングと消毒をし、あらゆる孔に「脱脂綿」を詰める。これらの手順を完了したのち、「死体を一インチ以上の厚さを有する乾いた綿布で包み（図1．9参照）、シートで完全に覆う。それを、気密性の高い、亜鉛、銅、または鉛で内張りをした棺、あるいは鉄製の棺のなかにしっかりと固定して入れる。接合部や継ぎ目はすべて密閉されている必要がある。最後に気密性の高い頑丈な木箱に収納する（図1．10参照）」。輸送に向けて適切な準備がすんだら、つぎは第六項。「各死体には随行者が必要であり、随行者は乗車券を有し、『死体』と明記された一等車の全道程分の切符を提示する必要がある」と定めている。[40] 全九項からなる輸送規則は、その他さまざまな物流問題に言及しており、なかには死体の「特急輸送」についてのガイドラインもあった。こんなふうに死体の安全な輸送と適切な運搬を保証することをとおして、一九世紀の輸送業には、それまでにない新しい管理体制がつくり出された。その新しい管理体制のなかで、機械を使ったエンバーミングは重要な位置を占めていた。というのも、機械を使ったエンバーミングは、死体の循環と流動性を化学的に制御することを可能にするものだったからだ。

こうした保存方法と輸送システムのおかげで、エンバーミングされた死体は今や、一等車の乗車券を手に入れたのみならず、従来の時間と空間の外部を循環できるようになった。一般的な法則として、生きている人の体が占める空間や時間と、死体が占める空間や時間とは、機能の仕方が違っていた。でも、一九世紀にエンバーミングというテクノロジーが出現したことで、生きている人間は、調整された時間である「死体時間（corpse time）」をわが物とした。そして、人間の遺伝子コード、つまり、死んだら自動的に有機物の分解が始まるコード、の内部には存在しない規則に死体をしたがわせることができるようになった。[41] ヴォルフガング・シヴェルブシュ〔文学、哲学、社会学者〕は、『鉄道旅行の歴史：19世紀における空間と時間の工業化』で時間におけるこの種の変化をもっとも正確に説明している。シヴェルブシュは、根本から変化した時間コードが生きている人間の体の循環にどのような影響を与えたか、について総合的に分析している。鉄道輸送が死体におよぼした効果に直接言及しているわけではないが、分析はもちろん死体にも当てはまる。シヴェルブシュはこんなふうに述べている。「『時間と空間の崩壊』というのが、鉄道旅の働きを言い表す一九世紀初期の表現だった。この概念は、新しい交通手段が成し遂げた速さにもとづいていた。……輸送経済の観点からいえば、これは空間の収縮を意味していた[42]」

こんなふうにして時間が崩壊した状況が新たに生じたわけだが、エンバーミングなしの死体は、当時の他の多くの人間の体よりも、この新しい状況に抵抗するのがうまかった。裏を返せば、鉄道移動と輸送経済のために死体を制御可能なものにするには、死体の保存を完璧にすることが必須だった、ということだ。ここで葬儀ディレクター、手荷物業者、州の衛生官が直面した輸送問題を思い出してみてほしい。そうすれば、シヴェルブシュが主張したつぎの点が理解しやすくなるはずだ。いわく、「鉄道の速度による空間事情の変化は、実は空間収縮という単一現象ではなく、空間収縮と空間拡大という二重の現象であるということだ[43]」〔『鉄道旅行の歴史：19世紀における空間と時間の工業化』〕。これと同じで、二〇世紀初期にはすでに、規則にのっとったエンバーミングは、腐敗を収縮するとともに、腺ペストといった伝染病の場合を除くほとんどの死体の輸送の拡大を可能にした。こうして、死体の輸送を必要とした距離の長さは、もう問題ではなくなった。なぜなら、「死体時間」の概念全体と屍の腐敗がその速度を著しく落としたからだ。

エンバーミング用の器具と列車。このずいぶん種類の違う一九世紀の機械二つが、のちに融合し、人間の死体を制御するようになった。こうして死体に対する産業的な制御がおこなわれた結果、「エンバーミングされた幻影」は、死の空間と時間を気にすることなく機能できるようになった。エンバーミングは、従来の時間が死者に影響をおよぼす速度を遅くしたわけだが、そうなると、死の有機物的空間は、近代の死体にとって新しい何かで置き換えられるようになった。新しい何かというのは、機械によってつくり出された存在論的空間である。

一九世紀に人間の死体が制御されるようになって起きたことは他にもある。アメリカの葬儀ディレクターが、資格を有するエンバーマーとして、また、死体の最後の容貌の制作者として、にわかに以前とは比べものにならないほど大きな力を手に入れたのだ。適切にエンバーミングをした死体は、鉄道会社が州境を越えて死体を運搬するのを手助けしたわけだが、逆に、鉄道の輸送規則は、葬儀ディレクターが自分たちの仕事の正当性をもっと確かなものにするのに役立った。ハーベンステインとレイマーズは、新たな輸送規則が葬儀ディレクターにもたらした長期的利益についてこう説明している。「葬儀ディレクターはついに、エンバーミングを専門家の仕事として認めてもらうことができた。つまり、葬儀ディレクターがエンバーミングをした旨の宣誓書を出せば、手荷物業者も保健関連の役人も以降はなんの疑念も抱かず信用したということだ」[44]と。一九世紀初期の「死後の条件」と「死体時間」は、最初は人間の確固たる制御の外部にある空間だった。だが、テクノロジーを使った新しい方法が「健康的」な見た目の死体を標準に設定したとき、人間による制御がとうとう実現した。そして列車に乗った死体の循環と流動性は、アメリカの葬儀ディレクターのために、死後の空間と時間の全面的な消費をひそかにつくり出していた。

近代の刺激過剰な死体の構築

一九〇二年のカール・ルイス・バーンズ博士による「ビスガマン」のお披露目は、近代の死体にとってとりわけ歴史的な瞬間だった。[45] ビスガマンがつくり出されたことで、相当に強力なパラドックスが導入された。それは、超近代的で、過剰に刺激された死体の発明とマーケティングだ[46](図1.11参照)。バーンズ博士はビスガマンを使って、一九世紀の保存テクノロジーが可能にした一連の変化を文字と図で具体的に示してみせた。ビスガマンはまた、一九世紀のエンバーミングと保存技術によるもっとも力強い約束を表す完璧な人間のモデルでもあった。この約束とは、死体は突如として不自然なほど生き生きとした姿になることができる、というものだった。

南北戦争期以降、死体の存在論は、生きている人の体にとっても死体にとっても、大変生産性の高い連関となり、死体が占める空間が退行したのではなく拡大したことを示してきた。ビスガマンは、この新たな死後の存在論的構造の内部に住まう死体の一例というわけだが、ビスガマンを見ると、機械によって変化した死体から生じた実存的問題に対して、「死後の条件」がどんな影響をおよぼしたかもよくわかる。ビスガ・エンバーミング液の広告に使われた写真は、一九世紀の保存用の機械によって二重に変化させられた死体、つまり、まずはエンバーミングによって、つ

図1.11　ビスガマンを中心に据えたビスガ溶液の広告。出典：全米葬儀ディレクター協会の厚意により転載。（〈ザ・サニーサイド〉誌、1902年、全米葬儀ディレクター協会アーカイヴ）

ぎに写真術によって変化させられた死体の実例だ。一九世紀の死の写真術の通例とは違い、ビスガマンのイメージは、故人を偲ぶためのものではなかった。ビスガマンは頭からつま先までマーケティングの道具として存在していた。これは、写真術とエンバーミングの力の融合がなせる業である。ビスガマンの写真の下のキャプションを見ると、「死後三カ月が経過した時点の写真」と書いてあり、写真とエンバーミングの融合による新たな力がこの簡潔な文句に凝縮されている。広告のなかには、ビスガ液は「生きているとしか思えない完璧な外見」をつくり出せる、と謳ったものもあった。[47] こんなふうにビスガマンの死後の経過時間を記載しておくことは、エンバーミング業者に対して効果を示す上でとても重要だった。テクノロジーを使って人間の死の視覚的経験を制御するほうへと踏み出せば、手元の死体をこんなに生き生きとした姿にできるのだぞ、というわけだ。[48]

バーンズの広告は強烈だ。なぜかというと、エンバーミングされた幻影の死後の条件が、直感に反するやり方で操作されているからだ。つまり、「死後」だと説明するキャプションがなければ、実際に生きていると見る側は思う。ビスガマンは、キャプションの助けがなければ、生きているのか死んでいるのか認識も判別もできない近代の死体として存在している。死後にもかかわらず活力あふれるビスガマンの様子が示すように、死は、一方では惹句の文字へと縮小されている。そして他方では、バーンズによってマーケティング戦略へと拡大されている。機械的手段によって、生き生きとした様子の死体が技術的につくり出された。つづいて、死が死体から宙吊りにされた。

これらのことが意味するのは、近代のテクノロジーの使い手が、人間の死を機械によって消し去る方法を見つけた、ということだ。エンバーマーと葬儀業従事者の二〇世紀初期の視点から見れば、この新しい種類の死体は、巨大な資本となる可能性を秘めた客体だった。だがこの死体は同時に、死を嘆く人々にとっては、失われた主体でありつづけた。機械にもとづくエンバーミングシステムの出現と、ある程度には写真術の出現によって、近代の死体はにわかに機能していられる時間が長くなった。死後の使い道はさまざまあるが、生きている人みんなにとって、より多くの利益を生むようになった。死後の使い道はさまざまあるが、腐敗に抗う死体は、どんな用途にもぴったりな候補だ。そしてこうした条件がそろえば、死体を無限の資本の源にする諸業界にとって、死はとても大きな利益を生むものになる。

アメリカにおける死と死体は、一九世紀のテクノロジーが死体の内側の化学と外側の容貌を制御したことによって根本的に変わった。近代の死体という発明品は、人間がつくり出した目に見えないさまざまな機械の所産であり、この機械は、生きている人間の多種多様な目的を達成するために、死体に侵入し、過剰な刺激を与えた。エンバーミングの発達と使用が重要になった理由は、エンバーミングが機能する際の完全な不可視性にあった。エンバーミングの工程が人の目に触れないところに隠され、エンバーマーの使う化学薬品も同じように隠された。一九世紀にはこんなふうに人間の死体に対して機械を使った労働がおこなわれたわけだが、そうした労働から出現したのは、適切な文脈と活力あふれる状態で見られるべく、「エンバーミングされた幻影」を必要とする近代の死体である。一九世紀後期から二〇世紀初期にかけて出現したこの死体は、生き生きとした様子で人の目に映っていられる能力という点で、今日も根強く存在しつづけている。死体は、なんの介入も受けなければ、物理的な腐敗に慣れていない人をぎょっとさせるような衝撃的な光景を展開してしまう。

さて、ここまで、死の写真術や、機械を使ったエンバーミング、死体に関して「流動性」と「循環」という言葉がもつ二重の意味、近代的死体の存在論という発明について紹介してきたわけだが、これらのものはすべて、一九世紀後期の死後の条件をつくり出すために使われた。そして何より重要な点だが、これらのものはそれぞれ、このあとさらに大きな変化にさらされる死体を準備する役割も担ったのである。

二〇一八年七月二九日

妹の死を見つめる――#二一・ジュリーに言う

妹よ、今、飛行機のなかだ
おまえのところへ、おまえの死体のところへ向かっている
三〇分前、おまえは死んだ
懸命に闘ったあと、体がとうとう降参した
別れはすませてあったけれど、やっぱりその場にいたかった
今日
おまえが死ぬときに。
あと五時間、待ってくれていたらな……
でもじゅうぶん待ってくれたのはわかっている
何もかも、こんなふうに起きるはずじゃなかったことばかりだ。
おまえが最初に死ぬなんて、絶対にあり得ないはずだった。

でもそうなった。

そして今夜、おまえの手を取って話してやろうと思っている
みんなの言葉を伝えてやろうと思っている
友達の言葉を
やることリストから、二一．ジュリーに言う、をとうとう消したあと。
おまえの手を取って、もうじき死ぬと告げたあと。
涙をあふれさせておまえは言った↓逆の立場だったら
　　自分も
同じようにしたと。
きっとそうだろう。　　そうだと思う。
妹よ、ここからの景色は素晴らしい。
地上一万フィート
ペールブルーの空に雲の残りが　　漂って
おまえが好きだった英国の風景が過ぎていく。
よく笑ってたよな、お兄ちゃんの仕事はわけがわからない
変わり者の　　お兄ちゃんはきっと
最後は死の帝王になるねって
でもな、妹よ。

こんな不思議な仕事をつづけてきた理由がようやくわかった、三〇分前におまえが死んだとき に
おまえの手を取って、もうじき死ぬと告げたときに。
死神が来て、心の準備ができていないだろうと警告したときに。
妹よ――一人っ子になりたいと願ったことなどなかったよ
母さんと父さんの面倒を見るのはおまえのはずだったのに
だけど今や、両親の晩年はすべて、僕にかかっている。
　一人足りない家族写真の始まりだ。
どうにも信じられない。今起きていること。全部。でも現実だ。
死の一族も　死すべき　運命から守られてはいないし、免れることもできない。
もうすぐ　おまえのそばに行って命の消えた手を取るよ
まわりの人一人ひとりへの
　愛に満ちた手を
みんな寂しがっている
搭乗口一一番。ブリストル空港。共通の大学時代の友人からの　電話。
それでおまえの死を知った。
というわけで妹よ、おまえが死んでいく姿を見るのも、もう終わりだ。

痛みも、もう終わりだ。

ただ悲しくて、涙が出て、僕とおまえの立場が逆だったらああだったろうこうだったろうと思う。

きっとおまえも　同じ言葉をつづってくれただろうと。

第二章　ハッピー・デス・ムーヴメント

死と死にゆく過程についていえば、一九七〇年代は、誰もが学ぶべき重要な一〇年だと私は思う。第二次世界大戦までの期間は、第一章で論じた一九世紀後期の定型をおおよそ踏襲したが、エンドオブライフにまつわる実践は、第二次大戦後の期間に大きく変化し、一九七〇年代の社会運動がその変化を後押しした。私が研究者として一九七〇年代に夢中になっていると、たいていは困惑した視線を向けられる。だが、今日の死や死にゆく過程にまつわる社会運動の多くが形づくられたのは、まさにこの一〇年間だった。たとえば、人々が集まってエンドオブライフの問題について話し合う当世の「デスカフェ」は、四五年前に「死を認識する《デス・アウェアネス》」運動のもとで人々がおこなっていたことだ。どこからともなく出現する活動形態などないにひとしく、死と死にゆく過程について今日活動する人は、忘れられがちな先駆者との強い結びつきを有している。一九七〇年代の死と死にゆく過程をめぐる社会運動が、当時のジャーナリストと学者によって綿密に記録、記述されていたのはなかなか皮肉なことだ。だがそれより目を向けたいのは、そうした仕事の主なものでさえ今日はほとんど忘れられているという事実だ。その一方で、死の活動に対する集団的健忘症が生じるのは当然だとも思う。なぜなら、それぞれの世代は、自分たちのためにエンドオブライフの問題をあらためて手にし、死にゆく過程を新しい何かにつくりかえるからだ。

しかし、二一世紀に書かれる真に堅牢な死の歴史文献は、一九七〇年代、あるいは私が「長大なる一九七〇年代」と呼ぶ時期を含んでいる必要がある。「長大なる一九七〇年代」とは、一九六〇年代後期から一九八〇年代半ばまでの期間をいい、この時期に死と死にゆく過程をめぐるさまざまな出来事が起きた。たとえば、一九六九年にはエリザベス・キューブラー・ロスが『死ぬ瞬間：死とその過程について』〔鈴木晶訳、中公文庫、二〇二〇年〕を出版し、一九八〇年代には、ACT UPをはじめとする団体がAIDSの流行に抗議して、一九七〇年代の社会的アクティヴィズムを路上に連れ出した。一〇年を超える期間に現れた多種多様な団体、思想家、活動家、政治綱領の価値を考えると、こんなふうに一文にまとめることも不当な単純化に思える。一九七〇年代における死と死にゆく過程は、それだけで本一冊分の議論に値するからだ。この一〇年の出来事を概括するのに五〇〇〇語を費やしたとしても、長く忘れ去られた当時のエンドオブライフの提唱者たちに対してはずいぶん不公平だといえる。

一九七〇年代の死と死にゆく過程についての著作のうち、特別な注目に値する一冊は、一九七八年に出版されたリン・ロフランドの『死ぬ技巧 *The Craft of Dying*』である。当時の死と死にゆく過程の本の大半はとうの昔に絶版になっており、ロフランドの『死ぬ技巧』もそうだったが、私がMITプレス社を説得して二〇一九年に復刊された。二〇一四年に初めて読んでから、何年も復刊への道を探っていた。リン・ロフランドは、カリフォルニア大学デービス校の名誉教授なのだが〔著者が本書を執筆中は存命だったが、二〇二二年九月に逝去〕、彼女に接触しようという私の試みはことごとく失敗した。そんな折、奇跡が起きて、二〇一八年六月に死および社会研究センターで開催された「死の政治学」をテーマとする会議に、リンが指導した博士課程最後の教え子の一人エイラ・フランシスが現れた。エイラは、マサチューセッツ州にあるホーリークロス大学社会学・人類学部の准教授で、ジェンダー、セクシュアリティ、女性学分野の指導教官も務めている。会議以前は、お互いのことを何一つ知らず、リン・ロフランドや『死ぬ技巧』への関心を共有しているなど夢にも思わなかった。実際、会議後の夕食会では近くの席で二時間ほど話していたのに、学生の愚痴や大学の覇権争い、タトゥーをした学者のことばかりで（こうした行事ではお決まりの話題）、リンについては一度も触れなかった。どういう流れだったたか、『死ぬ技巧』とリン・ロフランドに話がおよんだのは、二人とも席を立ってレストランを出る段になってようやくだった。どちらが最初に何と言ったかははっきり思い出せないけれど、自分がこう言ったのはよく覚えている。きみがリンの賛同を取りつけられると思うなら、何がなんでも『死ぬ技巧』を復刊させたい、と。エイラは応じ、私たち二人はすぐさま走りだした。

本の復刊は、各権利の所有者を特定するだけでひと苦労、という場合もある。でも『死ぬ技巧』

はとんとん拍子に話が進んだ。リンまわりの調整はすべてエイラがおこない、私のほうは、自分の担当編集者を口説いて、ＭＩＴプレス社に死と死にゆく過程を扱った四〇年ものの書は今日の読者に絶対受けると確信させた。二一世紀版ハッピー・デス・ムーヴメントね、とリン・ロフランドに言ってもらえるかもしれない。

四〇周年記念版には、私があらためて序章を、エイラがエピローグを書き加え、『死ぬ技巧』が今の私たちの死と死に際について何を予見していたか考察した。私は担当編集者に、この新しい序章を少し改稿して自分の本にも掲載できないかと相談した。一九七〇年代の概略がまとまっているし、『死ぬ技巧』復刊版をなるべく多くの人に読んでもらいたいからだ。エイラによるエピローグも四〇周年記念版を読む重要な理由で、今日におけるエンドオブライフの政治学に興味のある人には、現代のホスピスケアに関する彼女の議論を注視することを強くお勧めする。

四〇年後、死と死にゆく過程を研究する新世代の学者たちが、私の著書を発見してどうにか復刊にこぎつけてくれたらいいな、と願う自分がいる。正直言ってこれは望み薄だが、『死ぬ技巧』はきっと、四〇年後も読まれていると思う。それくらい意味のある書だ。

リン・ロフランド著、『死ぬ技巧：現代の死の顔』四〇周年記念版の序章

ジョン・トロイヤー

リン・ロフランドの『死ぬ技巧』（一九七八年）は、第二次世界大戦後の死と死にゆく過程にまつわる実践を主題としたきわめて重要な書の一冊でありながら、読んだことのある人はほぼ皆無だ。大部分が見過ごされてきた、だが現在も変わらず有意義なテクストがMITプレス社から復刊されるのを目のあたりにして、興奮と深い満足を覚えている。本書は、バース大学死および社会研究センターのセンター長たる私が、現代の死と死にゆく過程の問題に取り込む人全員が読むべきと考える一冊である。四〇年前の出来事がいかにしてロフランドのいう今日の「死生学の流行《サナトロジカル・シック》」を形づくったのか、それを理解してみたい人がいたら、本書を読んで、現在と一九七〇年代の奇妙な類似性にぜひとも気づいてほしい。『死ぬ技巧』は私にとって、死と死にゆく過程とエンドオブライフ問題にまつわる書の決定版である。

　私のしつこい勧めに対する一般的な反応は——どうして？　どういう理由でどういうふうにその本が同時代の他の本と比べて特別だとか優れているとか言っているの？　たとえば、エリザベス・キューブラー・ロスの『死ぬ瞬間：死とその過程について』や、アーネスト・ベッカーの『死の拒絶』（今防人訳、平凡社、一九八九年）があるじゃない？　——といったもの。死の二大競合作を挙げてくる相手に、私は即座にこう切り返す。ロフランドの本は、一九七〇年代の出来事（新しいホスピス空間の形成、活動家団体による死の受容の働きかけ、大学への死にゆく過程に関する学科の導入等）の記録であるし、さらにはそうした活動に対する得がたい批評も含んでいる、と。事実、ロフランドが、死を中心に据えた団体の活動を、新たなエンドオブライフのイデオロギーを創造的に構築した社会運動とみなして批評と分類をおこなったことこそが、『死ぬ技巧』を大本のところで重要な書にしている。ロフランドは、それらのエンドオブライフ団体（いわく、一九七〇年代に広まった女性運動団体や環境運動団体と似た構造をもつ）の活動を「ハッピー・デス・ムーヴメント」と呼び、熱狂的な戦士の挑戦を連想させた。ロフランドの批評はどんなときも優しさと鋭さを兼ね備えている。そして彼女は、こうした死と死にゆく過程にまつわる団体の活動を記録するだけでは満足しなかった。人々を新たなエンドオブライフの政治学と思考に駆り立てるものは何なのか、ロフランドはそれをもっとよく理解したいと考えた。自分が生きている瞬間に起きている出来事を明確に記述する、その執念の奮闘が、『死ぬ技巧』を現在も価値ある文献にしている。四〇年前に彼女の提示した議論や観察のほぼすべてが、今に直結するものであり、今差し迫って必要なものである。

ロフランドの書はまさしく、瓶に詰めて送られてきたメッセージだ。死と死にゆく過程にまつわる社会運動がエンドオブライフのイデオロギーを中心として一つになった時代から、同じイデオロギーについて格闘をつづけている西洋諸国の今日へ。リン・ロフランドがごくわずかなページ数でこんな芸当をやってのけたことは、それ自体一つの達成である。

『死ぬ技巧』を発見する

これだけロフランドの功績を称えたあとで言いにくいのだが、恥ずかしながら、私が『死ぬ技巧』の存在を知って実際に読んだのは、二〇一四年の夏だった。学者としてそれなりの年月を経た私は、尊敬すべき同僚（死の研究についての歩く百科事典でもある）トニー・ウォルターから、ロフランドの本やハッピー・デス・ムーヴメントのことを知っているか、ときかれて初めてロフランドを発見した。いいや、知らない、と私は答えた。トニーがなぜこんな質問をしたかというと、私は一九七〇年代アメリカの死と死にゆく過程にまつわる言説を研究しており、『死ぬ技巧』が私の研究に直接関係すると彼にはわかっていたからだった。

手短にいうと、私のこの研究は、非常に重要でありつつその大部分が忘れ去られた一〇年間である一九七〇年代が、どんな機能を果たしたかを考察するものであり、以下の二つを目的としていた。一つは、死と死にゆく過程について今日活動する団体の動機を理解すること。もう一つは、エンドオブライフに関する現在のさまざまな議論の行く末を予見すること。一九七〇年代は、今日では当たり前と考えられている、リヴィング・ウィルや生命維持技術といった、死と死にゆく過程にまつわる新しい道具とテクノロジーが根を下ろし、死の定義を変えた時期である。この一〇年の活動の多くは、ごく局所的なレベルでおこなわれていると同時に、個人が集まって団体をつくり、死の受容、死ぬ権利、自然死することを声高に主張する過程を含む。こうしたすべてを記録したのが、『死ぬ技巧』だ。

一九七〇年代は他方では、エンドオブライフの問題が広がってホワイトハウスにまで届き、政治の激動期の最初と最後をしるしづけた一〇年でもある。一九七一年には、リチャード・ニクソン大統領が「がんとの戦争」を宣言し、一九七九年には、ジミー・カーター大統領が、医療および生命医学行動科学研究における倫理的諸問題を検討するための大統領委員会を設立した。大統領委員会はそののち、レーガン政権下の一九八一年に、画期的な報告書『死を定義する：死の定義における医学的、法的、倫理的諸問題』を発表した。[1] そして最終的には、大統領生命倫理評議会として周知され、死や死にゆく過程を含む多様な問題についてその後の大統領に助言する役割を担った。[2]

ロフランドの研究は今なお、一九七〇年代に関心をもつすべての人にとって、歴史と概念を理解するための重要な拠り所となる。なぜなら『死ぬ技巧』は、一九七〇年代に起きていたことを、一九七〇年代のうちに分析し批評しているからだ。読みおえた読者が得る学びを、私はつぎの二つだと考える。一つは、死と死にゆく過程が、当時進行中の出来事と関連する国家的な議題であったこと。当時の出来事とはたとえば、ニュージャージー州のカレン・アン・クインランの死ぬ権利に関する事件（一九七五年、意識不明となった当時二一歳のカレンについて、最高裁判所が人工呼吸器の撤去を認めた。「死ぬ権利」が認められたアメリカ初の判決といわれている）が挙げられる（これは国内にとどまらず世界的な議論を呼んだ）。もう一つは、死と死にゆく過程が、個人の自由とつながる問題であったこと。たとえば、一九七六年には、カリフォルニア州でアメリカ初の自然死法が成立し、医療を拒否した結果として死ぬことが明らかな場合でも、法的に医療を拒否する権利が個人に与えられた。

トニー・ウォルターのありがたい一押しのあと、『死ぬ技巧』がずいぶん前から絶版だと知った（復刊が頭に浮かんだ最初は、まさにこの瞬間だった）。だが私は粘り強く探して本を手に入れ、二〇一四年八月のある日、腰を下ろしてそのまま貪るように読みとおした。大真面目にいえば、『死ぬ技巧』を読んだことで、全研究のアプローチが根本から変わった。死について、死にゆく過程について、死体について。エンドオブライフの問題、死の政治学、ホスピス空間の歴史的形成、現在のハッピー・デス団体が推進する、ロフランドのいうところの「死についての会話《デス・トーク》」、葬儀に関する新自由主義にもとづく経済的「選択」について。まだまだいくらだって挙げられる。そして福音主義的な使命に目覚めた改宗者のように、私は誰かに、熱意を込めてたっぷりと『死ぬ技巧』を読み聞かせたくてたまらなくなった。

そしてちょうど奇遇にも、二〇一四年八月の私は、飛んで火に入る夏の虫的に聴衆を得ることができた。ニューヨークのブルックリンにあった病理解剖学博物館（惜しくも閉館）でスコラー・イン・レジデンス〔研究者が期間限定で別の組織に所属して講演などをおこなう〕をしていたからだ。冗談ではなく、博物館で一般向けの講演をする際にはほぼ毎回、『死ぬ技巧』の抜粋をそのまま読み上げた。とくにつぎの導入部分をよく読んだ。

どうやら結局人間は、まっさらな形で、あるいは少なくとも変更を加えた形で、自分たちのために、死の文化と組織を構築するものらしい。つまり、新しい「死の技巧」を構築する。それによって、以前はなかった新しい経験をもっと上手に包含することができる。私も他の社会の観察者と同じくつぎのように考えている……アメリカの過去二〇年において死と死にゆく過程に関する活動が盛んになるなか、私たちはまさにそうした再構築を目撃してきたし、今現在も目のあたりにしている。こうした盛り上がり、とくにマスメディアから発生したものには、間違いなくブームやファッションの要素がある。いうなれば、「お洒落」としての死生学であり、富裕層のあいだでは有機園芸や家庭での保存食づくりとおよそ同等の重みをもつ。そして、アメリカの大衆の言説がもつ、「生死の問題」をいっときの熱狂に変貌させる力がけっして侮れないことも確かである。でも、私は思う。こうした活動には、現代生活におけるはかない流行の一例には収まらない意味があると。アメリカ人、とくに裕福な中流階級のアメリカ人は、死と死にゆく過程に関する思考、信念、感情、行為のまっさらな、あるいは少なくとも変更を加えたやり方をつくり出す途上にある。なぜなら彼らは、新たな「死の顔」に以前からずっと直面しているからだ。[3]

もし、あなたが今この文章を読んで、ロフランドの言葉は自分が生きている歴史的瞬間の死と死にゆく過程を怖いくらいによく言い表している、と思ったなら（「ブームやファッション」という言葉に、私はいつもはっとする）、あなたは、一九七八年に出版された本が今も変わらず、読む人すべてにこうたきつける理由をわかりはじめている。あらゆる時代のハッピー・デス・ムーヴメントはいかにして独自性や新規性や革新性を有し得るのか、それについてじっくり考えろ、と。ロフランドは、読者に現在につながる歴史を知ってほしいと考えている。そうすれば今度は、つぎの世代の死や死にゆく過程の活動家が、自分たちの文化的闘争と過去の闘争の歴史的関係を理解できるかもしれないからだ。

今日との関連性

『死ぬ技巧』は、死と死にゆく過程に関する一九七〇年代のもっとも無益無用な、にもかかわらず今もしぶとく残る主張の一つに踏み込み、成果を上げてもいる。その主張とは、死はタブーである、というものだ。リン・ロフランドはこう論じる。ハッピー・デス・ムーヴメントが、真の社会運動のように機能したと仮定すると、その運動には倒すべき敵が必要だ。そして死のタブー説は、主役を引き立てる敵役として完璧である。なぜなら「存在する」と誰もがすでに「知っている」からだ。

ロフランドは、死のタブー説が利用され、悪用され、大げさに強調されるやり方と理由を徹底的に疑問視した最初の著者ではないし、最後の著者にもならないだろう。イデオロギーによってアメリカや西欧諸国の「死の顔」を変容させると誓うハッピー・デス・ムーヴメントの団体はさまざまあるが、そうした団体にとって、死のタブー説はつねに生産性の高い虚構でありつづけるだろう。でも結局、虚構であることに変わりはない。ロフランドが明快に論じるように、死のタブー説は役に立ち、その機能は、死の運動に関する知識人集団にとりわけ人気がある（かく言う私も、会員証もってますレベルで死の知識人集団に属す身ではあるが）。こうした死の運動の知識人に対するロフランドの批評だけを見ても、『死ぬ技巧』が今も先見性を失っていない書だと十分にわかる。彼女の重要な批評はこんなふうに始まる。

定式化の仕方は違えど、基本的な考え方はつぎのようなものだ。アメリカは死を否定する社会である、死はタブー視される話題である、死はアメリカ人を居心地悪くして逃げ出させる、アメリカ人は死に対して否定的なのでアメリカでは死が隠される、等々。こうした否定と抑圧は、かなり悲惨な結末につながるといえる。たとえば、法外な葬儀費用、荒っぽいやり方の葬儀、病院における死にゆく過程の非人道的な扱い、死にゆく人々の生者の輪からの追放、死に至る病を患う人との白々しい会話、現実に根ざさない冷たく非有機的な人生観、といったものだ。……多くの学者が指摘してきたように、死のタブー説を裏づける経験的根拠はたいしたものではない（たとえば、Dumont and Foss, 1972やDonaldson, 1972を参照）[4]。さらにいえば、こう思う人もいるのではないだろうか。アメリカでは死はタブーの話題だと言うが、そもそもそうした死に関する主張が一〇年近く休みなしにつづけられているのだからなんだか妙だ、と。でも、死のタブー説には敵をつくり出す機能があるとわかれば、経験的根拠の疑わしさなど、死のタブー説を無限に繰り返すにあたって深刻な障害にはほぼなり得ないと理解できる。死の運動の知識人が何度も繰り返し提示するような「伝統的な死の見方」、あるいは「伝統的な死の知恵」の存在意義は、その「真実」にあるのではなく、実用性にこそあるのだ。[5]

死や死にゆく過程について自分たちの議論を進めるために、死のタブー説は本当に必要なのだろうか。そう真剣に疑問視する人が増えるなら、『死ぬ技巧』復刊の功績が他になかったとしても、長い年月をかけてやり遂げた甲斐があった。死のタブー説が偽りだ、ということはもうわかってもらえたと思う。であるなら、ロフランドが学者として、その時々の現状に挑戦する学識界に当時も今も大きく貢献しているということにも気づくはずだ。とはいえ、私には強い予感がある。これから先の数十年間も、たくさんの死の活動にかかわる知識人や職業人が、自分のキャリアを向上させるため、自分の本の売上を伸ばすために、死のタブー説を唱えつづけるだろうと。死のタブー説で重要なのは真実ではなく実用性だと言うロフランドにもわかっていたことだろう。『死ぬ技巧』は不気味なほど今にぴったりな本だが、それだけにとどまらない。ロフランドはもう一つ、核となる人間の経験に踏み込んでいく。私たちホモ・サピエンスは、死にゆく、という地点にとどまりつづけるということだ。私たちはみんな、いつか必ず死ぬ。この事実は、私たちが望むなら、死と死にゆく過程について新しい形で経験し考える機会を一人ひとりに与えてくれる、めったにない普遍的かつ不変的な事実だ。ロフランドがとくに注目するのは、一九七〇年代において、死にゆく人はいかにして何か別のものになるのか、ということである。

ロフランドはかつてないやり方で一九七〇年代における死と死にゆく過程の経験を明らかにしたのだが、私自身がそうした経験にぶち当たったのは、二〇一八年七月二九日に妹ジュリー・トロイヤーが脳腫瘍で死んだときだった。妹が死ぬのを見ていると、『死ぬ技巧』の中心的な主張についてかなり深く考えさせられた。そして思いもよらずその時期は、悲しい偶然ながら本稿を書いた時期と重なっていた。ＭＩＴプレス社が『死ぬ技巧』の復刊に興味を示したのは、妹がまさに死につつある頃だったが、私が本稿を書きだしたのは、妹が死んだあとだった。そのあいだには一カ月ほどの間隔があった。死別から立ち直れない人を支援する団体で長年世話役を務めており、アメリカの葬儀ディレクターでもあった父ロン・トロイヤーが、私の死の隔たりの経験をすこぶるロフランドふうの表現でまとめてくれた。「ジュリーは死にかけている」と人に言うことと、「ジュリーは死んだ」と言うことは、全然違う経験だ、と。前者は動きがある感じがし、後者はしんと動かない感じがした。

死と死にゆく過程について自分が経験したことを書き加えよう、と私は決めた。というのもロフランドは、死や死にゆく過程について正確に議論することを勧めるにあたって、言葉と表現の果たす役割を懸命に分析しているからだ。私は何日もぶつぶつ言いながら悩んだ。まがりなりにも死の研究をする学者である私が、『死ぬ技巧』に新しく序章を書くにあたり、こんな個人的な経験についての議論を含めてもよいのだろうか、と。永遠にも思える時間、ロフランドの書を見つめつづけた。そして、今日の死と死にゆく過程にまつわる言説についてリン・ロフランドの果たした、何ものにも代えがたい貢献の真髄に今度こそ気づいた。それはこういうことだ。誰が何をしようと、みんな死ぬ。自分個人や自分の職業や自分の家族が死とどんな関係にあろうと、みんな死ぬ。さらにいえば、ロフランドのいう、つねに更新されつづける死ぬ技巧は、私たち生きている人間が、死すべき運命とどんなふうに向き合うべきかについて、自分自身にとって意味のあるやり方で批判的に考えることを求めている。そうすれば、テクノロジーの進歩した私たちの二一世紀において、生きることと死ぬことがどんなふうに実現され得るか、たとえ一瞬でもわかるかもしれない。思うに、ロフランドならこんな言葉をかけてくれるだろう。現代の死の顔のなかに自分の個人的な死の目指すところを見つけるのはとても大事なことだ、と。

では、『死ぬ技巧』の未来やいかに？

これから四〇年のうちにロフランドの書が時代との関連性を失う理由が、私には見当たらない。

『死ぬ技巧』の中心的な議論が時とともにどう発展したかを振り返れば、一九八〇年代と一九九〇年代におけるＡＣＴ ＵＰのＡＩＤＳ抗議運動とのつながりがはっきりと見えるし、最近のブラック・ライヴズ・マター運動の団体といった現在のアクティヴィズムともつながっている。ロフランドはちゃんとつぎのように予言している。死と死にゆく過程にまつわる社会運動は、新しく誕生しては互いに吸収し合うだろう。なぜなら死は、現象学的に消失することを拒否するからだ、と。ロフランドの言葉の豊饒さはこれまでもけっして失われなかったし、これからもずっと新たな聞き手を見つけつづけるだろう。

ところで、『死ぬ技巧』には警告めいた記載が添えられている。この点について、本稿の終わりにぜひとも言及しておこう。

ハッピー・デス・ムーヴメントの団体は当時も今も、活動をとおして助けたいと切に願う相手その人をむしろ疎外してしまう危険性をつねに孕んでいる。というのも彼らの活動は、感情表現豊かにノンストップで超陽気なデストークを繰り広げることを含んでおり、そうした会話は今度は、死／死にゆく過程／死すべき運命を是が非でもこれまでとは違う何かに変えて受け入れることを要求する。ここにきて難題が生じる。こんなふうに死を扱うのは間違いだ、と確信する人が現れるのだ。そして疑念が生じた瞬間、「陰鬱な死」を求める運動が誕生するかもしれない。ロフランドは皮肉たっぷりにそう示唆している。

豊かな感情表現こそ真っ当な死を達成する唯一の道だ、という考え方が広まったらどうなるだろうか。引っ込み思案な人は、気持ちを「シェア」することへの重圧に押し潰されそうになるだろう。死と死にゆく過程は自己啓発の新たな機会、という見方が一般的になったらどうだろう。万年劣等生の人は、目の前にまた一つ、失敗の機会が現れたと思うだろう。死に「興奮」しない人は、不感症の人と同じくらい肩身の狭い思いをするかもしれない。となれば今度はきっと、「陰鬱な死」を求める運動が起こるだろう。そして死神の顔から笑みを消し去り、「不気味な死神」を歴史ある栄誉の座に返り咲かせるのだ。[6]

こうした警告を含んでいることや、他の数々の理由で、ロフランドの書は時代との関連性を失わないだろう。これから先の四〇年、それぞれの歴史的瞬間でハッピー・デス・ムーヴメントが生まれるたび、『死ぬ技巧』が再版されることを願う。とりわけ、死を楽しもうと福音を説くために、性懲りもなく死のタブー説を敵に掲げる集団が現れた場合には。皮肉なのはそう、リン・ロフランドが死や死にゆく過程について話し合うのはこんなに簡単だと読者に示しながら、いっさいタブーに触れずに示していること。しかも、四〇年も前に、たった一冊の本でやってみせたのだから、復刊させたMITプレス社はなんていい判断をしたことだろう。

さらに考察を進めると、ハッピー・デス・ムーヴメントのほとんどはただ、虚構の死のタブー説について話しつづける行為をやめたくてもやめられないだけだ、と明らかになる。なぜだろう？

それは、自分が役に立つ人間だと感じられるからだ。リン・ロフランドならこう言いそうに思う。別にいいよ、と。

いざ人が死ぬとき、死神はそんなの気にやしない。

二〇一八年七月二九日

妹の死を見つめる——もっと速く飛べ

妹よ、気づいたのだけど、おまえの死について最初に書いたのは
二〇一八年四月二九日
　つまりちょうど三カ月前
今日は二〇一八年七月二九日だから
二人そろって祝う誕生日は今年が最後
僕が四五歳になったとき、おまえはもう少し生きるかもしれないと思った
でも違った
驚いてはいない
死がやりそうなことはわかるから。
いつかおまえが言っていたみたいに、超能力を使ったんだ。
妹よ、今は乗り継ぎの飛行機のなかだ。
イタリアへ向かう、おまえの死んだ場所へ
きっとここで死ぬと、四月に思った場所へ

おまえの誕生日だった。
そしておまえの
手を
取りながら　告げたことのなかでいちばん悲しかったのは
もう二度とアメリカの家には帰れないということ。
今横たわっているその場所で　死ぬのだということ
目が見えなくなって、耳が聴こえなくなって、歩くことさえできなくなった。
理不尽だったけれど　こういう記憶がおまえの
死のことを
少しだが話しやすくしたのは事実だ。
おまえはあんなふうに生きることを望んでいなかったから
地下室に閉じ込められたトロールみたいだと自分で言っていた
気持ちはわかる。
僕だってあんなふうにはなりたくない。
でもおまえは限界まで抵抗した。
僕らの誰より、ずっと勇敢なおまえの心が
とうとう音を上げた。

僕は今、乗り継ぎの飛行機のなかにいる
窓の外をにらみつけて　早く離陸してくれと念じながら
おまえの死んだ手を握ってやれるように
死んだ体を抱きしめて
死んだ頬にキスをして↓　兄貴というものが妹にやれるありったけの愛を与えられるように
四八時間早く出発していればよかったとも思うけれど
三週間前のさよならがおまえの耳に届いたとわかっているから

　サンタ・マリアに

言ったように、生きて会える最後かもしれないとわかっていたから
そう。　あれが最後になった。
妹よ、僕は身じろぎもせず。外をにらみつけて。涙を拭いて。探している。見つけようとしている。つぎはどうなるんだと不安に感じながら。おまえがここにいないなんて、計画外もいいところだから。
僕は今、独りきり。トロイヤー家の最後の　一人。なんてこと
　してくれたんだ。
外はもう見ないことにして。　書きつけた
　言葉　のなかをさまよって

飛行機がまだ飛び立って僕をおまえの死体のもとへ運んでいない理由を理解しようとしている。もしも今

望みが　あるとしたらそれは、この飛行機でおまえがとなりに座っていて、二人して　わめいていること

腹の底から大声で。

速く飛べ！　速く飛べ！　もっともっともっと！

第三章　ＨＩＶ／ＡＩＤＳの死体

アメリカ人がＨＩＶやＡＩＤＳ関連の病気で早世していることを、どの職業集団よりも、葬儀ディレクターがよくわかっている。葬儀ディレクターは、遺族が悲しみに向き合う手助けをする術を身につける必要があったのはもちろん、感染の恐れがある遺体の処置につきもののリスクにも直接対処しなければならなかった。

——全米後天性免疫不全症候群委員会による報告書「ＡＩＤＳと生きるアメリカ」より、〈ザ・ディレクター〉誌、一九九二年一月

新しい死後の状況：ＨＩＶ／ＡＩＤＳの死体

二〇世紀も終わりに近づいた頃、安定的なものになったと思われた人間の死体に急展開が訪れ

た。そして一九八五年六月、全米葬儀ディレクター協会は、ある覚書を協会員に回覧した。[1]覚書に詳述されていたのは、「葬儀業従事者等へのＡＩＤＳに関する注意事項」だった。ぺら一枚の文書で、上の部分には幅いっぱいに「重要」の文字。ＨＩＶ／ＡＩＤＳによって生じた死体について、葬儀業従事者からよく寄せられる質問に回答を試みるものだった。最初の段落には、こんなふうに書いてあった。「ＡＩＤＳ（後天性免疫不全症候群）に世間の注目が集まっている。この疾病によってすでに多くの死者が出ており、今後も死者が出ると予想される。夥《おびただ》しい数の報告にもとづくと、感染者にもっとも多いのは同性愛者と静注薬物使用者であるようだ[2]」

葬儀業は、死体を扱うことの上に成り立っている。だから、ＨＩＶ／ＡＩＤＳの知識が不足していた当時のアメリカでは、葬儀業の死体に対する財政的依存が急激に複雑さを増した。覚書はさらにこうつづく。「こうした事案に対する世間の注目が高まるにつれ、一部の葬儀ディレクターは、エンバーマーの業務について協会に助言を求めるだけでなく、感染した死体の処置や輸送にエンバーミングの前後でかかわる人々の業務についても助言を求めるようになった。そしてさらなる問題もある。遺族が葬儀の場に遺体を安置したいと考えているが、エンバーミングをするのは嫌だという場合、どうすればよいのだろうか？[3]」

こうした問い合わせに対する応答として、全米葬儀ディレクター協会は、ニューヨーク市のメモリアル・スローン・ケタリングがんセンターの病理学長とクイーンズ検視局が考えた八項からなる「エンバーミングに関する注意事項」を提案した。[4]注意事項八項には、エンバーマーが着用すべき防護用装備の種類（ゴーグル、靴カバー、二重にしたゴム手袋など）や、汚れた器具をきれいにするときに使うべき漂白溶液の種類が記載されていた。歴史的状況をもっともよく物語っているのは、八番目にして最後の項で、「遺族が遺体と対面する場合、身体的接触は避けること」と書いてある。HIV／AIDSの死体は家族も触れてはいけない、というこの項目を見ると、一九八〇年代には、葬儀業だけにとどまらず、生物医学界が広くAIDSによる混乱と不安を抱えていたと考えられる。[5] 覚書は、なぜ家族にHIV／AIDSの死体を触れさせてはいけないのか、について明確に述べていないが、暗黙の示唆ははっきりしている。つまり、当時は、HIV／AIDSで死んだ人の死体は生物学的に危険な死体だった、ということだ。[6] 覚書から明らかになることは他にもある。それは、一九八〇年代初期に、HIV／AIDSが新しい種類の死体をつくり出した、ということ。この新しい種類の死体というのは、ひどく誤解された病気をとおしてつくり出された人間の死体、そして覚書の論理によれば、静注薬物使用者や同性愛者の卑しい社会活動によってつくり出された死体だった。

だが、HIV／AIDSの死体は、社会的に逸脱したおぞましい死体、というだけではなかった。この新しい種類の死体は、アメリカの文化政治学の所産でもあった。さらに、近代の死体を規格化するためにつくり出された一九世紀のテクノロジーに対して、真っ向から挑戦するものにもなった。全米葬儀ディレクター協会の覚書が示唆するように、新しい種類の死体は、テクノロジーによってあらゆる死体を安定的なものに変えられると謳う機械的エンバーミングの変容能力に挑戦状を突きつけていた。一九世紀半ば以降、機械的エンバーミングの力というのは、死体が早々に腐敗することを防ぎ、死体をもっと安定的な、多くの人が見ても問題ない体に変容させる点にあった。だがHIV／AIDSの死体は、そうした実践の生物医学的な力を徐々に弱めた。そしてほんのわずかな手数で、社会的逸脱とみなされる疾病の中心に躍り出たのみならず、アメリカの葬儀業による適切なエンバーミングをとおして実現されていた死体の死後の復帰を、ある日突然不可能にしてしまったのだ。

HIV／AIDSの死体が一九八〇年代から一九九〇年代初期にかけてアメリカの葬儀業の内部で社会的、政治的につくり出したものを検証すると、興味深いことがわかる。これから述べることは、アメリカの葬儀業に対する批判ではない。そうではなく、この特定の職業集団が、業界全体におよぶ深刻な問題をとおして、どのようにHIV／AIDSを理解していったのか、それを検証したいのであり、これは重要なことである。それに、HIV／AIDSの死体が出現したことによって、アメリカの葬儀業が経験した制度的変化は相当に大きなものだった。ミネソタ大学葬儀科学課程でエンバーミング指導員を務めていたジョディ・ラクールは、その歴史的な時期をこう振り返る。[7]「九〇年代初期、私は葬儀業の仕事を始めたばかりだったが、葬儀ディレクターたちがHIV陽性の死体やAIDSで亡くなった人の死体をエンバーミングしなければならないと知って『パニック』に陥るのをこの目で見た。なかには、エンバーミングを断る人までいた。HIV／AIDSの死体とはいっさいのかかわりをもちたくなかったからだ。こうした態度に私はひどくとまどった」[8]

一部の葬儀ディレクターがＨＩＶ／ＡＩＤＳの死体のエンバーミングを頑なに拒否していることは、一九八〇年代半ばには重大な懸念事項になっていた。そこで一九八五年六月二三日、全米葬儀ディレクター協会理事会はつぎのような方針を発表した。

国内の一部の葬儀ディレクターや特定の葬儀社がＡＩＤＳ案件を拒否していることがわかっている。葬儀社のなかには、ＡＩＤＳ犠牲者の死体のエンバーミングを断るところもあるらしい。ＡＩＤＳで亡くなった人の遺族から葬儀を引き受ける際、すぐに火葬することと故人との対面やヴィジテーションをしないことを条件に課す場合もある。すべて実際に起きたことだが、こうした行為は、葬儀業従事者が過去にエンバーミングの重要性を説いたことと真っ向から矛盾するかもしれない。ＡＩＤＳへの恐怖心が強すぎるあまり、葬儀業従事者の多くは気づいていないようだが、こうした「拒絶傾向」は、アメリカの葬儀ディレクターの職業イメージを損なう恐れがある。……拒絶傾向がつづく場合、とくに葬儀業従事者がその傾向を後押しした場合には、〔死体の〕即時処理率の増加を助長することになるかもしれない。[9]だが結局のところ、伝染性の強い他の病気が死因の場合はどうなるのか？　その場合も同じくリスクがあるのではないか？　ＡＩＤＳ犠牲者について即時処理を勧めるのであれば、他の病気の犠牲者についても即時処理を勧めるべきではないのか？　そしてもし、葬儀ディレクターが即時処理を促し煽るならば、一般大衆が葬儀の価値を支持する葬儀業従事者を受け入れて応援したいと思う理由はほとんどなくなってしまうだろう。[10]

一九八〇年代から一九九〇年代にかけて、葬儀業従事者は、主に何からＨＩＶ／ＡＩＤＳについての情報を得ていたのだろうか。一つは〈ザ・ディレクター〉誌である。全米葬儀ディレクター協会による月刊誌で、一九五七年の創刊から現在も変わらず定期的に発行されている。一九八〇年代から一九九〇年代にかけて、〈ザ・ディレクター〉誌は、ＨＩＶ／ＡＩＤＳとこの病気がアメリカの葬儀業におよぼす影響について、一連の記事や実例紹介を掲載していた。この観点からすると、一九八七年九月号はとりわけ重要である。というのも、初めて雑誌全体にわたってアメリカの葬儀実践におけるＨＩＶ／ＡＩＤＳの特集が組まれた号だからだ。表紙（図3．1参照）を見ると、当時の葬儀業界においてＨＩＶ／ＡＩＤＳの流行がどんなふうに作用していたかを視覚的に理解できる。各種溶液が入った試験管が数本宙に浮いており、となりには左右非対称な三角フラスコがあって、なかには突起のたくさんついた球体が入っている（不気味にも、第二次世界大戦で使われた機雷に似ている）。球体のなかにあるのは、二重らせんがほのめかすように、保存容器入りのＤＮＡだ。読者が突起つきの球体が何かわからなかった場合に備えて、フラスコの底部には「ＡＩＤＳウイルス」と説明書きまである。キャサリン・ウォルドビー〔社会科学者〕が用いた鍵となるＨＩＶ／ＡＩＤＳの比喩表現を借りれば、アメリカの葬儀ディレクターは「総力戦」

に突入していたといえる。[11] 表紙の絵の下に、一九八七年九月号に掲載された記事のカテゴリーが載っている（「ＡＩＤＳの専門家」、「すべての遺族に奉仕する」、「ＡＩＤＳへの責任」など）。これを見ても、当時の葬儀ディレクターの関心の範囲が知れる。おまけに、表紙の真ん中に浮き上がるような文字で「ＡＩＤＳ」と書いてあるのが、葬儀業の直面する状況の切迫感と深刻さを疑念の余地なく伝えている。

一九八七年九月号の巻頭は、アメリカの葬儀ディレクターにとって、昔からなじみ深い、だが新しい種類の問題を扱っている。ＨＩＶ／ＡＩＤＳの合併症によって生じた死体が葬儀社に現れはじめたとき、ウイルス汚染という「脅威」は、理屈上は平常業務の一部にすぎなかった。あらゆる種類の伝染病が危険な死体を日常的につくり出していたし、葬儀業はそうした危険な死体に合わせて否応なしにやり方を変えていたからだ。職業的エンバーマーであり、エンバーミング科学の歴史家でもあるロバート・マイヤーは、『エンバーミング：その歴史と理論と実践 *Embalming: History, Theory and Practice*』でつぎのように述べている。「死に至り得る流感、ポリオ、ＡＩＤＳ、結核、薬剤耐性ウイルス、バクテリアといったものが現れるたび、エンバーマーは、衛生技術を使って個人と地域の保健を守ってきた。こうした病気があっても、エンバーマーはもてる能力を使って、誰かの愛する故人が別れの儀式で最後に一度穏やかな表情を浮かべることができるように努めてきた」[12]と。マイヤーは、伝染病が特別な注意を要する死体をつくり出した歴史的事例を他にもたくさん挙げている。だがそれでもやはり、ＨＩＶ／ＡＩＤＳは他の病気とは大き

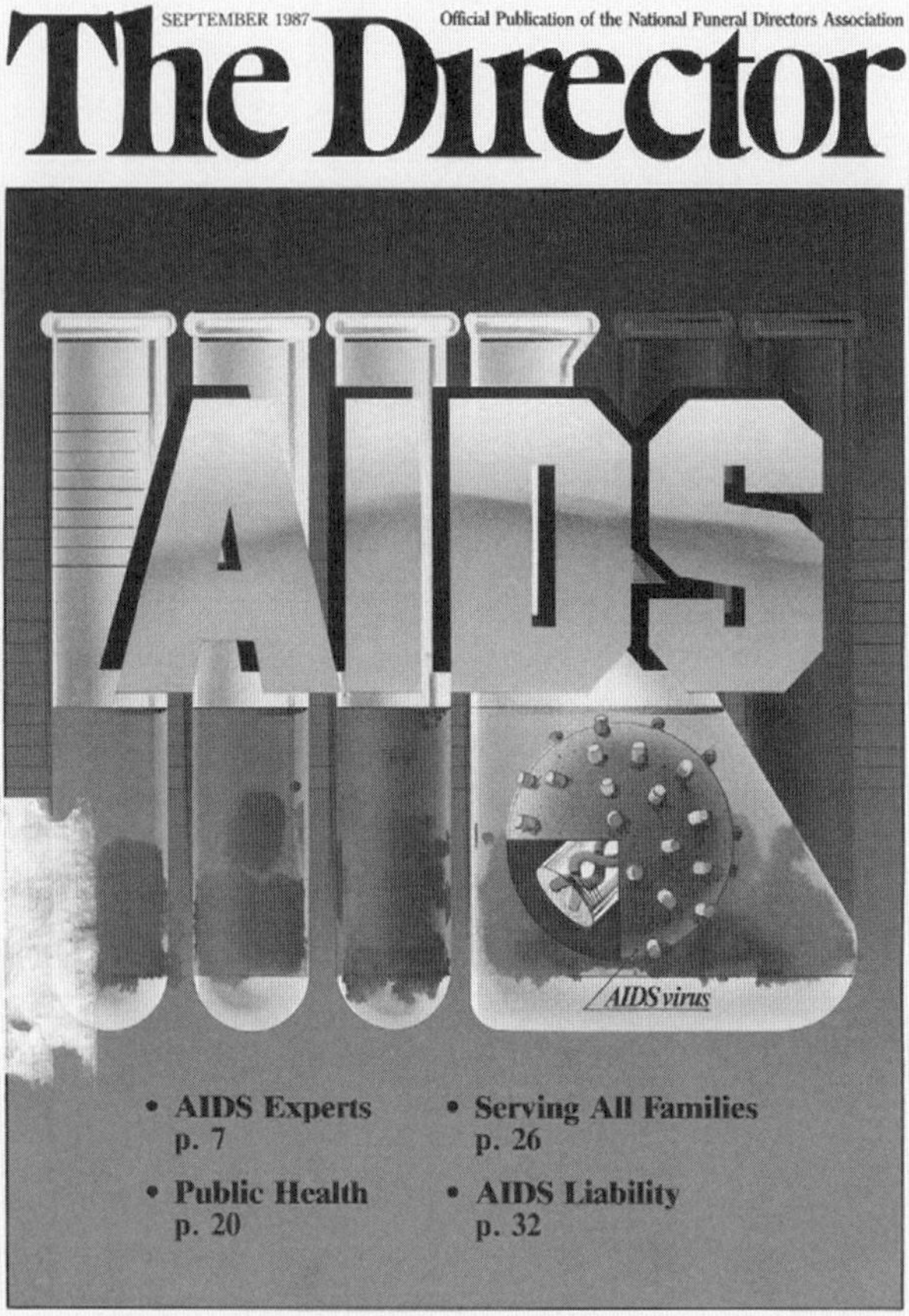

図3.1　〈ザ・ディレクター〉誌、1987年９月号表紙。出典：全米葬儀ディレクター協会の厚意により転載。

く異なる疫学的脅威だった。まず、HIV／AIDSは、葬儀業にとって、当初の感染者数という点で歴史的に特異であり、加えて、感染力をもつらしい人間の死骸の扱い方をめぐって葬儀業が混乱したという点でも異なっていた。

HIV／AIDS特集号の前年である一九八六年の六月、全米葬儀ディレクター協会は〈ザ・ディレクター〉誌で九ページにわたる記事を掲載した。タイトルは「AIDS――全問全答」。最後の質問は、葬儀社や愛する故人の葬儀を手配しようとする遺族がHIV／AIDSによってどれほど困惑していたかがよくわかる一例である。

質問86：ニューヨーク州の葬儀ディレクターは、AIDS犠牲者のエンバーミングを拒否することができますか？

回　答：ニューヨーク州の法律のなかに、葬儀ディレクターに対してAIDS犠牲者の受け入れを命じられるものはありません。また、エンバーミングは法律が義務づけるものではありません。州は、葬儀ディレクターとエンバーマーを対象としてAIDS安全ガイドラインを提供しています。AIDS犠牲者の受け入れを拒否する葬儀社もありますが、受け入れる葬儀社も十分な数存在します。[13]

だがエンバーミングを請け負う葬儀社もあったとはいえ、全米葬儀ディレクター協会理事会が主張したように、アメリカの葬儀業における制度の歴史と将来の食い扶持を考えれば、すべての死体について等しく死後のサービスを提供する必要があった。クラランス・シュトループとL・G・フレデリックは、『エンバーミングの理論と実践 *Principles and Practice of Embalming*』（一八八九年）でこう述べている。「病の流行や大惨事が起きたとき、奉仕と保護はわれわれの職業的責務である。仕事をする上でどんな危険があろうとも、これは変わらない。エンバーマーたるもの、故人の死因が何かの伝染病であるという理由だけで、遺族や、究極的には社会に対する職務の遂行を拒否してはいけない。たとえば、死因がＡＩＤＳであった場合も同じである」[14]と。

とはいえ、ＨＩＶ／ＡＩＤＳは他の病気とは違っていたし、ＨＩＶ／ＡＩＤＳによってつくり出された死体は、他の死体との同一性を有しつつも、恐ろしいほどエキゾチックだった。ポール・ラビノウ〔文化人類学者〕は『理性の人類学論 *Essays on the Anthropology of Reason*』のなかで、ミシェル・フーコーの『言葉と物：人文科学の考古学』〔渡辺一民・佐々木明訳、新潮社、新装版二〇二〇年〕を下敷きにこう示唆している。「われわれは西洋を人類学する必要がある。西洋における現実の構成が以前からどれほどエキゾチックであるかを示す必要がある。普遍的だともっとも強く考えられてきた領域を打ち出す必要がある」[15]と。そしてＨＩＶ／ＡＩＤＳの死体の出現は、まさにこれをやってのけた。どういうことかというと、ＨＩＶ／ＡＩＤＳの死体の出現は、当時の普遍的な死という概念に揺さぶりをかけた。つまり、死に際してアメリカの死体はどれもほとんど同じだという考えを揺るがしたのだ。アメリカにおけるＨＩＶ／ＡＩＤＳの死体は事実、その明らかに局所的で、自国内に限られたエキゾチックな「他者性」によって二重の問題となった。アメリカの葬儀の実践は、歴史的に見て同質だと思われていた（主な例外は、宗教間の儀式の違いだった）が、ＨＩＶ／ＡＩＤＳの出現によって、まったく新しい死後の規則と規制のセットがつくり出され、究極の同質性が制度をとおして実現された。とはいえこの普遍化がおこなわれたのは、異質なＨＩＶ／ＡＩＤＳの死体が、普通の死体という概念のほとんどをかき乱したあとだった。

ＨＩＶ／ＡＩＤＳの死体のテクノロジー

ロバート・マイヤーは、〈ザ・ディレクター〉誌の一九八七年九月号に寄稿し、ＨＩＶ／ＡＩＤＳがアメリカの葬儀業におよぼした影響を概括した。「すべての家族に伝統的な葬儀を」と題された記事には、公衆衛生の最新情報や、新しい保健条例規定、エンバーミング手順変更の提案などが盛り込まれていた。マイヤーは冒頭で、ウイルスの全国的蔓延についてこう述べている。「葬儀業の立場からＡＩＤＳを見るなかで、病気がアメリカ全体にすっかり広まったという認識をわれわれはもちはじめている。国中の葬儀社がこの殺人病で亡くなった人の遺族から依頼を受けているからだ[16]」と。つづいて、ＨＩＶ／ＡＩＤＳの死体の葬儀を頼まれたらどのように処置をするか、という質問に対する匿名の葬儀ディレクター数名の回答を紹介している。「ある葬儀ディレクターは、ＡＩＤＳの葬儀を請け負う場合、一万五〇〇〇ドルの代金を請求せざるを得ないと答えた。準備室全体を改装する必要があるため、という理由だった。別の葬儀ディレクターは、ＡＩＤＳ犠牲者は放射性の高い死体と同じものとみなす、と答えた。……実際、この人はＡＩＤＳの遺族から家に来てほしいと頼まれても断る、とまで言っていた」[17]と。葬儀業界でＡＩＤＳの死体に対する拒否感が共有され、広まっていたのは確かだ。だがその一方で、あからさまに躊躇《ちゅうちょ》を示すことなくエンバーミングを承諾する葬儀業従事者もいたということにも言及しておきたい[18]。

ここで、マイヤーの記事に出てきた匿名の葬儀ディレクターが「ＡＩＤＳ犠牲者」を「放射性の高い死体」になぞらえたことについて、もう少し考えてみよう。前提として、なんらかの放射性物質に被ばくした死体のエンバーミングをする際、葬儀業では、特定の予防策を取っていた、という事情がある。では、なぜＡＩＤＳの死体を放射線被ばくの死体にたとえた事例が重要かというと、一九八〇年代にＨＩＶ／ＡＩＤＳの死体を扱う際の政治学がよく表れているからだ。第二次大戦後からＨＩＶ／ＡＩＤＳが出現するまでの期間は（冷戦政治の影響もおおいにあり）、放射線被ばくをした死体は、葬儀業にとってもっとも危険度の高い部類の死体とみなされていた。がん治療による被ばくの場合もあったが、産業事故や作業場での事故でもっと重度の被ばくをしている場合もあり得た[19]。こんなふうに、人が被ばくに至るシナリオはさまざまだったが、その人の死体は（死因によらず）、治療で使った放射性同位体が残っていたり、事故に由来する放射線を有害なレベルで出していたりし、依然として放射能を有していることが問題だった。

葬儀ディレクターが直面する重大な健康リスクといえば、放射能をもつ死体だったわけだが、HIV／AIDSの死体が出現して、つかの間その座を奪った。事実、前述のたとえが端的に示すように、AIDSをめぐっては困惑と偏見があり、それによって、HIV／AIDSの死体はバイオハザードリスクと誤認されてしまった。先ほどの葬儀ディレクターの回答について、もう一つ重要なことがある。それは、HIV／AIDSの死体を扱う場合も、放射能をもつ死体を扱う場合と同じ厳重な予防策を取るべきだ、と示唆している点である。たとえば、放射線被ばくの死体に対する予防策の一つは、こう規定している。「死体はガンマ線を出している恐れがあるので、放射線安全管理官が死体の安全性を保証する」まで、葬儀ディレクターは（鉛で覆われた防護用装備を着用していたとしても）死体の処置をしてはいけない[20]、と。つまり、葬儀ディレクターのたとえの要点は、HIV／AIDSの死体は、葬儀社が当時受け入れ得るもっとも危険でもっとも重労働を要する公衆衛生の脅威と同等のものだった、ということだ。

あとになってみれば、放射線の犠牲者が引き起こし得るバイオハザードと、HIV／AIDSの死体が引き起こし得るバイオハザードとは、科学的観点からいって比較にならない。高い放射能をもつ死体は、HIV／AIDSの死体よりも、公衆衛生にとってずっと深刻な脅威である。だが、当時の葬儀業では、そうした科学的な差は簡単にはわからなかった[21]。葬儀ディレクターのたとえでもっとも印象深いのは、HIV／AIDSの死体と同じ部屋にいるだけで、命を脅かし得る状況にさらされる、と考えているらしい点である。また、HIV／AIDSのような病気の流行に直面したときこそ、人間の死体を分類し、整理し、物理的に変容させるテクノロジーの組み合わせがどれほど中心的な役割を果たすかもよくわかる。

「死体のテクノロジー（technology of the corpse）」という語は、一部には、ミシェル・フーコーが「人間のテクノロジー」と呼ぶものについての彼の記述と理論に由来している。フーコーは、この人間のテクノロジーを、「われわれの文化のなかで、人々が自分自身にかんする認識を展開する種々の仕方……つまり、経済学・生物学・精神医学・医学・刑罰学」だと説明している。[22] フーコーは、こうしたテクノロジーは、他者との関係における自己というものの知識と理解をつくり出すために使うものである、と示唆し、つぎのように述べている。この知の生産は、互いに結びついた四つのカテゴリーをとおして理解することができる。四つのカテゴリーとは、「（1）生産のテクノロジー、……（2）記号体系のテクノロジー、……（3）権力のテクノロジー、……（四）自己のテクノロジー」[23] である、と（『自己のテクノロジー：フーコー・セミナーの記録』、田村俶・雲和子訳、岩波現代文庫、二〇〇四年）。当然ながら、これらのテクノロジーは、生きている人間の体だけに作用するのではない。テクノロジーが死体も制御するという視点に立つと、たとえば、近代アメリカの葬儀業は、各テクノロジーを死後という舞台で展開するものだ、と理解することもできる。だが、これらのテクノロジーは、機械に限られない。死体の生産的可能性についての考え方であるし、死体の有機的構造を丸ごと変える技術によって開かれたその後の道筋のことでもある。とすると、死体のテクノロジーとは、死体を制御する機械、政治、法、制度を含むものだといえる。

フーコーが大枠を示した四つのテクノロジーはいずれも、ＨＩＶ／ＡＩＤＳの死体がもつ生産的可能性を議論する際に関係するものだが、ここではそのうちの「自己のテクノロジー」に着目したい。[24]「死体のテクノロジー」という語は、フーコーのいう人間のテクノロジーの表現を少しずらしたものであるわけだが、「死体のテクノロジー」の理論を使うと、既存の死後の道具について、この道具は生きている人間が死体の有する「死後の自己」を変容させるのに役立つ、という説明の仕方とは別の仕方で説明をすることができる。確かに死体は、「自己」とか「主体性」といったものをもたないように思われる。だがその一方で、生きて死体のまわりにいる人々は、亡くなった人について数えきれないほど多くの（そして、しばしば矛盾する）物語をつくり出す。「自己」は、人が死ぬときにいっしょに死んだりはしない。そうではなく、主体性の新たな形態、すなわち、外部によって制御される死後の主体性の形態へと変容する。死体をこんなふうに変化させることは、生きている人間に対するテクノロジーの形態よりもっと気づかれにくいテクノロジーの形態、もう少し押し進めていうと、もっと支配力の強いテクノロジーの形態である。なぜなら死体は、変容されても、多くの場合は異議を唱える能力を物理的にもたないからだ。

死体の変容にあたって、ＨＩＶ／ＡＩＤＳの死体は二つの重大な問題を生じさせた。一つ目は、エンバーミング用機械の制度的な使用やその機械を扱う技術者にとって、ウイルスが直接の障害となったこと。二つ目は、人の死後の同一性を外部から制御するのが難しくなったことである。単純な話で、死体をみんなが見ても問題ないように物理的に変化させる業者の多くが、その仕事を拒んでいた。死体がエンバーミングもされず、美的観点からおこなうはずの処置もされなかった場合、死んだ人のなかにあるＨＩＶ／ＡＩＤＳの存在を隠すことはますます至難の業となる。エンバーミングをとおして新しい「死後の条件」をつくり出す一九世紀のテクノロジーは、見えないものだったのに、ＨＩＶ／ＡＩＤＳを相手にした途端、見えるようになってしまったのみならず、その効力まで失った。ＨＩＶ／ＡＩＤＳの死体は、人間が死の視覚的な表れを制御するための理論と実践を、つかの間だが危機に陥れたのである。

普遍的な死体のテクノロジー

一九八〇年代から一九九〇年代初期にかけて、アメリカの葬儀業は、ＨＩＶ／ＡＩＤＳの死体といった感染力のある死体に死後の処置を施すために発達し、また、連邦政府からも新しい規則やガイドライン、テクノロジーを受け取った。そうしたエンバーミングにまつわる予防策は、今日も丸ごと残っており、一九九〇年代初期から大きく変わっていない。[25] 葬儀業が組織全体で使うシステムの一つは、人が死んだとき、死体に「タグ付け」することを定めている。[26] 一九八〇年代以前に整備されたタグ付けシステムは、死体の死因が一目でわかるようにするためのものだ。病院や死体安置所で死体にタグを取り付ける行為は、死後の処置に備えて死体を分類する第一歩である。〈ザ・ディレクター誌〉一九八七年九月号で、マイヤーはつぎのような逸話を織り交ぜ、感染症対策としてタグ付けをすることの制度的重要性を説明した。「数カ月前、私は若い女性の死体の処置をした。右の眼窩にひどい滲出性《しんしゅつせい》の傷があった。葬儀社に遺体が運ばれてきた二時間後、病院から電話があり、重度のヘルペスだと知らされた。要は、今日はどの死体の処置をする際も、もっとも厳重な衛生措置を講じるべきだ、ということである」[27]と。つまり、死体が葬儀社に到着した時点でタグがついていないかぎり、エンバーマーは、死因を感染症と仮定する必要があるのだ。

一九九一年、アメリカ労働安全衛生局は、まさにこの種の保健問題の対策として、すべての死体の取り扱いに関する統一的な連邦規則を定めた。この規則は、「普遍的予防策」として周知された[28]。死体のために新しい種類の死後の普遍化手段がつくり出されていたのは、こうした過渡期においてだった。マイヤーはつぎのように説明している。普遍的予防策を用いる場合、エンバーマーは、「すべての死体を、HIV、HBV（B型肝炎ウイルス）、その他の病原体に感染していると仮定して扱うことになる。別の言い方をすれば、すべての死体を、極度に危険な致死性の感染症に対するのと同じ慎重さで扱うべき、ということだ[29]」と。エンバーミングを施すために、すべての死体を「HIV、HBV、その他の病原体に感染していると仮定して」扱うとは、具体的にどんな作業なのか、想像しやすいように、サウスダコタ州の葬儀ディレクター、ダルトン・サンダースの長い経験談から一部抜粋して見てみよう。〈ザ・ディレクター〉誌一九九七年四月号に掲載された「念には念を」というタイトルの記事は、一九八七年にHIV／AIDS案件を取り巻いていた困惑が、一〇年を経て、厳重かつ入念な一連の手順に変貌したことを示している。サンダースの記事は、労働安全衛生局の普遍的予防策にしたがった死体の扱い方をつぎのように説明している。

私と助手は、非透過性のガウン、厚手の解剖用手袋、マスク、保護メガネ、靴カバーをつけた。葬儀社に戻ると、消毒薬を噴射した台に死体を移した。それから、運搬に使った台車を漂白溶液で拭いて空気乾燥させ、そのあと消毒薬も噴射した。そしてまず、開口箇所すべてを防腐液で処置し、鼻腔と口に防腐液に浸した綿を詰めた。それから、死体の全身を殺菌用石鹸で洗った。最初の消毒作業を終えると、浸透の有効性を確保するために、混合液は超高濃度のものを使用することにし、また、溶液の注入箇所として右総頸動脈を選択した。エンバーミングの処置自体、大変順調に進み、通常のエンバーミングと変わらない結果が得られた。なんらかの液体がはねたり、こぼれたりすることにはよくよく注意をし、そうしたことが起きた場合は、すぐに体腔用薬剤できれいにした。すべての器具を一カ所にまとめて置き、使用後は漂白溶液で消毒した。処置後ただちに吸引をし、内側の部分も三二オンス〔約一リットル〕の体腔用薬剤ですばやく処置した。開放性損傷のある箇所はいずれも焼灼《しょうしゃく》剤で処置した。その後、死体を全身着に収納し、手首の開口部分をテープでしっかりと封止した。それから、局所用スプレーを十分に噴射し、シートで覆った。故人に衣装を着せる前には、私と助手は、エンバーミングをする際と同じく、厳重な普遍的予防策にしたがって装備を整えた。遺体のなかに存在する生体〔メチシリン耐性黄色ブドウ球菌〕は直接接触によって伝染するためだ。死化粧をし（作業完了時にはブラシを消毒液に浸し、もち手も漂白する）、弔問者が故人に直接触れにくいようにヴェールをかけた。[30]

サンダースの記事で重要な点は、死体は実際にはＨＩＶ／ＡＩＤＳに感染していなかったが、死因が不確かだったので、危険なケースとみなして処置する必要があったということだ。アメリカの葬儀業は、こんなふうに潜在的な危険を普遍化した。どの死体も潜在的なバイオハザードとみなす制度的な制御のシステムによって、ＨＩＶ／ＡＩＤＳウイルスが引き起こした複雑な問題に適応したのだ。こうした普遍的予防策の制度化をとおして、ＨＩＶ／ＡＩＤＳの死体をめぐる懸念は事実上、まったく同じ実践によって、すべての死体を対象とした新しい標準を打ち立てた。同時に、処置の際には、すべての人間の死体を、疫学的に危険かつ異常である可能性があるものとみなして扱うようになった。これは、剖検によって危険ではないと判明した場合でも変わらなかった。こうした大変な手順を踏んだ末、あらゆる死体はふいに普遍的に安全なものになり、処置をしたり、触ったり、死化粧をしたあとに人が見たりしても問題ないものとなった。フーコーは、異常者を制御するためのテクノロジーは、「厳然たる現実性を持つ諸帰結」をもたらす理論を生み出すものだ、と述べているが、アメリカの葬儀業における制度的なプロトコルは、そうしたテクノロジーの一例ともいえる[31]（『ミシェル・フーコー講義集成5：異常者たち（コレージュ・ド・フランス講義1974－1975）』、慎改康之訳、筑摩書房、二〇〇二年）。

それから、複数の死体のテクノロジーが組み合わされ、HIV／AIDSの死体に対して、しばしば手厳しい二段階の処理が施された。第一段階では、死体の扱い方を定めた一連の規定とガイドラインをとおして、HIV／AIDSの死体を異常な体に分類するために、テクノロジーが使われた。こんなふうにテクノロジーを使ってHIV／AIDSの死体のおぞましい条件が定義されたあと、第二段階では、死体をもとの正常な条件に復帰させるために、同じテクノロジーが使われた。HIV／AIDSの死体と結びついた死後の個人は、テクノロジーの展開の結果、いったん逸脱とみなされ、その後、同じテクノロジーの再展開によって、ふたたび人間に戻されたのである。HIV／AIDSの死体は、生まれつきの怪物ではなく、あとから怪物にされたものだった[32]。

そしてこの時期、HIV／AIDSの死体は、多くの葬儀ディレクターに対して問題を生じさせた一方で、死体のテクノロジーを新しいやり方で再編成する好機を示してもいた。当時、HIV／AIDSの死体との関連で認識されていた保健上の脅威を乗り越えるために、一部のエンバーマーが取った方策の一つは、HIV／AIDSの死体をエンバーミングする仕事を巧みに英雄視するというものだった。〈ザ・ディレクター〉誌一九八五年七月号に掲載された「AIDS——同定と処置」という記事のなかで、当時ドッジ・ケミカル・カンパニー（アメリカの大手エンバーミング溶液製造会社）の化学研究部長を務めていたジェローム・F・フレデリックは、こんなふうに述べている。「保健という地平に、今日のエンバーマーが直面しているような脅威が現れたことはこれまでなかっただろう。その脅威の病とは、AIDSである……そして、AIDSが同性愛コミュニティに属する男性のあいだで初めて発見されて以来、不断の研究がおこなわれているにもかかわらず、五年が経過した今も、AIDSはわれわれの洗練された医療体制を困惑させつづけている」[33]と。フレデリックとマイヤーの二人が当時示唆していたのは、つぎのようなことだ。つまり、エンバーマーや葬儀ディレクターに与えられたテクノロジーは、HIV／AIDSに脅かされたかに見えるかもしれない、だがそうだとしても、テクノロジーの道具は、死体を変容させるにあたって障害となるものすべてを必ず克服しなければならない、ということだ。テクノロジーの理論、実践、経済的利益を維持するためには、保健上のリスクと異常な性質がHIV／AIDSの死体に投影されて認識されていた場合であっても、死体を変容させることが必須だった。別の言い方をすると、たとえ葬儀ディレクターやエンバーマー個人が、いわゆる同性愛者や静注薬物使用者の死体のまわりにいて不安を感じるとしても、死体のテクノロジーは再度保証される必要があった。死体のテクノロジーを展開する要点は、生きている体が死んだ体を制御できるようにすることであって、逆ではなかった。だから、死体を保存するテクノロジーが、そもそも操作の対象としていたもの、すなわち死体によって役立たずにされるなどあってはならないことだった。

テクノロジーがもつ死体を変容させる力について、最後にもう一つ言及したい点がある。HIV／AIDSの死体は、死体のテクノロジーが過去に遭遇した死体とは、社会的にも医学的にも違っていたが、依然として変容可能な「自己」を有していた。ただし、その自己の変容には、適切な処置が必要だった。だから、HIV／AIDSの死体が初めて現れたとき、エンバーマーや葬儀ディレクターは、厳密には、もはや一九世紀の保存技術の使い手ではなくなっていた。テクノロジーを制度的に管理する者は、死体をまったく別種の人間に変容させる力を（しばしば遺族からじかに指令を受けることによって）獲得していた。HIV／AIDSの死体は確かに、重大な保健のリスクがあるという考えを一部の葬儀ディレクターに植えつけるという問題を生じさせたが、テクノロジーの再編成をとおして、人を死後に変容させることはよりいっそう実現しやすくなった。人の死後に死体を変容させるということは、その人の人生の歴史を丸ごとぼやかす、あるいは知られないまま葬り去ることにつながり得た。なぜなら、テクノロジーは、個人の属性を変える力をもつからだ。とすると、「死後の自己」が誰で何者なのかを見れば、死体のテクノロジーを使うエンバーマーや葬儀ディレクターが、HIV／AIDSの死体を変容させて人間に復帰させるという強大な力をもっていること、しかも復帰した人間はおそらく、生きているときに経験したよりずっと大きな変化を経ていることがわかる。

一九八〇年代におけるHIV／AIDSの死体の出現をきっかけに、死体は、アメリカの葬儀ディレクターにとって、一世紀前とは大きく異なるものになった。そして、葬儀ディレクターが死体の処置を拒否したために問題は悪化した。つまり、死体を規格化する目的で一世紀前に発明されたテクノロジーが、使い手を失って突然役に立たなくなってしまった。また、それまでアメリカの葬儀業が強調していた、死後の保存についての制度の歴史も、多くのエンバーマーがHIV／AIDSの死体に触ると考えただけで恐れおののく様子と矛盾するように思われた。当初、前世紀の死後のテクノロジーと死体についての考え方は、HIV／AIDSの死体に対して適用する場合には、うまく機能しないように見えた。だがこの認識の変化が、死体の定義を変えた。そしてあまりに大きく死体の定義が変わったので、アメリカの葬儀業は、HIV／AIDSの死体を制御すべく、思考と実践の両方のレベルで、さらに別の死後のテクノロジーを開発し展開したのである。

HIV／AIDSの死体とクイア政治

キャサリン・ウォルドビーは、『AIDSとボディ・ポリティック *AIDS and the Body Politic*』で、科学はどんな語り口でAIDSの蔓延を定義したか、そしてどんなセクシュアリティの特徴がウイルスに結びつけられたか、を概括し批判している。ウォルドビーの中心的な議論の一つでは、AIDSはこんなふうに定義される。「AIDSは、ウイルスの活動による症状ではなく、性の政治学の歴史における特定の瞬間の症状である」[34]と。アメリカの葬儀業は、気づけばその歴史的瞬間の網に捕らわれていた。そして、死体にセクシュアリティが投影されたことで（それが妥当か否かによらず）、組織全体にわたって人間の死体の定義を変更せざるを得なかった。しかもその定義変更は、異性愛を強く規範とする場合が多かった。こうした再定義の結果、ＨＩＶ／ＡＩＤＳの死体は、制度的なコードとテクノロジーの慣習を変える、政治的に生産性の高い死体となった。

ウォルドビーは、『ＡＩＤＳとボディ・ポリティック』の結論部分で、ジュディス・バトラーのつぎのような示唆を引用している。ジュディス・バトラーいわく、「クイア」や「クイア政治」といった語は、「『アイデンティティ』の問い」を提起するが、「それはもはや、予め確立された位置あるいは均一な実体としてのアイデンティティではない。それはむしろ、そこにおいて諸々のアイデンティティが構成されかつ／あるいは消去され、展開されかつ／あるいは麻痺させられるような、権力の動的な地図の一部としてのアイデンティティなのである」[35]と（『問題＝物質となる身体――「セックス」の言説的境界について』、佐藤嘉幸監訳、竹村和子・越智博美ほか訳、以文社、二〇二一年）。ウォルドビーは、バトラーの主張をさらに押し進めて、こう示唆している。「ひょっとするとクイアであることは、アイデンティティと感染と死の関係性をつくり直す試みでもあるかもしれない。これは、ＡＩＤＳの出現によって緊急性を帯びた自己についての倫理的責務である」[36]と。ウォルドビーのいう「倫理的責務」はまた、こう示唆している。ＨＩＶ／ＡＩＤＳの死体が、クイア政治においておおいに生産性を発揮したことを認識すべきだと。どういうことかというと、ＨＩＶ／ＡＩＤ

Sの死体は、AIDSで死んだ人を病的なものとみなしたテクノロジーに異を唱えることで、死と死にゆく過程の社会的、政治的ダイナミクスを根本的につくり直した、ということだ。死において、HIV／AIDSの死体は、最後まで声を上げなかったかもしれない人のために「死後に代理で声を上げる」という逆説的な瞬間をつくり出したのだ。

まさしくAIDSの死者を病的なものとみなす問題についての経験談が、一九九二年の〈ザ・ディレクター〉誌に掲載されている。筆者であるソーシャルワーカーのマイケル・ハーンが示すのは、AIDSで死んだ人のアイデンティティ、感染、死を受け止めるときに異なる集団同士（家族、恋人、友人など）で生じる対立だ。ハーンいわく、一九八〇年代にはHIV／AIDSの葬儀に参列することは日常の出来事だった。そして葬儀に行くと、棺のなかの体は、それまでにはなかった相容れない複数の意味をまとわされていた。ハーンはこんなふうに書いている。「ゲイ男性である私は、AIDS問題をきっかけに世界中の人が自分たちを嫌悪しだすのを見てきた。葬儀では、一生分の涙を流した。そこでは亡くなった人は、人生を無駄にした人として記憶される。棺は境界線の役目を果たす（親族は左側に、『私たち』は右側に）。……耳に入ってくる連祷や独白や単調な語りでは、病気は隠されるか、きれいな言葉で飾られている」[37]。また、数年後の一九九六年に発行された〈ザ・ディレクター〉誌の記事では、アイオワ州の葬儀ディレクター、マイケル・レンシングが、故人との関係性が異なる集団同士が対立した場合に、どう対処するのが最良かについて詳述している。レンシングが勧める方策はこんなふうだ。「人の死に際して、私たちはしばしば二つの家族、すなわち、生物学的な家族とあとから選択された家族のバランスを取ろうと試みる。両者の感情的、心理的な必要を満たそうとする。火葬後の遺灰を二つに分けるべきかもしれない。半分ずつ、異なる遺族がそれぞれの場所に散骨できるように。……法的な責任者が誰なのか、きちんと確認すること[38]」

選択された家族と生物学的な家族を法的に区別すると、たいていは、生物学にもとづく法的地位が、本人のおこなった家族の選択にまさった。さらにこの結果、法は、生物学的な家族が所有する死体に対して、選択された家族がなんらかの要求をしても、それを退けることができたし、実際に退ける場合が多かった。葬儀業が国家の定めによって法的責任を負うのは、生物学的な家族のほうだった。となると、選択された家族の存在を完全に消し去ってしまう恐れが潜在的にあった。誰が遺体を受け取るかを国家が判断するとき、それは家族の問題というより財産所有の問題になった[39]。生物学的な家族は、死体に対する法的権利を手にしたかもしれないが、故人を大事に思っていた人たちはなんの法的地位も与えられないことがしばしばだった[40]。キャス・ウェストン〔人類学者〕は、選択された家族と生物学的な家族のあいだにある、虚構のものだがやはり現実に存在する区別を強調してこう主張する。「規格化された『アメリカの家族』は神話の生き物である。だがその一方で……イデオロギー上は強大な力をもつカテゴリーでもある[41]」と。こんなふうに家族集団の概念が見直されたことは、HIV／AIDSの死体とクイア政治にとって重要な達成の瞬間だった。なぜなら、死体に対する法的権利をとおして、主権権力と自己を制御するテクノロジーの問題が浮き彫りになったからだ。一九八〇年代にＨＩＶ／ＡＩＤＳをきっかけとして緊急性を帯びた、政治的に活発なクィア政治は、死後の遺体の所有にまつわる倫理的要求と法的権利という、より大きな対立を照らし出しもしたのだ。[42]

フーコーは、『性の歴史Ｉ：知への意志』〔渡辺守章訳、新潮社、一九八六年〕の最終章「死に対する権利と生に対する権力」の冒頭で、「長いあいだ、君主の至上権を特徴づける特権の一つは、生と死に対する権利〔生殺与奪の権〕であった」と述べている。[43] ＨＩＶ／ＡＩＤＳの死体を病的なものと位置づけることは、主権者たち、すなわち、死体についての法的権利をもつ人たちに新たな機会を与え、死者に対する権力を、その人の死をはるかに超えた領域でまで行使させた。このとき行使される権力は、主権者による生殺与奪ではなかった。というのも、そこにある体はすでに死んでいるからだ。だが死の問題が片づいたとしても、その死者がまた別の種類の生を生きる可能性がないわけではなかった。別の種類の生というのは、ＨＩＶ／ＡＩＤＳと結びついた死者の自己から解放された生であり、こうした生は、逸脱者を新しい種類の普通の人に変容させる死体のテクノロジーによってもっともわかりやすく提示される。

ウォルドビーが示唆するように、クィア政治が、異なる種類のアイデンティティをつくり出し、生を理解することであるなら、その生についての体系にもとづけば、死についても理解できるはずだ。ＨＩＶ／ＡＩＤＳの死体はまさに、完全な主体でもなければ完全な客体でもないものであり、国家が定める法的権利のもとで主権権力が制御しようとしても、口を閉ざすことを拒否するものである。いつの日か、HIV／AIDSの死体は、ウォルドビーの倫理学を体現し、国家権力による死体の制御に異を唱える、逆説的な力のもち主だったとみなされるかもしれない。[44] この状況の皮肉は、社会的に貶められていたHIV／AIDSの死体が、アメリカのすべての体についての死後の政治学を変えたことになるという点だ。

HIV／AIDSの時間性についての追記

一九九二年、シカゴ都市圏葬儀ディレクター業協会感染症／伝染病委員会は、HIVウイルスが、宿主の死後にその体内で活性を保つ期間を調べる研究をした。〈ザ・ディレクター〉誌の一九九三年一月号に発表された研究結果を、ぜひここでも紹介したい。研究によって判明したのは、つぎのようなことだ。「理由は不明だが、ウイルスの生存可能性は死後の経過時間に依存するようだ」。また、対象四一体のうち二一体について、「患者の死後二一・一五時間以内にウイルスを分離することができた。その後、ウイルスは発見されなかった。また、遺体の冷蔵は、ウイルスの生存率にとくに影響しなかった」[45]。ウイルスの新しい突然変異体によってこの研究が無効になっていないとすると、HIVウイルスが宿主の死後二四時間とかからず力を失うという結果は、HIV／AIDSの死体の位置づけを（生物医学的には）変えることになる。二四時間以内に死体が感染力を失うなら、理論上、その死体は、葬儀をおこなう頃には脅威でなくなっているはずだからだ。

だが当然ながら、社会・文化的レベルでは、HIV／AIDSの死体の位置づけがこれまで変わることはなかったし、近い将来に変わることもないだろう。死体のテクノロジーがHIV／AIDSのしるしを一度つけたら、その記号を消し去るのは至難の業だ。

もう一つ、検討したい点が残っている。HIV／AIDSの流行の時間性についてだ。[46] HIV／AIDSの流行がしばらくつづくとすると、葬儀業と葬儀ディレクターの死体の扱い方を変えた制度的変化は、今後も維持されるに違いない。二〇二〇年の時点で、一九九〇年代初期に定められた普遍的予防策は、標準的な手順としてまだ使われており、このことは、HIV／AIDSの死体がもつ中心的意義を浮き彫りにする。つまり、まったく新しい種類の死体が発明されたことで、その死体を変容させるテクノロジーが、公にさらされ、議論の的になったということだ。[47] 当然ながら葬儀業界の内部でおこなわれる制度についての議論は必ずしも公開されなかったが、議論の結果生じた変化が人々に見えるようになったのは確かである。

端的に言うと、HIV／AIDSの死体は、死体のテクノロジーにとって有用な死体だった。既存の機械と死体のかかわり方を変えるまったく新しい機会を提示したし、主権者がもつ権力の限界も明らかにした。何より、HIV／AIDSの死体の扱われ方を見ると、まったく動かないと思われる死体が、死を定義する過去の知の体制を揺るがしはじめるとき、死体という概念がどれほど流動的なものになり得るかがよくわかる。

最後に指摘しておきたい。HIV／AIDSの死体は、大衆の想像力と、全般的な知識の欠如と、ある種の葬儀業の実践をとおして、その時代のもっとも恐ろしい死体になった。とすると、AIDSの流行による潜在的生産性の一部は、この新しい種類の死体の発明にあるといえるかもしれない。あとから考えると明らかなのは、HIV／AIDSほど多くの人に広まり、手ごわく、病的なものとみなされ、人を死に至らしめるような病気が蔓延したのでなければ、葬儀業においてすでに確立したテクノロジーの実践を制度的にがらりと変えるきっかけにはならなかった、ということだ。HIV／AIDSがもつ時間性は、この先もまだ何かを生み出すかもしれない。それは、死体を超越した何かではないだろうか。たとえば、生きているという特権をもたなくても、政治的に有効な立場を維持する死体、というようなものだ。死体のテクノロジーは、実体としての死体を絶えず分類し、系統立て、物理的に変化させつづけている。おぞましい死体に対する体系化と正常化を含む、このテクノロジーによる変化が、人々が近代の死の実践に対して抱きがちな誤謬《ごびゅう》に目を向けさせてくれたのは間違いない。将来、アメリカにHIV／AIDSが現れた最初の数十年は、死の政治学の内部で死体が新しい種類の死体となって再登場した歴史的瞬間として記録されるかもしれない。この新しい種類の死体こそ、日常生活における規制と制御のテクノロジーを混乱に陥れた死体である。

二〇一八年八月六日

妹の死を見つめる――#一九．ジュリーの葬儀

妹よ、おまえの葬儀をやることとリストから消せないでいる。
むしろ、消したくない。
書き出す前からわかっていたことだ
一週間のやることとリストに
普段の予定のように、　一八．ジムに行く、　のすぐ下に。
六日たってようやく
　ペンのキャップを取ってこのページを眺めている
今乗っているこの飛行機の窓の外をじっと見ている
おまえのすべてを置いていく
おまえのところに到着して
死んだ手に触り、さよならのキスをした。
二人で、子ども時代みたいに、霊安室ですごした
大理石のように白い

肌になったおまえを
抱きしめて　すっかり家にいる気分だった
おまえの顔は解放感とともに凍りついていた。
それから母さんと父さんを連れていった↓約束どおり
二人のことは僕がちゃんとする。
この静けさのなかに
妹のおまえの不在を感じるから
おまえが僕の人生についてああだこうだとわめいていない、静寂のなかに。
だから妹よ、僕は声を上げて笑う、わーわー泣いて、いろんな僕らの姿を写した写真を眺める。兄妹二人の数十年分の生活を。
最後の時期の笑顔には、痛みが隠れていた。
おまえの子どもたちに目をかけるべく僕を運命づけた約束。
母さんと父さんのことも心配いらない。二人とも僕が望むより早くおまえと合流するだろうけれど。
おまえの家にあるものは、どんな小さなものでも全部、思い出させる。
服も、タンポンの箱も、　コーヒーメーカーも
死ぬ間際まで使っていたものだ。

おまえが歩けなくなってから寝ていた地下室のベッド。死ぬことについて話しながら　僕
の手を握っていた。
僕もそのベッドで寝た、おまえが死んだあと、家に行って。
おまえの髪のにおいがした、霊安室の枕元と同じにおいだった。
妹よ、おまえが死ぬのを見届けた。三六五日にわたって。
今になってみると、痛みから早く解放してやるために、自分にはもっとできることがあった
と思う。
もっと早くに、僕が話を切り出していたら。これ以上無理だと悟った、おまえの誕生日会の
ときに。
でも何も言わなかったから、いつまでもその理由を自問しつづけるだろう
専門家の知識を押さえつけたのは、個人的な人生のどの部分だったのか。
それからおまえの夫の　そばにいた、彼が　僕を　必要とするときに。
彼といっしょに行って、死亡届一式を提出した
署名が必要な書類はどれも、おまえがもう生きていないことを物語っていた。
　おまえの夫といっしょに書類の紙面に目を注ぎながら、彼が全部に署名しおえるのを見
届けた。
彼の誕生日に、彼の残りの人生のその日に。

妹よ、もう出発だ。空へ舞い上がっていく。おまえがすでに　去った　場所を去る。

妹よ、今やすべてが前とは違う、そして奇妙だが同じでもある。

　死の像が　どんどんぼやけていく。

そしてこの、患者第一号的瞬間に気づく
　ほとんど何も　知らなかったのだと、＃一九．ジュリーの葬儀の文字を見つめるまでは。

第四章　プラスティネーションの分類法

> 世界のどの大都市にも、数えきれないほどたくさんの博物館があり、人間の文化の産物を展示している。かなり風変わりなテーマの場合もある。しかし、人間そのものについての博物館は一つもない。健康な人間と不健康な人間の体の構造を、本物の標本を使って美しく展示した施設は一つもない。[1]
>
> ——グンター・フォン・ハーゲンス、「プラスティネーションに関する献体のご案内」

人間博物館

ナショナル・パブリック・ラジオの番組「ひっくるめて考えれば《オール・シングス・コンシダード》」の「死体の展示は科学でもあり、見世物でもある」と題された回のインタビューで、〈ボディ・ワールド〉展の創案者グンター・フォン・ハーゲンスは、未来の死体の展示会について二〇〇〇年代の構想を語った。番組レポーターの説明によると、フォン・ハーゲンスは二〇〇六年、〈ボディ・ワールド〉展への献体希望者約六五〇〇人に質問票を送った。「物議をかもす質問」も含まれていたことについて、ラジオ放送はこう伝えている。「たとえば、『神話の生き物を構成するために、自分の体の一部が動物の体の一部と交ぜられるのは問題ありませんか?』といった質問や、『自分の体が女性または男性を相手とした愛の行為に使用される』ことに同意するか、といった質問がありました。フォン・ハーゲンス氏によると、性交に関する質問について、男性の大多数が賛成したのに対し、女性は賛成しませんでした[2]」

フォン・ハーゲンスからこんな質問票が届いても、ほとんど驚きはしないはずだ。〈ボディ・ワールド〉展は、一九九〇年代半ばに始まって以来、売上の高さと来場者数の多さを誇ってきた。二〇一九年時点の来場者数はのべ四四〇〇万人にのぼる[3]。フォン・ハーゲンスが長い年月をかけてつくり上げた数々の展示物はどれも、一貫して技術的に目新しいやり方で、死んだ人間の体にポーズを取らせたものだ。だがそうした新しい技術を使った展示会の多くでは、何世紀もの歴史をもつ解剖学的展示との結びつきが示唆されている(どれほど弱い結びつきだったとしても)。〈ボディ・ワールド〉展が成功した理由は、解剖学の歴史と言語をわかりやすく使って、大衆文化的な死体の物語をつくり出した点にある。フォン・ハーゲンスが展示物をつくる際に必ず使う方法の一つは、「プラスティネーション」という。死体をエンバーミングするテクノロジーの一種で、フォン・ハーゲンスはこう定義している。「美的感覚を重視した保存方法であり、慎重に切り取った解剖標本や、丸ごとの死体までも、解剖学教育のために、生きているかのような状態で永久に保存できる」[4]と。こんなふうにいつも仕事熱心なフォン・ハーゲンスだが、死んだ人間の体と動物の体を交ぜたものや、性的な体勢を取らせた死体の展示は、さすがに突飛すぎると感じたようだ。

だがそれも、二〇〇九年五月七日までのことだった。この日、グンター・フォン・ハーゲンスは、ドイツのベルリンで、〈命のサイクル Der Zyklus des Lebens〉と題した〈ボディ・ワールド〉展の新シリーズを始めた。展示会の一角では、二組の人体が性的な体勢を取っていた。フォン・ハーゲンスは文書を発表し、展示会は「人体、生殖の生物学、セクシュアリティの本質を深く理解してもらうためのもの」だと説明した。[5]さらに〈ボディ・ワールド〉のウェブサイトでは、性交する死体をロンドンといった他の都市でも披露したいと宣言した。[6]

それぞれのカップルは、男性と女性の組み合わせで、異性間性交をしていた。フォン・ハーゲンスは、一組目のカップルに座位の体勢を取らせてから、男性が女性に挿入しているところが見えるように薄く切って断面標本にした。もう一組は、二人とも切断されていない全身標本で、女性の死体が男性の死体に背を向けた状態でまたがっていた。二組は別室に展示されており、部屋への入場は一六歳以上に限られていた。残念ながら、二〇〇九年五月の展示会には、人間と動物の体を合成してつくった神話の生き物はおらず、グンター・フォン・ハーゲンスがそうした空想的な体をつくろうと試みることもなかったようだ。[7]

二〇年以上もつづく〈ボディ・ワールド〉展は、死体を新しい何かに変容させつづけてきた。こうした「新しさ」（と斬新さ）の追求こそ、フォン・ハーゲンスが〈命のサイクル〉展や「物議をかもす質問」で試みたことだといえるだろう。だが、物議をかもす質問のもっとも豊かな側面は、フォン・ハーゲンスや〈ボディ・ワールド〉展をめぐる論争とはほとんど関係がない。[8] そうしたことより、つぎのような問いを立てるほうが面白い。なぜ、死体に性行為の体勢を取らせることや、人間の死体を動物の死体と合成することは、それ自体で物議をかもすのか？　多少誇張した言い方かもしれないが、〈ボディ・ワールド〉展の体は性交する以外なんでもしてきた。死体に性的な体勢を取らせるというと異様な感じがするものの、性交は、一般的な人間活動のうち、フォン・ハーゲンスがいつも展示するわけではない少数の活動の一つにすぎない。人間の死体を動物の体と交ぜて配することも、現行の展示物のコンセプトとかけ離れてはいない。フォン・ハーゲンスのもっと有名なプラスティネーション標本の一つに、馬にまたがった男の標本がある。この展示物は、人間と動物の体の融合を示す重要な一例だ。フォン・ハーゲンスがここで提案したのは、騎乗した人間と馬の境界線をなくしてケンタウロスをつくることである。性交する死体の展示は、人間と馬の死体の融合よりもっと物議をかもすものに違いないが、二つの提案はどちらも〈ボディ・ワールド〉展にとって自明なつぎのステップ（ひょっとすると最後のステップ）をうちに含んでいる。

〈ボディ・ワールド〉展全体は、それ自体が物議をかもす存在であり、挑発であり、プラスティネーションの死体を見るという直接的な挑戦でもある。フォン・ハーゲンスがアメリカで展示会をおこなう場合、科学博物館や自然史博物館と組む機会がもっとも多いのだが、これは単なる偶然ではない。[9] プラスティネーションの死体を科学博物館に置くことで、フォン・ハーゲンスは、大衆文化における衝撃的な死体への好奇心を満たすだけでなく、おぞましい体を注視することはまったく問題のない行為だと示唆する。性交する死体の光景を交ぜ込み、科学博物館のお墨つきを得れば、物議をかもすと言われる存在もすっかり教育的なものとして保証されることになる。また、グンター・フォン・ハーゲンスは、もっとも奇妙なやり方で、昔ながらの文化的衝撃の形態、すなわち、長きにわたる人間の死体への病的な興味を利用し、多くの博物館にかつてない財政的希望を与えてきた。フォン・ハーゲンスの質問票を、倒錯的、淫靡《いんび》、あるいは無意味に過ぎるだろうと安易に退けると、魅力的な一連の議論を逃してしまう。性的な体勢を取った死体や、人間と動物を合成した神話の生き物の製作について議論すれば、フォン・ハーゲンスの展示全体を、死体の解剖学、人間の分類学、そして死をめぐる論争のなかに位置づける機会を得られる。フォン・ハーゲンスの物議をかもす質問票とそれが死体のテクノロジーに開く可能性を受け入れるほうが、ずっと生産的なのだ。

フォン・ハーゲンスの展示のように人体の解剖学的構造を提示する営みは、けっして新しいものではなく、その歴史は数世紀前に遡る。教育的な道具として人間の性の仕組みを提示するものも、その歴史の確かな一部だ。マイケル・サポールは、『死体の交通：一九世紀アメリカにおける解剖学と身体化された社会的アイデンティティ *A Traffic of Dead Bodies: Anatomy and Embodied Social Identity in Nineteenth-Century America*』でこんな例を挙げている。「解剖学的な言説が提供した語彙によって、中産階級の女性は、自分の身体性について、性的な身体も含めて、回りくどい表現や面倒なほのめかし、あるいは下品な言葉に頼ることなく、洗練された品位あるやり方で語れるようになった」[10]と。解剖学的構造を提示するものの主な例は、蝋製模型、図、医学の教科書などだった。フォン・ハーゲンスが語っていた質問票の結果によれば、女性の回答者が性的な展示を支持しなかったのは明らかだ。だが、何がそんなに嫌だったのかははっきりしない。男性の回答者のほうは、死後の性行為の展示を問題視しなかったようだ。とはいえ、異性間性交と同性間性交について賛否の数を調べれば、興味深い結果が得られただろう。回答者が動物の死体との融合を拒否したかどうかについては、それ以上まったく説明がない。フォン・ハーゲンスの調査対象は、彼に使ってもらうために献体する気がすでにあった人々と想定される。とすると、彼らは、〈ボディ・ワールド〉展の展示の仕方には違和感を覚えていない、と考えてよいだろう。たとえ〈ボディ・ワールド〉展の基本的な表現コンセプトは受け入れられたとしても、死体の身体構造を使って露骨に性的な体勢をつくり出すことについては、多くの人がとくに不快感を抱くのだ。

たとえば、二〇〇九年に〈命のサイクル〉展が始まったとき、多くのドイツの政治家が不快感や動揺を表したり、不道徳だと激怒したりした。社会民主党の議員フリッツ・フェルゲントロイはこんなふうに言った。「愛と死が芸術のテーマであるのは当然だが、こうした使い方にはひどく不快感を覚える」[11]と。緑の党の議員アリス・シュトレーヴァーは、「この二人の標本は度を越しており、公開すべきでない」と主張した。[12]キリスト教民主同盟の議員カイ・ウェーゲナーは、いくぶん実利的な側面から批判を展開した。「私は確信している。〔グンター・フォン・ハーゲンスが〕何度も繰り返しタブーを破るのは、ただ金儲けのためだと。……医学や科学の発展とはなんら関係がない。一から十までマーケティングと売上の問題だ」[13]。保守的なキリスト教民主同盟のミヒャエル・ブラウンは、性的な体勢の死体についてこう語った。「ぞっとする。ハーゲンスは、タブー破りの波に乗っており、死体の二人組は下品の極みだ」[14]と。死体を展示すること（身体構造が丸見えでも）と、一つの死体の身体構造を性的な体勢で別の死体の内部や周囲や近くに置いて展示することとは別の話であり、後者はその場の光景を一変させる。フォン・ハーゲンスを批判したドイツ人が言ったように、そうした展示は、死体を何か卑猥なもの、以前より人間らしくないものに貶める。人間の死体がずっと動物的なものになる。

とはいえ、動物界において人間は特異な存在であり、フォン・ハーゲンスの〈ボディ・ワールド〉プロジェクト全体が直面するのも、根本にあるこの歴史的ジレンマだ。一八世紀に近代の動物学的分類法を発明したカール・リンネは、動物的存在としての私たちを、大胆な仮定を中心に据えてはっきりと形づくった。その仮定というのは、私たち人間は自分が人間だと知っている、ということである。さらにいえば、自分が人間であると認識しているだけでなく、他の動物が人間ではないことも認識している。当時の私たちには、適切な学名がついていなかった。リンネは『自然の体系 *Systema Naturae*』第一〇版（一七五八年）でとうとう霊長目に属する人間に二名式の完全な名称を与える。それが「ホモ・サピエンス」である。[15] だがリンネの考えた名称は、方法論的なパラドックスであった。ジョルジョ・アガンベンは、『自然の体系』の序章におけるリンネの中心的な議論を使ってこう述べている。「人間のもつ種としての特性は、ただおのれを認識できるということだけである……人間を、持ち前の特徴（身体的特徴）によってではなく自己認識によって定義するということは、つまり、人間とはそのようなものとして自己認識するものであり、人間たるべくしてみずからを人間として認識しなければならない動物である、ということを意味している」[16]（『開かれ：人間と動物』、岡田温司・多賀健太郎訳、平凡社ライブラリー、二〇一一年）

とすると、人間であることの根拠は、絶滅したヒト科のいとこホモ・エレクトスが賜った二名式の名称とは違い、身体的特徴にあるのではなく、優れた認知能力にある（「エレクトス」は「直立」の意）。私たちの「属」は、霊長目の近しい親類と同じく「ホモ」だが、私たちの「種」は「サピエンス」だ（「サピエンス」は「知恵のある」の意）。つまり、自己を認識する者ということ。そういうわけで、われわれホモ・サピエンスを定義するものは、解剖学的構造ではなく、知性なのだ。とはいえ、人は死ねば誰でも、知的能力（脳のなかにある）はしまいに機能しなくなり、体にくっついていた「人格」も物理的に生きることをやめる。また、人が死ぬと、死体が出来上がり、物理的な身体構造からなるその死体は、保存処理を施さなければ腐敗が始まる。死は、ホモ・サピエンスに昔からつきまとう物理的変容であり、動物界の動物である私たちは今のところ死から逃れる術を知らない。リンネの示唆にしたがえば、私たち人間は、生においても死にあっても自分たちを認識する。だが人間が自分たちを認識できるのは、死体の腐敗という見苦しい現前を認識しないでいるかぎりにおいてである。ホモ・サピエンスはだから、つぎのような死後の分類学的ジレンマに直面する。つまり、無自覚である人間の死体は、生物学的に腐敗し、その分解の過程をとおして、解剖学的な持ち前の特徴によって全体が構成された動物の体になる、ということだ。

死は、分類学上ただの身体構造ではないはずのホモ・サピエンスを、ただの身体構造に物理的に変えてしまう。これは生理学的ジレンマであり、存在論的ジレンマでもある。生きているあいだ、人間がその認知能力によって定義されるのなら、死が早々に人間を動物的な状態にすることはいかにして可能だというのだろう？　フォン・ハーゲンスは、この生理学的、存在論的ジレンマを、死後の人間のセクシュアリティの可能性と組み合わせることで、大きく前へ跳躍させる。意図せずリンネを皮肉るなかで、人間と動物の分類について気づくか気づかないかという程度に主張している。フォン・ハーゲンスは、人間の身体構造を利用し、ホモ・サピエンスがもつ高い認識能力をばかげたやり方で示すかに思われる行為のなかで使っている。たとえ死んでいても、性交する方法を考えつくのが人間だ、というように。だが一方でフォン・ハーゲンスは、人間のセクシュアリティを、繁殖の役にも立たなければ、純粋な快楽でもないものに縮小している。死体が性交するとき、当の本人は、刺激過剰なビスガマン的活動をする身体能力をもっているとは知りもしない。死後の性交は、目的も機能もなく、進化上の意味もない性交である。だが、見る人が視線を注ぎ、この上なく空想的なやり方で考えを巡らせることのできるものではある。フォン・ハーゲンスは、見る人にこう誘いかけている。これを見て、この絶対にあり得ない状況を全面的に制御せよ、と。だがこの状況というのは、質問票によると、男性は強く支持したが、女性は参加を拒否したものである。こうした局面でさえ、女性の体は、死後に客体化され性的対象にされることを免れず、これは、多くの女性が日々生きて経験していることを写し取っている。

テクノロジーにより死体の腐敗を全面的に制御する試みは、現代の第一世界にとって、多大な労働を要する事業になった。だが、不断の労働の産物には、独自の限界がついてきた。それは、こんな問いへ向かう可能性である。死後に人間が単純な動物になるのを防ぐために、人はどの程度のことまでやるつもりがあるのだろう？　死体を生き生きとした様子に、労働しているふうに、そして何より人間らしく見せるために、死体を使ってどの程度まで過激な表現ができるだろう？　こうした表現の境界を（教育的理由と娯楽的理由の両方から）示す最良の例の一つが、フォン・ハーゲンスが〈ボディ・ワールド〉展でやってみせたことである。[17] だが想像力の尽きないグンター・フォン・ハーゲンスも、死体を生き生きと、動物ではなく人間らしく、解剖学的に活発に見せようとするときには、潜在的な限界に直面する。その限界とは、人間のセクシュアリティである。人間の性的構造を病的なものとみなす見方があるのは明らかだが、こうした見方はいかなる要素から成り立っているのだろうか。それについて再考することは、人間のセクシュアリティという限界を回避するもっとも生産的な道である。

ポージング

プラスティネーション標本は、保存可能期間に制限がないので、プラスティネーションが発明される前は時間がかかりすぎると思われた非常に細かい解剖作業も、やりがいのあるものになる。たとえば全身のプラスティネーション標本は、シリコーン樹脂で飽和されたあとではあるがまだ硬化可能ではない期間において、初めのうちは好きなポーズを取らせることができる。……この方法で身体機能を提示する場合、ある種のテーマを反映させた体勢が必要なこともある。[18]

――グンター・フォン・ハーゲンス、「プラスティネーションに関する献体のご案内」

グンター・フォン・ハーゲンスは、人間の死体にプラスティネーションを施すことで、死体の見え方を技術を使って明確な形で全面的に制御できる、と主張する。この点は、〈ボディ・ワールド〉展のなかで、はっきりと示されると同時に、すっかりぼかされてもいる。フォン・ハーゲンスがプラスティネーションの死体すべてにおこなう行為のうち、もっとも重要なものの一つは、各死体にポーズを割り当てることだ。どんなふうに死体が見えるか（ボールを投げる、ヨガをする、チェスをする等）について、芸術と編集の観点から決定をしなければ、物語を生み出すことはできない。死体の保存とポージングは、閉じた扉の向こうで数週間かけておこなわれ、来場者は完成品だけを目にする。[19] フォン・ハーゲンスが死体に性的行為のポーズを取らせることは、二つの鍵となる概念を含む。病理と人間の労働だ。どちらも、さらなる注目に値する。

性的活動に従事する人間の死体を学びのある展示に変容させるために、死体は、自然に戻った、あるいは正常なものに戻った、とみなされる必要がある。こんなふうに自然に復帰した場合の見え方と、プラスティネーションの死体が自然に戻らなかった場合の見え方は対照的だ。自然に戻らなかった場合、プラスティネーションの死体は、自然を拒絶するもの、テクノロジーによる死体の究極的制御を体現するもの、とみなされる。フォン・ハーゲンスは、持論を展開するなかで、こう言い切っている。プラスティネーション処理は、人間の身体構造のもっと自然な解釈をつくり出すことで、死体を自然に復帰させると（直感に反するが）。であるなら、死体のポージングは、社会的な礼儀や制度的な振る舞いの決まりごとについての西洋の態度に立ち向かうような選択肢を含む。本人が繰り返し述べているように、フォン・ハーゲンスは、現代の社会制度を抑圧的だと考えている。「メディアの影響といったものもあれば、教育の影響といったものもあり、教育のほうは子ども時代に始まる。『自分の体のことを知ろうとしちゃだめ』とか。『自分の体を触っちゃだめ、自慰もだめ、自分の糞便を、そう、堆肥製造機とみなしちゃだめ』とか。それで結局、すっかり教育されて自分の体に対しておよび腰になる」[20]と。フォン・ハーゲンスはまた、一貫してこう主張してもいる。人間の身体活動を病理とみなすこと（とくに蔑まれるような振る舞いの話と思われる）は、死体の身体構造にポーズを取らせるずっと前からあった、と。皮肉だが、フォン・ハーゲンスは、この厄介な身体活動の病理化が、死体のポージングをおこなう以前に起きていることを必要としていた。というのも、身体活動の病理化がまだ起きていなかった場合、〈ボディ・ワールド〉展は、さまざまな社会規範に異議を唱えることにならないからだ。展示会が突きつける社会的な挑戦状は、もちろん万人の意見を代表するものではないにせよ、規則に抗うことで、大勢の人を引き寄せているのは確かである。

人間の身体構造から病的な意味合いを剥ぎ取ることで、フォン・ハーゲンスは、まったく新しい身体構造の定義をつくり出そうと試みている。病的なもののもつ可能性を排除しているわけではない。むしろ必要なもの、よいものとして受け入れている。病的なもののこうした再定義は、逆向きの動きをする。つまり、死から出発し、それから生に向かって動いていく。ミシェル・フーコーが『臨床医学の誕生』（神谷美恵子訳、みすず書房、新装版二〇二〇年）で述べた鍵となる見解は、こんなふうに意味が遷移するときの作用をわかりやすく説明している。[21]フーコーは、同書の第八章「屍体解剖」で、一八世紀のヨーロッパとイングランドにおける比較解剖学の発展を概括する。彼の重要な考察によると、一八世紀において、病理解剖学は、死に貢献するものとして発見されなければならなかった。今日では妙だと感じるが、昔の形態の臨床医療では、死と死体のあいだにある因果関係が理解されていなかった。病理解剖学の発見によって、死体について二種類の異なる時間性がつくり出された。フーコーはこう述べている。「死亡と屍体解剖の間の潜伏期間を、なるべく短くすることによって、ただちに屍体を開くという可能性が実現すると、病の時間の最後の瞬間と、屍体の時間の最初の瞬間とを一致させるか、またはほとんど一致させることができるようになった[22]」

だが、昔の形態の病理学的時間と死体時間に欠けていたものがある。それは、死体を永久保存する方法だ。死体がすっかり腐敗する前に死体から十分な情報収集を確実におこなうためには、時間は重要な因子だった。フォン・ハーゲンスは、このジレンマを回避する独自の方法を発明したのであり、一九世紀の保存概念に対して彼が起こしたそのテクノロジー革新は、死体について新しい種類の時間性をつくり出した。プラスティネーションの使用と死体のポージングをとおして、フォン・ハーゲンスは、まったく新しい種類の死体時間をつくり出している。フォン・ハーゲンスの保存処理は、一九世紀のエンバーミングとは違い、単に葬儀や大陸横断輸送を目的として死体を準備するわけではなく、生物学的腐敗を完全に止める。死体は、死体らしく機能することをやめるのだ。

死体とその内部を、動きのない、ポーズに固定された存在に変容することは、病理学的時間のあらゆる気配を弱める。これはフォン・ハーゲンスがいうように、死体そのものの保存可能時間を長くすることで実現される。死体は、プラスティネーションをとおして腐敗から切り離され、ポージング過程に入ると、フォン・ハーゲンスが、正常な身体構造と異常な身体構造といった病理学的カテゴリーの見え方を制御する。病理解剖学は、一八世紀に誕生したとき、生産的なものになった。というのも、死の可視化に役立ったからだ。フォン・ハーゲンスは、病理解剖学が生産的でありつづけることを必要とする。なぜなら、彼の全キャリアはそれによって実現可能になるからだ。

　フォン・ハーゲンスのプラスティネーション標本に見られるような、正常なものと、規範と、病的なものとの対立は、けっして目新しい題目ではない。一九四〇年代に、医学哲学者ジョルジュ・カンギレムは、『正常と病理』（滝沢武久訳、法政大学出版局、新装版二〇一七年）で規範―正常論争の限界を探り、こう述べている。「『規範』と『正常』という二つの概念について、前者はスコラ的であり、後者は、宇宙的もしくは通俗的だということができるだろう。……だから、正常なものとは、規範の拡張であると同時に規範の提示でもある。……規範は、その要請に応えないものが規範の外に存在するという事実から、規範の意味と機能と価値とをひき出している。……正常なものは、静的な概念つまり平和な概念ではなくて、力動的な概念であり、論戦的な概念である」[23]

　ここでの議論の中心は、正常的なものとは規範の拡張であると同時に規範の提示でもある、というカンギレムの見解だ。さらに、正常なものは論戦的な概念である、という最後の論点もそうである。〈ボディ・ワールド〉展で展示される死体は、正常である（普通の人間の体と同じように）と同時に、論戦的でもある。なぜなら、身体的に活性化された死体の展示は、死後にまつわる西洋の社会的な決まりごとの多くに挑戦するからだ。展示された死体は、単純に告別を目的として安置されているわけではないし、ビスガマンのように商品の宣伝をしているのでさえない。フォン・ハーゲンスがつくり出すのは、あり得ないくらい超活性化された死体だ。彼が、手つかずの死体を、展示に値する、ポーズを決めたプラスティネーション標本に変容させるために利用するのが、まさしくカンギレムのいう論戦的な概念である。つまり、フォン・ハーゲンスは一方で、あらかじめ人間の性的行為が病的なものとみなされていることを必要とする。この性の病理化が、病理化がなされなければ正常である身体機能を、何か悪いもの、不健康で逸脱したものに変える。他方、フォン・ハーゲンスが、社会が性は病理だと道徳を説くことに苛立ちを覚えているにもかかわらず、正常なものの土台にある論戦的なものは、彼が新しい規範を打ち立てるにあたって膨大な余白をもたらす。フォン・ハーゲンスは、観客が人間と認識する人体の一種であり、プラスティネーションによって完全に制御可能になる人体の一種でもある死体というものを使って、つぎのように主張する。つまり、人間の身体構造は、性的労働をとおして、病理についての社会慣習に抗うことができる、と。プラスティネーションの死体は、彼らの性行為がどれほど正常に見えるかを示すことによって、直感に反する仕方で腐敗と病理から解放されていく。〈ボディ・ワールド〉展における正常なものの展示は、規範の理解がまったく間違っている、と来場者に教える。死体は本当は、死にも時間にも腐敗にも制限されないものなのだと。

この概念の転換を達成するために、フォン・ハーゲンスがどうしても必要とするものが、人間のセクシュアリティである。バスケットボールをする死体を好きなだけ展示してかまわない。でも、来場者に人間の振る舞いについてちゃんと考えさせることが目的なら、セクシュアリティは、強烈な反応を引き起こす、ほぼ普遍的な人間の労働の一種を提示する。だが、性交する死体の展示は、パラドックスも生む。人間のセクシュアリティが、一部には、生殖にかかわるものだとすると（理論的な各種主張は脇へ置くとして）、性交する死体には、生殖の可能性が絶対にない。このことは、無数に意味づけされた人間の性行為を、生物学的に不活性な風景に変えてしまう。ここで、もう少し大きな問いを立ててみたい。展示するのはたとえば、どんな性行為をする、どんなポーズの、どんな人の組み合わせなのか？　二つの死体のあいだで死後のセクシュアリティが成立しないとすると、どんな性行為なら許容されるのか、と突き詰めて考えるのも妙な気がする。とはいえ、ここで問題としている体は人間であるから、セクシュアリティに少しでも言及すれば、文化の政治学を負わされることになる。これは、前章のＨＩＶ／ＡＩＤＳの死体が直面したのと同じ状況だ。政治的にもっとも議論を呼ぶ種類の性的行為は、小児性愛といった違法な振る舞いは別として、より大きな病理―規範―正常の議論に当てはまるだけでなく、この上なく重大な点を主張する。もし男性の死体と女性の死体に性的な体勢を取らせてもよく、それが死体にまつわる規範に反していたとしても正常ではあるなら、同性同士の死体が同じことをするのはなぜだめなのか？　相手が複数の性行為や、一人で自慰をする死体の展示はどうだろうか？　死体はそもそも普段は性交しないのに、こっちの死体の労働は正しくてあっちは間違い、とはどういうことなのだろう？

この種の人間労働について、パオロ・ヴィルノは、フーコーの生政治の概念や、主権者による人間生活の全面的管理の概念を受けてつぎのように議論している。「『生政治』という表現の論理的核心を理解するためには、哲学的な観点から見るとさらに複雑とも言えるもうひとつの別の概念から出発する必要があると私は考えています。すなわち、労働力という概念です……『労働力』とは何を意味するのでしょうか。それは、生産する力能を意味するのです。力能とは、すなわち、能力、キャパシティ、デュナミスのことです」[24]（『マルチチュードの文法：現代的な生活形式を分析するために』、廣瀬純訳、月曜社、二〇〇四年）。ここでいわれているデュナミス（dynamis）を捉えたのが、フォン・ハーゲンスの何よりの功績だ。プラスティネーションの死体は、単に活発な体勢を取っているだけではない。社会規範と正常性への挑戦をとおして活性化される、ダイナミックな性的体勢を取っているのだ。バスケットボールをする死体やチェスをする死体など、他のポーズを取る死体も活性化されているといえるかもしれないが、そうした他のポーズが、性的体勢の死体が抗うのと同じ慣習に抗うことはない。状況にセクシュアリティを吹き込むことで、フォン・ハーゲンスはこう示す。死体は可能性のかたまりだ、ポージングに制限をかけるのは想像力の欠如に他ならないと。そして、フォン・ハーゲンスが死体を連れていく先は、あり得ないような性的夢想のなかだ。それは、生殖の可能性のない性的労働だが、病気も快楽も帰結もないセクシュアリティでもある。性交する死体は、あり得ない規範を示唆し提示するが、それは、論戦的に正常なあり得なさである。

変性される

〔ボディ・ワールド展を〕見に来れば、当然とも思える一つの恐怖が取り除かれるかもしれない。というのも、プラスティネーション標本は、どれほど生々しく自然に見えたとしても、化石とちょうど同じように、そしてミイラよりもずっと、徹底的に変性されているからだ。[25]（〈ボディ・ワールド〉展ガイドブック）

フォン・ハーゲンスは、人間と動物の身体構造を交ぜることを提案したわけだが、こうした人間と動物の混合は、いくつもの点で、死体に性的行為の体勢を取らせるより、さらに度が過ぎている感がある。というと、読者の多くは直感的に納得できないかもしれない。人間のセクシュアリティのほうが、プラスティネーションを施したケンタウロスや人魚やミノタウロスをつくることより、よほど大きなタブーの題目のように思えるからだ。性的な体勢の死体が見られる展示会が注目を集めるのはまず間違いないが、セックスというものは、多くの商品を売るために活用されている。フォン・ハーゲンスが提案した人間の身体構造と動物の身体構造の融合は、種に関連する人間の神話を想起させる。そして、神話的なものの分類学に対する関係こそ、ホモ・サピエンスを真に定義し直すものである。フォン・ハーゲンスが提案した展示は、何かを人前に提示するためのテクノロジーに革新を起こすというより、一八世紀におけるリンネの人間と動物の差異についての議論に立ち返るものだ。初期の分類学者はしばしば、人間を分類するために、動物学から神話の生き物を取り除こうと奮闘した。[26]〈ボディ・ワールド〉展の形式で人間の神話を提示することは、ホモ・サピエンスという概念を、私たちの分類学的名称に内在するある種の解剖学的虚構に巻き込む。神話の生き物を発明したのはまず間違いなく私たち人間だが、私たちは自分たちを非動物的動物として発明しもした。実際、フォン・ハーゲンスの全展示会が主役に据えるのは霊長目だが、その霊長目は、動物界でもっとも毛が薄くてよく歩く霊長目だ。

フォン・ハーゲンスの展示から生じる重要な分類学的問いの一つは、つぎのようなものだ。プラスティネーションされた死体は、自然界でどんな位置を占めるのか？ フォン・ハーゲンスがよく言うには、有機組織が分解しない外装に置き換わると（たとえば、化石の場合のように）、死体は変性する。こうした保存処理は、「生々しく自然」に見える死体を不活性にすることで、見る人の「恐怖心」を減じる。この点で、フォン・ハーゲンスはまったくもって正しい。（一）死んでいる、そして、（二）模型ではない、と来場者がわかっているが腐敗しない死体は、確かに自然の秩序に逆らっている。だが、フォン・ハーゲンスがプラスティネーションをとおして実際につくり出すのは、ただ変性されただけのものではない。彼は、自然の秩序という概念を丸ごと発明し直そうとしているのであり、そうした再定義をとおして、人間についての新しい分類学的秩序をつくり出してもいる。[27] 別の言い方をすると、彼の展示は、死を変性させることによって、人間の条件を定義し直そうと試みる。これは、分類学的に小さな飛躍ではない。まず間違いなく、人間にとって新しい種類の存在論をつくり出すものであるし、少なくとも、人間の死体にとって新しい種類の存在論的状態をつくり出すものである。このシナリオでは、死は存在論的に成立不可能ではない（事実、展示会をするためには死がなければならない）。だが、目に見える死体は、自然に対して、新しい種類の不死の抵抗をしている。ヴィルノの主張はつぎのように言い換えることができる。もし〈ボディ・ワールド〉展の死体が一所懸命に労働すれば、彼らが存在論的に成立し得ないということに、ひょっとすると誰も気づかないかもしれない、と。来場者は、プラスティネーションを施された体が死んでいるとわかっている（〈ボディ・ワールド〉展ではその事実を明記してある）。でも、その人たちは、目の前にいる死後の人間を、なぜかあり得ないほど生き生きとした動的なものとして受け入れる。

これは、自然に対する究極の分類学的力となる。つまり、私たち人間、少なくとも私たち人間の体は、永遠に生きられる。なぜなら、人間は人間を自然から引き離すからだ。フォン・ハーゲンスは、こんな離れ業は、崇拝すべきいにしえのミイラさえ成し遂げられなかったことだ、とまで言う。一方で、自分のいう「変性された体」とは、腐敗しない死体、という意味だと明言してもいる。だが、こうした変性は、フォン・ハーゲンスの意図をはるかに超えていく。こんなふうに自然を再発明するという点で、フォン・ハーゲンスは高潔なモダニストというより、死についての新しい規則や、存在の新しい形態や、死体がおこなう労働の新しい形態をつくり出すことで、人間の本質を再定義しようと試みる、一八世紀のリンネ的分類学者である。

フォン・ハーゲンス自身が気づいていようといまいと、彼の〈ボディ・ワールド〉展の成功は、解剖学の言語を使って、人間がつくり上げた虚構をさらに満たしたことによる。この科学と虚構の関係は、いかにして神話の生き物が人間の死体の科学的展示と並列して存在できるか、を解き明かすのにあと一歩のところまで来ている。リンネ世代の分類学者は、人間が神話の生き物ではないと説明するためにケンタウロスを必要とした。これは、フォン・ハーゲンスが、死後のセクシュアリティを正常なものとして提示するために、身体構造の病理化を必要とするのと同じである。ミシェル・ド・セルトー〔歴史家〕は、科学と虚構の関係をこんなふうに説明している。「かなり論理的な方向転換によって、虚構は科学の陣営にも見いだされる。……〈虚構〉とは、月への着陸を写真撮影することではなく、月への着地を予告し、組織することなのである」[28]〔『歴史と精神分析：科学と虚構の間で』、内藤雅文訳、法政大学出版局、二〇〇三年〕と。過去のある時点で、ケンタウロスや人魚が実在することをやめて死んだとき、霊長目の人間は、分類学的な穴とともに残され、新たな人間のアイデンティティを必要とした。月に降り立つことが人間が重力に抗えることを意味するように（これもあり得ない虚構だった時代がある）、死とそれに付随する存在論を変性させることは、人間が事実上永遠に生き得ることを意味する。それは虚構であるとともに、可能性でもある。フォン・ハーゲンスがおこなう死の変性は、科学から出発するのではなく、神話から出発するのだ。

献体同意書

質問#7　プラスティネーションを施された標本、とくに全身のプラスティネーション標本は、解剖学的芸術作品と解釈される場合があります。そこでうかがいます。自分の体が解剖学的芸術作品に使用されることに同意しますか。[29]

――プラスティネーション協会、献体プログラム用同意書

フォン・ハーゲンスは近年、展示用献体の生前申し込みを受け付けていない。プラスティネーション協会の献体者名簿には十分な数の登録があるし、倉庫にも十分な数の死体があるからだ。生前の献体を受け付けていた際は、まず献体プログラム用同意書に記入した。同意書は、複数ページにわたる書類で、体の使用について一連の質問がなされていた。体を医学研修に使用してもよいですか？　体の匿名化を希望しますか？　といった質問だ。同意書には、献体者が署名した場合に当事者全員が同意したとみなされる基本条件も規定されていた。献体プログラムの最終条項の一つはかなり重要で、つぎのような内容だった。「以下の質問欄に示される私の意向は、法的拘束力を有する条件ではなく優先事項であることに同意する。プラスティネーション協会は、献体

者の希望を実現するために最善の努力をする。しかし、とくに比較的若い献体者については、個別の結果を保証することはできない」[30]。いったんプラスティネーション用に体を提供したら、その体の全権はプラスティネーション協会にあった[31]。献体に関するこの条項は、とくに悪質というわけではなかった。提供された体が献体者の希望に添った形で使われる可能性もあるしそうでない可能性もあると、事前に述べておくのは道理にかなっている。

同意書の言い回しからよくわかるのは、グンター・フォン・ハーゲンスがどれほど強力に〈ボディ・ワールド〉展を制御していたか（制御しているか）である。彼が制御できる対象は、生、死、身体構造、病理、分類、存在論、神話、科学、虚構、セクシュアリティといった概念におよび、このようなことができる人は彼の他にはほとんどない。書類への署名がすんで献体者が死んだら、死体を所有するのはフォン・ハーゲンスだった。彼が死体に性的な体勢を取らせたり、死体を動物の体と交ぜたりすることは、そうした法的権限を最大限に行使しているだけである。この種の全面的な制御は、必ずしも悪いものではないし、フォン・ハーゲンスが邪な計画に加担する様子もまったく見られない。たとえば二〇〇八年六月、フォン・ハーゲンスはロサンゼルスで、献体に同意した一〇〇名以上の人と会った。彼はまるで英雄のように（やや利己的な感じとはいわないまでも）集まった人々にこう言った。あなたがたは、〈ボディ・ワールド〉展で「『死後の』市民権」を獲得するのです[32]、と。

ハーゲンスのおかげで死後の市民権を得たからといって、疑問をもってはいけないわけではない。なぜ、死体に性的な体勢を取らせるのか？　なぜ、人間と動物の体をごちゃまぜにするのか？　いちばん正直でひょっとすると単純すぎるかもしれない答えはこうだ。フォン・ハーゲンスがこうしたやり方で死体を展示するのは、彼にはそれができるからだ。フォン・ハーゲンスは、一八世紀の分類学者や、初期の解剖医や、「猥褻」で病的な模型や図の提供者が夢見るしかなかったやり方を実現している。先の二つの質問に対して、もっと込み入った回答をするならこうだ。死体に性的な体勢を取らせることや、神話の生き物をつくり上げることは、一八世紀から人間が生物学的分類と闘いつづけてきたことの論理的帰結である。死体に性的な体勢を取らせることや、神話の生き物をつくり上げることはまた、ホモ・サピエンスは死んでも動物界のあらゆる慣習に抗うことができるとほのめかす、死後のテクノロジーによる介入のまた別の一例でもある。さらにいえば、グンター・フォン・ハーゲンスが示唆するように、「不死への願望」をこれでもかというほど満たすものでもある。[33]そして何よりそれらは、自然な人間らしさを有する人間以上のものになる好機である。

容易に理解されるだろうが、二〇〇九年の〈命のサイクル〉展のようなこうした展示は、大勢の人を憤慨させた（記録的な来場者数を保証する状況でもある）。けれども、憤慨する人は、より大きな点を見過ごしてしまう。つまり、〈ボディ・ワールド〉展の来場者は、死体が乗馬できないことも、ハードルを跳べないことも、弓矢を射られないこともわかっている、それでもその物語を受け入れることをいとわない、という点だ。こうした物語を来場者がいとわず受け入れることは、つぎのような意識を明るみに出す。つまり、死体は、ある種の、社会的に許容されるが絶対にあり得ないやり方によって生産的になるはず、という意識だ。フォン・ハーゲンスの〈命のサイクル〉展では、あますところなく人間の身体構造を披露しているわけではない。そうではなく、フォン・ハーゲンスは人間の身体構造に、この上なく自覚的な、人間らしい行為のポーズを取らせる。だがその自覚的な行為に使われるのは、どうしたって自覚的ではいられない種類の人間の体である。すこぶる皮肉だが、繰り返し述べたいのは、フォン・ハーゲンスは、展示物を取り囲む道徳的呵責が彼の展示会をうまく機能させるように、怒れる人々を必要としている。フォン・ハーゲンスは、しごく奇妙なやり方で、好奇心いっぱいの来場者と博物館の支配人に対して同時に貢献するために、死体を再発明してきた。このことは、フォン・ハーゲンスの死体のテクノロジーの使い方に抗議する人がいなければ、フォン・ハーゲンスがずっと以前に消えていただろうことを示す議論の余地なき証拠である。

二〇一八年八月一八日

妹の死を見つめる——一〇分／一〇日

友よ、あと一〇分ある
地上一万フィートの空に舞い上がって
一日を　　始めるまでに。
実家の両親に会いに行く
妹なしで二人に会う
もうけっしていっしょに来てはくれない妹だ。
僕が生きている唯一の子どもになって。
友であるきみも失くしてしまった
七二時間　　ものあいだ
妹の葬儀から
戻る飛行機にきみを置いてきてしまった。
きみのいない数日間に、どれほど大切か思い知った
一〇年分のページに書かれた一つひとつが、自分にとってどれほど大事か。

僕の人生
インクでつづったもの
多くの涙でつづったもの。
だから約束する、もう二度と　きみを置き去りにしたりしないと。
さあ友よ　出発の時間だ。
過去と出会い直すために
そして未知の何かを強く抱きしめるために。

きみのことも肌身離さないようにしている。
僕の死すべき運命の、ますます混乱きわめるこの日々に。

第五章　死、死にゆく過程、身体部位のグローバルな取引

ある文化や思想のもつ生命力は、ひとえに、死体のような辛辣な象徴の威力を水路づける能力をもちうるか否かにかかっているのである。

——リチャード・ハンティントン、ピーター・メトカーフ『死の儀礼：葬送習俗の人類学的研究』〔池上良正・川村邦光訳、未来社、一九八五年〕

一応は目に見えなかった死後経済（postmortem economy）が、二〇世紀後半に入ると姿形を現すようになった。これは、人間が一九世紀後半に使いはじめた新しい死体のテクノロジーが拡大をつづけたことの直接的な結果である。死後経済とは、人間の死体を中心に構築された経済のことで、規模はグローバルだが、調達はローカルにおこなわれる。見るべき場所がわかっていれば、人間の目にもかなりはっきりと見える経済だ。けれども、当事者は匿名性を求めるような経済でもある。死、死にゆく過程、身体部位のグローバルな取引とはこうしたものであり、遺体を

どうするか家族が決めるのを喜んで手伝う死後のバイオマテリアル業を象徴してもいる。最近親者はもちろん、遺体に社会や家族との関連で価値を見出していい。でも、金銭的な価値はどうだろう？　これまでの章でさまざまな問いが提起されたが、ここで新展開を迎える。死体はいくらの価値があるのか？　死体や、身体部位や、死後の人体の組織がもつ、今日このときの商業的価値はいかほどか？　マーサ・W・アンダーソンとレニー・シャピロによると、死体丸ごと一体の金銭的価値の平均は、三万ドルから五万ドルと考えられる。「提供した組織を加工することにより、従来の骨移植や皮膚移植に加えて、医療用インプラント、脱灰骨基質、真皮インプラントが得られる場合は、二〇万ドルを超える」可能性もあるという。[1]

この章で主に着目するのは、死後の組織や骨や身体部位の取引であって、臓器の違法売買についてはそれほど深掘りしない。アメリカでは、全米臓器移植法と統一死体提供法によって、臓器、とくに人間を対象とした移植で使う臓器の売買から利益を得ることは違法だとはっきり定められている。[2]バイオマテリアルは、提供臓器とは違い、高潔な社会的身分もなく法的に保護もされないものだが、死後の組織に着目すると、そうしたバイオマテリアルが、いかにして巨額の金銭を生み出すか、詳しく検証することができる。臓器や組織の取引を統制する複数の法律がどのように絡み合うかについては議論がなされているが、その一方で、心臓移植と死体からの皮膚移植とのあいだには、重大な社会・文化的な価値の違いが今も残っている。死体は、死後のバイオマテリアルとして幅広い可能性をもっており、その可能性は、医師が移植可能な臓器をすっかり取り出したずっとあとになって金銭的に搾取されることになる。

死体経済と死体

キャサリン・ウォルドビーとロバート・ミッチェル〔医療社会学者と英文学者〕は、『組織経済：後期資本主義における血液、臓器、細胞株 *Tissue Economies: Blood, Organs, and Cell Lines in Late Capitalism*』でこう主張している。「組織は、体内にあるとき、自己の生物学的な土台、すなわち、存続可能な人間の命の条件を構成する。提供されたあとは、他の人の命や健康を維持できる。われわれのいう組織経済（tissue economy）とは、循環、活用、多様化、回復といった方策をとおして、組織のもつこうした生産性を最大化するシステムのことだ[3]」と。このような組織経済が重要である理由は、それが人間の生体価値（biovalue）を生み出すからだ。生体価値という概念は、ウォルドビーらの説明によると、「バイオテクノロジーを用いた生の過程の再構成によってつくり出される体外活力の余剰[4]」である。「組織経済」と「生体価値」という二つの概念は、生きている体の生理学的な商業価値を評価するための下地をつくる。だがそれだけでなく、死後の商品価値についての議論へと扉を開きもする。「組織経済」や「生体価値」の概念と関連しているが異なるつぎの二つの概念は、死体がもち得る商業価値をより正確に表す。その概念とは、「死体経済（necroeconomies）」と「死体価値（necrovalue）」である。

ウォルドビーとミッチェルの用語をこんなふうに再構成することは、生を示唆する語を、死体を意味したり死を連想させたりする語に単純に置き換えることではない。逆に、生に関連するバイオマテリアル商品と死に関連するバイオマテリアル商品をはっきりと区別することで、よくわかることがある。それは、身体部位と組織を取り出すという観点からすると、死体は、生きている体よりずっと大きな機会を提示し生み出す、ということだ。当然ながら、生きている人間の体は、安全に取り出せる臓器などの量に限りがあるので、提示できる生物学的機会も有限だ。だが死体の場合は、長期間機能するために生物学的なものをまったく必要としない。

ここまで考えたことにもとづいて、ウォルドビーとミッチェルの知に深く恩恵を受けるとすると、死体に着目したつぎのような考え方によって、死、死にゆく過程、身体部位のグローバルな取引がどんなふうに機能するかが明らかになる。この考え方というのは、死体価値は、死体にまつわる死体テクノロジーを使った人間の死体の再利用によってつくり出される死後の生物材料の収穫高のことである、というものだ。死体テクノロジーによる死体の再利用は、しごく簡単に定義すると、一九世紀から死体の価値を変えるために死体に対して使われてきた、実践的なテクノロジーと政治的テクノロジーの組み合わせである。こうしたテクノロジーの組み合わせには、機械的エンバーミングをはじめとして、組織移植片といったバイオメディカル製品、死後の所有権の法的分類まで、あらゆるものが含まれる。ＨＩＶ／ＡＩＤＳの死体の例は、死体を扱うために死体テクノロジーのまったく新しいインターフェースが発明されたという点で、死体の再利用と同じだが、そうした発明がなされたのは、死んでいる自己に関する別の歴史的理由による。やや過激な言い方をすると、死体の再利用は、グンター・フォン・ハーゲンスが、〈ボディ・ワールド〉展でプラスティネーションされた死体を使ってしたことと同じ種類のものだ。

ウォルドビーとミッチェルはつづけてこう述べる。「組織経済とは要するに、人体の生物学的能力が、生産性と権力にまつわる社会的、経済的、政治的システムに対してどう貢献するか、にかかわるものである」[5]と。ウォルドビーらの主張から、つぎのようにいえる。死体経済とは根本的に、人間の死体、たとえば、さまざまな医療用移植片を生み出す解体された死体のもつ死後の生物学的可能性が、「生産性および権力にまつわる社会的、経済的、政治的システム」に対してどう貢献するか、にかかわるものであると[6]。この議論全体を短縮版で説明すると、死体テクノロジーを人間の死体に対して使うことで、死体価値が生じ、この死体価値が今度は死体経済をつくり出す、ということになる。こうした死体特有のテクノロジー、経済、価値は、どうしたって人間の死体を必要とする。死体から使用可能な死後の生物材料を剥ぎ取ることを中心に構築されたテクノロジーにとって、生きている体はなんの役にも立たない。あるいは役立つ可能性もなくはないが、それは死んだ状態にしたあとの話だ。これは昔、一九世紀のエディンバラで、ウィリアム・バークとウィリアム・ヘアが、当局に阻止されるまで悪だくみに使っていた調達術だ[7]〔解剖学者に死体を売る目的で一六人を殺害した事件〕。

二〇〇〇年代前半、死体経済に関連するある裁判事件が大ニュースになり（バークとヘアの事件に似ていなくもないが、殺人は含まず)、死体テクノロジーによる人間の死体の再利用が、どんなふうにして死体を、金を生み国際的に流通する解剖学的製品に変えられるのか、が明らかになった。事件にかかわっていたのは、マンハッタンの元口腔外科医マイケル・マストロマリノと彼の会社バイオメディカル・ティシュー・サービシズ(BTS)だった。一九世紀アメリカの死後モデルは、葬儀をおこなうために、全身欠けることなく安全に輸送可能な死体を採用したわけだが、二〇世紀の生物医学における進歩は、ばらばらにした死体がもつ死体価値を得るための新しい機会を見つけた。マストロマリノとBTS社は、指数関数的に増大する死体の商品価値を、究極でないかもしれないが当然と思われる帰結へと導いた。

死体経済、作動中

二〇〇六年一〇月、〈ニューヨーク〉誌が、マイケル・マストロマリノの経歴と、急成長をつづけるグローバルな死後の身体部位市場における彼の所業について、第一陣となる長文調査報告を掲載した。記事によると、「マストロマリノは、かつては羽振りのよい口腔外科医で、ニュージャージー州とマンハッタン中心部にオフィスをかまえていた……『笑顔に:デンタルインプラントで人生を変える *Smile: How Dental Implants Can Transform Your Life*』の共著者としてとくに知られていた」[8]。彼が寄稿したのは、「骨移植の章」で、骨移植は「大革新」だと書いてあったらしい。[9]〈ニューヨーク〉誌の記事の書き手、ランダル・パターソンのつづく説明によると、マストロマリノが国際的有名人になったのは、歯科手術の腕によってではなく、薬物依存問題で歯科医師免許証を返納した挙げ句、死後の身体部位を売り買いすることになったからだった。パターソンによれば、マストロマリノが死体経済の道に入ったのは、大きな組織バンクの知人をつうじてだった。組織バンクは「RTIXの名でナスダックに上場している会社で……あらゆる種類の有用なスペア部品を製造していた。たとえば、『脱灰骨基質バイオセット』、『特許取得MDシリーズ髄内釘』、『注射可能な骨ペースト、オステオフィル／リジェナフィル』といったものや多数の『皮質骨ピン』、『干渉ねじ』などだった」。[10]

こうした込み入った経緯で、マストロマリノはBTS社を立ち上げ、人間の死骸から骨と組織を取り出した。そうして得たバイオマテリアルは、人間の組織や骨に関連する製品をつくる世界屈指の製造会社数社に売った。マストロマリノは、外科医の腕を活かして人生と財運を好転させたかに見えた。唯一の問題は、組織と骨を求めるバイオメディカル企業の要求を十分に満たせなかったことだった。マストロマリノは従業員を雇いだし、そうなると骨と組織のためにあらゆる種類の死体を解体する状況になるまで時間はかからなかった。BTS社とマストロマリノのトラブルはここから始まった。高需要で儲かる製品を扱う場合の例にもれず、マストロマリノは法より欲望を優先しはじめた。近親者の同意書や関連書類の署名を偽造しだした。さまざまな骨と組織の採取元である死体の死因は変更され、バイオメディカル製品への適合性に関するあらゆる懸念を収益性がねじ伏せた。二〇〇六年前半、マストロマリノの犯罪（当時はまだ疑惑）が明るみに出はじめ、彼は世界中から非難を浴びた。だが法的問題が公になる前から、にっちもさっちも行かない状況なのは明らかだった。

二〇〇五年一〇月一三日、アメリカの食品医薬品局は、BTS社の「ヒト組織の回収」に関する覚書を回覧した。回収の主な対象は、BTS社が医療処置用に販売した組織と骨で、安全性に問題があった。食品医薬品局の覚書にはこう記載されていた。「バイオメディカル・ティシュー・サービシズ（BTS）社は最近、不適切な病歴／社会歴のドナーから組織が調達されていた可能性を認識した。BTS社は、荷受人からあらゆる未使用の組織を自主回収している」[11]と。数週間後、食品医薬品局は最新情報を更新し、「医療提供者に対し、BTS社のドナーから作製された組織移植片を移植した患者に、伝染病伝播リスク増大の恐れがある旨を通知し、検査を受けさせることを強く推奨」した[12]。この回収騒動はその後、アメリカ、英国、カナダで使用される死後のバイオマテリアルにも影響をおよぼした[13]。

二〇〇六年二月二三日、ニューヨーク州ブルックリンのキングス郡検事が、マイケル・マストロマリノと従業員の小集団をついに告発した。罪の数はのべ一二二にのぼり、「懲役二五年以下のB級重罪である企業腐敗、遺体窃取および墓地発掘（E級重罪）、非合法の解剖（未分類の軽罪）、第二級の文書偽造および第三級の重窃盗（D級重罪）」などが含まれていた[14]。キングス郡検事は記者会見で告発について手短にこう話した。「死者から体の組織を盗むなんて……安っぽいホラー映画の一場面か何かのようです。でも、金儲けのために身体部位を使われた故人と関係のある多数の方々、疑惑の部位の移植を受けた患者の方々にとっては、ばかげた映画などではありませんでした。現実の出来事だったのです[15]」と。

ラジオ番組やテレビ番組の司会者アリステア・クックの一例は、マストロマリノとＢＴＳ社がどんなふうに故人、その近親者、組織の移植を受けた患者に損害を与えたかを説明する際によく言及される例の一つだ。クックは、ＰＢＳ局の映画番組「マスターピース・シアター」の司会を二〇年以上、ＢＢＣ局のラジオ番組「レター・フロム・アメリカ」のパーソナリティーを五〇年以上務めていた。二〇〇六年三月、〈ニューヨーク・タイムズ〉紙の論説欄で、アリステア・クックの娘であるスーザン・クック・キトリッジが、ニューヨーク市警の刑事から電話があり、父親の組織と骨がＢＴＳ社に採取されたと聞いたときのことを述べている。「捜査官の調べによると、父の組織を売った者が、父の年齢と死因を偽り、実際には九五歳だったのを八五歳と記載し、骨にまで転移していた肺がんで死んだのを心臓発作と記載していたらしかった[16]」と。クックの組織採取同意書にあった近親者の署名も、遺体が解体、火葬される前に偽造したものだった。

捜査が進むと、マストロマリノは、ニューヨーク、ペンシルベニア、ニュージャージーの三州の葬儀ディレクターと共謀していたことや、死体一体につき現金で約一〇〇〇ドルを支払っていたことが明らかになった。より広範な地域におよんだ訴訟は、呆れた展開を迎える局面もあった。たとえば、ペンシルベニア州の刑事裁判では、裁判官の交代が必要になった。マストロマリノに組織を提供したフィラデルフィアの葬儀ディレクターのうちの三人が、裁判長に着任していた裁判官とゴルフをしていたことがわかり、ゴルフをしない裁判官に担当を替えなければならなかった。[17]二〇〇八年三月一八日、マストロマリノはキングス郡の告発について罪を認め、企業腐敗の罰金四六〇万ドルを郡検察局に支払うことに同意するとともに、懲役一八年から五四年に処された。[18]二〇一三年七月七日、物語は、予期せぬほど悲劇的で宿命めいた展開を迎えた。マストロマリノは、肝がんと骨肉腫で獄死したのだ。

理解しがたい話かもしれないが、マストロマリノと共謀者が人間の組織や身体部位を集めてまわったこと、それ自体は違法ではなかった。マストロマリノと従業員が法を破ったのは、書類の偽造を始め、生物材料の出所を偽り、近親者の同意を得ずに組織を採取しだしたときからだった。法律違反は、生物材料そのものには直接関係がなく、文書偽造や強欲さ、嘘にかかわる問題だった。死体経済や、金銭的利益を目的とした死体の利用についての基本概念は、法の内部で奇妙な空間を占めている。調達システムは、一見誠実なものに思える。売り手も買い手も、取引する身体部位について直接的な金銭のやり取りはいっさいしない。売り手が受け取り、買い手が支払うのは、手数料だ。ミシェル・グッドウィン〔法学者〕は、『闇市場：身体部位の需要と供給 *Black Markets: The Supply and Demand of Body Parts*』でつぎのように述べている。「組織加工業のおこなう取引は問題があるが、全米臓器移植法の抜け穴によって保護されているように思える。全米臓器移植法は、身体部位の輸送と加工の費用として妥当な金額を規定している」[19]と。二〇〇五年にBTS社について警告を発したことからもわかるように、食品医薬品局は確かに、人間の組織と骨の売買を規制し監督する。だが、企業が死後の身体部位を取り扱う際に請求する「償還金」や「妥当な手数料」を対象とした規定は一つもない。マストロマリノと従業員も、死後の組織や骨に対する直接的対価を受け取ったことは一度もなかった。彼らがかき集めた何百万ドルもの金は、「加工手数料」だった。こうした支払い方式を採用することで、組織も骨も丸ごとの死体も、形式上は購入されたことにならなくなる。買い手が支払いをするのは、時間と労力に対してだからだ。ブルックリン地区検察局が、生物材料自体にかかわる告発をいっさいしなかったのは、こういうわけでもある。

マストロマリノのように死体経済で仕事をする者は、自らを「ボディーブローカー」と呼んだりする。ボディーブローカーは、仲介業者として、買い手（たとえば、ジョンソン・エンド・ジョンソンのようなバイオメディカル企業）と、死体の三大供給元、すなわち、医科大学院つきの大学病院、葬儀社／火葬場、剖検をおこなう郡の死体安置所、のあいだで働く。[20] ボディーブローカーが手数料で一財産築くなんてあり得ないと思う場合は、二〇〇六年に出版されたアニー・チェイニーの『死体闇取引：暗躍するボディーブローカーたち』（中谷和男訳、早川書房、二〇〇六年）を見ると、ある種の死体経済の働きがはっきりと描かれてある。彼女の著書のおかげもあって、死体テクノロジーによって再利用された死後の生物材料がどれほど価値あるものになり得るかが明らかになった。身体部位を扱う手数料はボディーブローカーによってまちまちかもしれないが、チェイニーによると、「頭部五五〇ドル、脳五〇〇ドル、肩四三一ドル、脊柱一五〇〇ドル、膝五〇〇ドル、脛骨四〇〇ドル、大腿骨四六七・三〇ドル、脚全体八一五ドル、足三五〇ドル、前腕三五〇ドル、皮膚五グラムにつき八〇三・五七ドル、膣（陰核つき）三五〇ドル、乳房三七五ドル、爪一枚につき一五ドル」だった。[21]

また、マストロマリノによる犯罪は、とくに目新しい話でもなかった。一九世紀の墓泥棒や死体泥棒、「墓荒らし」と歴史的に関連づけた報道も多かった。[22]だがわざわざ一九世紀まで遡る必要はない。マストロマリノはどういう理由であれ、ボディーブローカーやバイオメディカル製品会社や死体がひしめく死体経済のなかの一役者でしかなかったのだから。マストロマリノ事件とほぼ時を同じくして、死後にまつわる「スキャンダル」が他に二つ起きた。カリフォルニア大学ロサンゼルス校（UCLA）医科大学院の事件と、フィリップ・ガイエットという一匹狼のボディーブローカーの事件だ。身体部位にまつわるスキャンダルがあるたび、その状況はしばしば、他とはつながりのない、密閉された独自の真空空間に存在するかのように説明される。だがこうした事件は、まず間違いなく相互につながっており、そのつながりをつくっているのは、個人と個人の直接的な関係ではなく、死体経済が示すような業界全体の金銭的利益である。一般大衆の誰かが死後の組織の取引について知っているとしたら、主なきっかけは個人の逮捕だ。マストロマリノや同類のボディーブローカーが可視化されるのは普通、事件になったあとである。

ヘンリー・リード、アーネスト・ネルソン、UCLA医科大学院

二〇〇四年三月、UCLA献体プログラムの監督者で主要管理者でもあったヘンリー・リードが、死体を提供したかどで逮捕された。提供相手は、アーネスト・ネルソンという男で、死体の解体が目的だった。ネルソンの自白によると、彼は死体から採取した身体部位を「『巨大な』医学研究企業各社」に売っていた。[23] UCLA医科大学院は、リードらの逮捕を受けて新規の献体受付を一時中止し、いったいぜんたいどうやって身体部位の取引が起こり得たのか、と全面的な調査を始めた。調査は大々的な宣言とともに始まったわけだが、そもそもアーネスト・ネルソンが報道陣に何度もこう説明していた。「医科大学院の職員は、週に二度、死体が保存してある大学の冷蔵室に入る許可をくれた。冷蔵室内で、膝、手、胴体、頭、その他の部位をのこぎりで切り取ることも許されていた[24]」と。『闇市場』の著者グッドウィンは、事件についてつぎのような詳細を明らかにするとともに、より広範な死体経済について問題提起をしている。「ネルソンの顧客には、フォーチュン誌が選ぶ全米企業トップ五〇〇に入る巨大製薬会社ジョンソン・エンド・ジョンソン社も含まれていた。ジョンソン・エンド・ジョンソン社の傘下にあるマイテックが、一九九〇年代にネルソンから組織を入手していた……UCLAは鉱山のカナリアにすぎない。他の医科大学院や大学病院、臓器調達団体も、こうした秘密裡の取引にかかわりがあるとわかっている[25]」と。ジョンソン・エンド・ジョンソン社は、UCLA事件についてすばやい対応を見せた。広報担当

者が出てきて、つぎのように説明した。自社の傘下にあるマイテックが、ネルソンから死後のバイオマテリアルを購入したのは事実だが、「マイテックは、受け取った試料が、不適切な方法で入手された可能性があるとは認識していなかった[26]」と。広報担当者による対応のあとには、何度きいても回答の得られない質問が二つ残った。死後の身体部位の出所はいったいどこだと思っていたのですか？　いっさい誰も尋ねなかったのですか？

二〇〇七年三月、当局のさらなる捜査ののち、リードとネルソンは共謀と重窃盗で告発された。ネルソンは、「民間の医療関連企業、製薬会社、病院関連の研究企業二〇社以上」に身体部位を売って得た売上一〇〇万ドル以上に対する脱税でも告発された[27]。二〇〇八年一〇月、リードは「一〇〇万ドル強相当の学校の資産、すなわち提供された遺体を損壊したという特殊な告発つきの重窃盗の共謀一件」について罪を認めた[28]。そして二〇〇九年五月、アーネスト・ネルソンはとう とう、重窃盗、横領、脱税の共謀について有罪判決を受け、二〇〇九年六月、懲役一〇年に処された。さらに、罰金、違約金、損害賠償金、追徴課税の支払いを命じられ、合計金額は一七〇万ドルを超えた。

フィリップ・ガイエットとドナー・リファレル・サービシズ社

二〇〇六年八月一八日、食品医薬品局は、フィリップ・ガイエットとノースカロライナ州ローリーにある彼の会社ドナー・リファレル・サービシズに対して、「HCT／Ps〔ヒト細胞、組織、細胞・組織由来製品〕の製造および保有停止命令」を突きつけた。食品医薬品局の書面には、死体組織のドナー八人の扱いに関する業務上の違反六件について記載されてあった。違反六件のうちの一つ目に関連して、ガイエットが報告書に記した組織のドナー情報が引用されている。ガイエットが書いた記録によると、ドナーは自宅で死亡、死因は心臓発作、薬物使用なし、がんの罹患歴なし、介護施設の入居なし、ということだった。だが、食品医薬品局がのちに明らかにした正式な死亡診断書によると、「ドナーが死亡した場所は……介護施設で、死因は直腸扁平上皮がん、その他重要関連事項として、静注薬物の使用、冠動脈疾患、煙草の乱用、慢性閉塞性肺疾患があった」[29]。

ガイエットは、このときすでにカリフォルニア州法に抵触した過去をもっていた。一九九九年のことで、医科大学院に死体を売り、一一〇〇ドルを着服したとして、横領で告発されていたのだ[30]。当時は、カリフォルニア州のウェスタン健康科学大学で献体プログラムの管理者を務めていた。もっとも重い罪についての告発が取り下げられたあと、罰金の支払いと、社会奉仕としてハイウェイの清掃六カ月を命じられるとともに、刑の宣告猶予に伴う観察処分に付された。二〇〇三年、ガイエットは食品医薬品局にドナー・リファレル・サービシズ社を登録し、ラスベガスを拠点として組織と身体部位を売りはじめた。四肢の詰まったフェデックスの荷物の一つがミズーリ州への輸送中に液漏れしだしたあと、警察が再捜査をしたが、罪に問われることはとくになかった。

そして二〇〇四年、ガイエットはドナー・リファレル・サービシズ社をノースカロライナ州ローリーに移転し、耳を貸す人に手あたり次第営業をかけはじめた。その結果、興味を示す集団を発見した。ノースカロライナ州の葬儀ディレクター、ラリー・パーカーの説明によれば、「ガイエットは、葬儀社が紹介した約六〇人のドナーについて、一人あたり一〇〇〇ドルをパーカーに支払った。二〇〇四年からガイエットのためにドナーの死体を見繕いはじめたパーカーは、他の葬儀社も同じようにガイエットと取引していると思っていたと語った」[31]。ガイエットは大勢の個人や葬儀関連業者に接触し、結局は商談を断られたが、それでも提携企業網のリストの一部として葬儀社の名を連ねつづけた。郵便を使った詐欺の罪（死後の生物材料の扱いと輸送の仕方についてのもの）を認めたあと、二〇〇九年一〇月、ガイエットは懲役八年に処された。ローリーの〈ニュース・アンド・オブザーバー〉紙がこう報じている。「利潤追求欲が生んだ計略により、病気をもつかもしれない身体部位が、何も知らない全国の患者一二七人以上に使用された。……連邦捜査官の調べによると、さらに四〇人のドナーについて疑わしい記録が見つかった。そこには、世界中の市場に流れていった二六〇〇もの組織製品が含まれていた[32]」

マストロマリノ、ネルソン、リード、ガイエットの死体経済モデル

三つの事件の登場人物は意図せず、短いあいだだが大衆の目を、死後の身体部位や組織のグローバルな取引と、死体を中心に構築されたより大きな死体経済へ向けさせることに成功した。彼らはそれぞれ、とくにリードとネルソンは、全国の葬儀社、病院の霊安室、診療所、医科大学院の献体プログラムにつかの間のパニックをもたらしもした。こうしたパニックは、（一）想定外の状況における死体の使われ方、（二）不適切な死体の部位の売買から個人が金銭的利益を得ていたと同時に、重要な社会機関に対するより多くの一般大衆の信頼が損なわれていたこと、に関するものだった。

フリーランスの解剖技術者兼剖検技師ヴィダル・ヘレーラは、ＵＣＬＡの事件が明るみに出た当初、つぎのようなコメントをした。「誰に連絡すべきか、みんなわかっている。買い手、売り手、関節離断技師、学校、火葬場。おおいに儲かるビジネスだ[33]」と。ニューヨーク州にあるアルバート・アインシュタイン医科大学の解剖学教授トッド・オルソン博士も、ネルソンとリードの件についてコメントを寄せ、死後のバイオマテリアルのグローバルな取引や、規制や監視の欠如についてさらにわかりやすく説明している。「多額の金が人の手から手へと流れている。……カリフォルニア州に一箱のリンゴをもち込むより、一箱の頭部をもち込むほうが簡単だ。中身が農作物の場合、当局はあれこれ知りたがるから[34]」と。アメリカ上院議員チャールズ・シューマーは、マストロマリノの事件を受けて、法整備の必要性を説いたが、業界団体がロビー活動をおこなって反対した。シューマーはこう述べている。「必要ないと言われた。『万事うまく運営できている』と言われた。でも私は非常に疑わしいと思っていた……われわれが目にしたブルックリンの葬儀社の出来事は、国内外を問わずあちこちで起きている恐れがあった。そうしたことからわれわれをちゃんと守ってくれるものは何もない」[35]

とはいえ、数年のうちに起き、時期も重複する三つの事件はすべて、システムからの逸脱を表すのではなく、死体を必要とする死後経済の日常的な業務を表していた。一部のボディーブローカーや、バイオマテリアルを購入する企業にとって、死体経済のなかで仕事をするということは、どんな手段を使ってでも死体を調達することを意味する。また、この三つの訴訟事件は、オルソンが言外に提起した問題、すなわち、人体の組織や骨や身体部位の不適切な取引によって、一般大衆の健康が危険にさらされたかもしれない、という問題を浮き彫りにしもする。こうした懸念の主な原因は、アメリカの州法にも連邦法にも、人間の死体の「再利用」について定めたものがない、という点にある。[36] 死体の再利用には、教育目的の解剖用に提供された死体を入手する工程と、その死体の各部位をバイオメディカル製品製造会社に売る工程が含まれ得る。たとえば医科大学院のおこなう再利用は、事実の追跡が難しく、UCLA事件のような状況が可視化されないかぎり、議論の俎上に載せられることはめったにない。というのも、死体の再利用という考え方や実践自体は、必ずしも倫理的、道徳的に危険な一線を越えるわけではないし、医科大学院が死体を余らせている場合に、他の現場で死体がどんな使われ方をし得るか見てみよう、と考えるのも筋はとおっているからだ。[37]

でも、再利用の活動は、近親者の期待に応えるものとは限らない。たとえ医科大学院の献体プログラムが、詳細な権利放棄証書を作成して、死体の所有権が医科大学院にあると明示しても、遺族はやはり、遺体を自分たちのものだと考える。それでドナーの遺族はＵＣＬＡを訴えたわけだが、訴訟で主な争点となったのは、死体にまつわる信頼や責任や尊厳の崩壊であって、所有権ではなかった。[38] こうした訴訟は、当の死体はいずれにせよ解体される予定だったにもかかわらず起きた。いうまでもなく、本来の意図どおり教育目的で解剖されることと、ある日突然死後の金儲けが判明するのとでは重大な違いがある。この種の遺族の所有権問題は、死体経済にかかわる機関にとって最悪のシナリオとはいえない。バイオメディカル製品が不適切な扱いの死体から作製された場合、最悪のシナリオは、病気が伝播する恐れを孕んでいる。

二〇〇一年、ブライアン・ライキンズの悲劇的な事件が起き、こうした病気の危険性が表面化した。[39] ミネソタ州に住むライキンズ（二三歳）は、ユタ州で銃を使って自殺した死体ドナーから組織の移植を受けた。自殺が起きたのは同じ二〇〇一年の九月初旬だった。氏名不詳のドナーの死体は、約二四時間冷蔵されないまま放置された（腐敗と細菌発育がおおいに進み得る）。そのあとユタ州のインターマウンテン・ドナー・サービシズ社が死後の生物組織を採取して、ジョージア州にある別の会社クライオライフに送った。[40] 採取された組織や骨はここで、移植可能なバイオメディカル製品に加工された。約二カ月後の二〇〇一年一一月、ブライアン・ライキンズは、膝に骨細片の移植を受けた。手術はミネソタ州のセント・クラウド病院でおこなわれ、ライキンズはそのあと重度の術後合併症を引き起こした。そして一週間とたたず、侵襲性クロストリジウム・ソルデリ感染症で死亡した。ライキンズの死はあまりに唐突で衝撃的だったので、ミネソタ州議会は、手術用に移植可能な組織を提供できる企業の種類について州法を改定した。現在ミネソタ州で活動が許されているのは、非営利の組織バンクだけである。[41]ミネソタ州の場合のように規制措置が取られたとしても、それは一般的には事が起きたあとであり、広く行き渡る実質的な変化をもたらすとも限らなかった。ライキンズが死んだのは二〇〇一年。とすると、マストロマリノ、ガイエット、ＵＣＬＡの所業は、ライキンズの死後、少なくとも八年は発展をつづけたことになる。そしてそれぞれの事件が、規制面の懸念に伴う長期間の訴訟も引き起こした。マストロマリノからバイオマテリアルを入手した組織バンクを、移植を受けた三〇〇人以上の患者が訴えようと試みた。だが二〇〇八年一〇月、アメリカ地方裁判所判事ウィリアム・マルティニは訴えを退けた。マルティニ判事は、損害の直接的な原因が移植片であることを原告が立証できていない、と判断したのだ。[42]

今後の訴訟は間違いなく前進するだろうが、ジェニファー・ビットナー（二〇〇〇年にカリフォルニアの火葬場で起きた同様の身体部位売買事件の当事者）が淡々と述べたように、「火葬するなら、肩や膝や頭がなくても誰も気づきはしない」。[43]ビットナーの発言は皮肉めいて聞こえるかもしれないが、まったくそのとおりでもある。死体経済のための死後の資源、すなわち死体は、利用可能な組織を採取したら最終的には処分される。ボディーブローカーは死体特有の処分のシナリオを熟知し、仕事全体がもつ不透明性を当て込んでいる。死体経済が機能し繁栄するのは、死体経済の働きをちゃんと理解している人がほとんどいないからだ。当人が意図しているかは別として、ボディーブローカーは、死体のテクノロジーのつぎなるステップをつくり出す一助となっている。つぎのステップは、よりグローバルなものである。そして重要な点だが、つぎのステップにはアメリカの葬儀業は変わらずローカルなものである。そして重要な点だが、つぎのステップにはアメリカの葬儀業もかかわることになる。

死と死にゆく過程のグローバルな取引

今度もまた、気づけば死体経済の問題に巻き込まれているのは葬儀業だ。これは、二枚舌をもつアメリカの葬儀ディレクターがボディーブローカーと同じく倍増している、とほのめかしているわけではまったくない。たとえば、ガイエットの一件を見ると、ノースカロライナ州の葬儀ディレクターや葬儀社の経営者の大部分が、金銭的な提示に関心を示さなかった様子がうかがえる。また、全米葬儀ディレクター協会は、「臓器提供および組織提供に関する最適な対応方法」を独自に定め、最悪な種類のボディーブローカー行為が起きないように明確な規定を設けている。[44] 葬儀ディレクターと葬儀社は、自分たちが組織提供について懇願を受ける立場にあるとの実感を強めている。全米葬儀ディレクター協会が二〇一一年に発表した「臓器提供および組織提供に関する方針」には、つぎのような記載があるほどだ。マストロマリノ事件後に改定された最適な対応方法は、情報開示の倫理的問題や提供後の死体の物理的条件といった問題に変化をもたらしたものの、他の問題は依然として残ったままである、と。いわく、問題は「ますます増えている。というのも、組織バンクや他の調達団体が市場拡大にいよいよ力を入れているからだ。その結果とくに、葬儀社が組織や臓器の回収場所として利用される懸念や、葬儀ディレクターが同意や紹介の過程に積極的にかかわる懸念がある」[45]。

全米葬儀ディレクター協会が制度的な規定を設けたのも道理である。というのもこれから先、バイオメディカル製品にまつわる死体の利用は、葬儀業への依存度を高めると思われるからだ。これについては、特異な理由が二つある。一つ目の理由は、いくぶん当然の感があるが、葬儀ディレクターや葬儀社は、死後のバイオマテリアルを無理なく入手できるからだ。二つ目の理由は、一つ目ほど明白でないものの同じくらい重要で、アメリカの葬儀業自体が以前と比べてグローバルな規模で統合強化されつつあり、加えて、新たな経済的方向へ拡大しつつあるから、というものだ。こうした状況は、一九世紀に大陸横断鉄道がもたらした変化に似ていなくもない。この新しい（ふうの）死後の法人ビジネスモデルは、死と死にゆく過程と身体部位のグローバルな取引が進化をつづけるなかで、それまでとは違う業務形態が生じる可能性を示唆している。より広範な死体経済におけるこうした変化が始まったのは、三〇年以上前のことだった。

一九八〇年代後半から一九九〇年代にかけて、複数の国で事業を展開する二つの葬儀業法人が、何千もの葬儀社、墓地、火葬場を買収しはじめた。二つの法人というのは、アメリカのサービス・コーポレーション・インターナショナル（ＳＣＩ）社と、カナダのローウェン・グループで、葬儀社等の所有をとおして世界に進出した。基本的な法人モデルはどちらも、各地で地元に根づいた葬儀社を買収し、より大きな事業所有戦略に組み込む、というものだった。買収された葬儀社の社名は変わらず、従業員の雇用も維持される場合が多く、旧経営者が支配人として働く例さえあった。ＳＣＩ社とローウェン・グループが通常変更したのは、棺などの取り扱い商品の種類とその価格だった。取り扱う商品の種類はより限定される傾向にあり、価格は上げるのが基本だった。ジョナサン・ハー〔ノンフィクション作家〕は『葬儀戦争 *Funeral Wars*』でこう説明している。「〔レイ・ローウェンは〕買収の資本コストを回収するために、利ざやを稼ぐ必要があった。新たに葬儀社を買収したら、すぐさま価格を一五パーセントも上げるのが彼の手だった。こうした値上げを彼は『収益力の改善』と呼んだ[46]」

こうした葬儀業法人の市場支配力は、二〇〇〇年代前半から低下しはじめたが、それまでのあいだ、ＳＣＩ社とローウェン・グループは事業の所有数を着実に増やしていった。所有事業規模がわかりやすいように、いくつか数字を挙げてみよう。一九九九年時点で、ＳＣＩ社は、二〇カ国に合計四〇〇〇の葬儀社、五〇〇の墓地、二〇〇の火葬場を所有していた[47]。これはつまり、二〇〇〇年までに、ＳＣＩ社が「オーストラリアの葬儀業の二五パーセント、英国の葬儀業の一四パーセント、フランスの葬儀業の二八パーセントを所有していた」ことを意味した[48]。以降、海外の所有事業の大部分は売却され、なかには元の経営者の手に戻る例もあった。たとえば、オーストラリアの事業は二〇〇一年に売却された。ローウェン・グループのほうは、一九九九年時点で、「カナダとアメリカを合わせて一一〇〇以上の葬儀社と四〇〇以上の墓地、英国で三二の葬儀社を所有していた」[49]。

一九九五年、ミシシッピ州の葬儀ディレクター、ジェレマイア・オキーフが、契約不履行と不公平な商習慣でローウェン・グループを法廷に連れ出した。オキーフは、契約上の永続的な取り決めにより、ミシシッピ州の葬儀社ライト・アンド・ファーグソンをとおして葬儀保険を販売していたのだが、一九九〇年にローウェン・グループがこの葬儀社を買収した。葬儀保険というのは、個人が将来の葬儀費用をまかなうために購入するものだ。こうした金融商品は、生前契約や生前予約とも呼ばれる。将来的な葬儀価格の上昇を見越して、保険購入時の市場価格で支払いをすますことにより、消費者は葬儀費用を節約できるという仕組みだ。

ローウェン・グループによる買収は、以前から存在したオキーフの葬儀保険プラン販売契約と相容れないものだったので、陪審裁判がおこなわれた。陪審はオキーフに有利な評決を下し、補償的損害賠償および懲罰的損害賠償として五億ドルを与えるべきだとした。要求の損害賠償額は合計一億二五〇〇万ドルだったにもかかわらずだ[50]。裁定金額の高さは、オキーフとローウェン・グループ両者にとって驚きで、最終的には「現金五〇〇〇万ドル、一株あたり三〇ドルを保証したローウェンの株式一〇〇万株、支払期限二〇年以内の約束手形二億ドル分」で和解した[51]。この訴訟や他の責任軽減事由により、二〇〇二年、ローウェン・グループは破産、会社更生手続きをし、アルダーウッズと社名を改めた。

二〇〇六年一一月、SCI社がアルダーウッズ社を一二億ドルで買収した。総購入額は、現金数億ドルと社債の組み合わせだった。買収後の年間収益は約二五億ドルと予想された[52]。SCI社による二〇一一年の年次報告書には、業務の健全性についてこう記載されている。「当社は、死にまつわるケアの商品やサービスを提供する北米最大の企業である。……二〇一一年一二月三一日時点で、当社の運営する事業は、北米内の葬儀関連事業所一四二三カ所、墓地三七四カ所（うち二一四カ所は葬儀業と墓地の組み合わせ）にのぼる。地理的には、アメリカの四三州、カナダの八州、コロンビア特別区におよぶ[53]」

二〇〇四年三月、『死体はみんな生きている』〈殿村直子訳、日本放送出版協会、二〇〇五年〉の著者メアリー・ローチが、〈ニューヨーク・タイムズ〉紙に論説を寄せ、UCLA医科大学院事件や、不埒な身体部位市場や、葬儀業のことを取り上げた。ローチはこんな提案をしている。「医学研究を目的とした献体をする人に、慎ましやかな報奨金を与えれば、ひょっとするともっと多くの人が献体をする後押しになるかもしれない。……そしてもし、妥当な出費をするだけで、一万人や二万人のアメリカ人が美学的逡巡を乗り越えて私の陣営に入ってくれるなら、みんなが勝ちだ。みんな、に葬儀業は含まれないが、彼らはもう十分長いあいだ勝ちつづけている[54]」と。献体に対する直接の支払いをめぐる倫理的問題は複雑なものとして残るだろうが、報奨金を与えればもっと多くのアメリカ人が医学研究のために献体をする気になる、というのはローチのいうとおりだろう。[55]とはいえ、葬儀業に関する最後の指摘は必ずしもそのとおりとはいえない。葬儀業は、現在の死後のバイオマテリアル回収システムのなかで、とくに何も獲得していない。得たものといえば、不名誉な報道だけである。ローチは、意図的ではないにせよ、つぎの重要な点に言及していない。つまり、ますますグローバル化と多様化が進むアメリカの葬儀業の経済的未来は、葬儀業務が大部分を占める事業を、より大きな身体部位と組織の配給システムへと変容させることのなかにある、という点だ。

SCI社は、進行中のこうした経済的変化をわかりやすく示す一例であり、「死にまつわるケアの提供者」を自称している点にその変化が表れている。こんなふうに言葉が変わると、葬儀業内でSCI傘下の葬儀社が具体的にできることの幅がぐっと広がる。地元の組織バンクが、新たな死後のドナーを見つけるために葬儀社と積極的に協力していることを考えると、こうした制度的な変化の一部はすでに起きつつあるといえる。全米葬儀ディレクター協会が発行する〈ザ・ディレクター〉誌の二〇〇八年二月号に掲載されたつぎの記事も、死体経済の変化がすでに起きつつあることを浮き彫りにした。「カロライナ・ドナー・サービシズは……葬儀社とやり取りをする専任の調整係第一号としてドーマン・コードルを雇った。コードルの仕事は、臓器提供や組織提供の過程で葬儀社を手助けすること。……ノースカロライナ州のウィンストン・セーラムで州公認の葬儀ディレクターとして一四年以上働いた人物である」[56]

葬儀社と組織提供サービス団体が連携するとビジネスがうまくいく、ということを理解するのは難しくない。たとえば、カロライナ・ドナー・サービシズは、「葬儀社に対して、臓器や組織の提供の過程で直接生じた妥当な費用を払い戻す。提供にかかった費用をドナーの遺族に負担してもらうことはない」[57]。ミネソタ州セントポールに拠点を置く非営利の組織バンク、ライフソースは、ミネソタ州、ノースダコタ州、サウスダコタ州、ウィスコンシン州西部の一部で臓器提供と組織提供に携わっている。ライフソースも、葬儀ディレクターに労働の対価としてつぎの手数料を支払う。「剖検なしの臓器ドナー、一〇〇ドル。剖検なしの心臓弁のみのドナー、一〇〇ドル（心臓弁だけを提供したあと剖検がおこなわれた場合は費用の払い戻しなし）。骨、腱、筋膜、脈管、心膜を含む組織のドナー、二〇〇ドル。外科用皮膚ドナー、一〇〇ドル」[58]。全米葬儀ディレクター協会独自のガイドラインは、この種の提携関係を当然ながら支持している。だが、紹介システムや提携関係を築く目的が、死体経済の正当化と緩やかな規制を後押しするためだとしたら、依然としてこの質問には答えが必要だ。死体の金銭的価値はいくらなのか？　アニー・チェイニーは、こう述べている。「多くの組織バンクが熱心に営業をかけ、病院、葬儀社、介護施設、死体安置所、ホスピスに担当者を送り、すでに死体となった人や、まもなくなりそうな人の家族に献体をもちかける……家族に対して火葬を無料にし、葬儀社には紹介一件ごとの手数料を支払う場合もある」[59]と。だが、火葬代を無料にするくらい、バイオマテリアル企業が人体の組織から稼ぎ出す金額を考えればなんでもないようなものである。

アメリカの葬儀業は、適切に規制された正当な死体経済にかかわることをもっと真剣に検討しはじめるべきだし、検討しはじめそうな様子である。そうすべき主な理由は、人間の死体がもつ死体価値を追求することは、死体を必要とするが必ずしも葬儀を必要としない死後のテクノロジーのシステム全体にとって当然の成り行きだからだ。あるいは、ＨＩＶ／ＡＩＤＳの死体の場合と同じように、テクノロジーは、安定的だったはずの死体やその死体に付随する「自己」そのものを変える、死後の条件の変化に適応しなければならないからだ。アメリカの葬儀社にできることは、組織バンクと働く仲介者を排除し、死後の組織を求めるバイオメディカル製品企業と直接やり取りすることである。そうすれば、葬儀ディレクター、ひいてはアメリカの葬儀業は、全米葬儀ディレクター協会のガイドラインをもとにして、より厳正な管理と最適な仕事の仕方を実現できる。そうなると、バイオメディカル製品企業は、死後のバイオマテリアルを得るために今より高い金額を払うことになるだろう。だが一方で、マストロマリノ的な訴訟が生じる恐れを減らすことにもなる。マストロマリノやガイエットのようなボディーブローカーは葬儀社を必要としているが、葬儀業界はそれほど彼らを必要としていない。

こんなふうに死体経済において新しい種類の関係性を築いたら、葬儀社は、生前予約や生前契約、葬儀保険プランに献体を直接取り入れてもよいかもしれない。前述のとおり、なかにはこうした取り決めにもとづいて葬儀費用を前払いする人もいる。生前予約のパッケージに献体という選択肢を組み込めば、経済的に恵まれない人やその家族（かなり高い確率でターゲットとなる人々）は、以前は予算的に難しかった内容の葬儀ができるかもしれない。だが一方で、守るべきこともある。それは、新しい死後のテクノロジーによって経済的に苦しい人々に提供される機会が搾取につながってはいけない、ということだ。[60] アメリカ以外の国でも、同様の提案や計画がもち上がっている。二〇一一年一〇月、英国のナフィールド生命倫理評議会が、待望の報告書『人体：医学および研究を目的とした提供』を発表した。ナフィールドの報告書は、臓器提供と組織提供の両方に言及していた。報告書の重要な提案の一つは、つぎのようなものだった。すなわち、個人が国民保健サービスの臓器提供名簿にドナー登録しており、臓器と組織が使用可能である場合、その人の葬儀費用負担は免除になる、というものだ。新たなドナー方式案を作成する場合、つぎのような事柄も焦点となるだろう。すなわち、「臓器の使用を承認する局面で、家族がなんらかの役割を果たすとしたら、どんな役割を果たすべきかという点、それから、いざとなって臓器が移植に適していないと判明した場合でも、葬儀費用を免除すべきかという点」だ。[61] こうした事柄を考慮して構築したプラン案を実行に移せば、遺族が受け取ってよいのかわからない死後の見返りについてむやみに思い悩まなくてすむだろう。プラン案は、前払いの葬儀プランのような形で機能することもでき、その場合、亡くなった人の希望を遺族があとから知ることもできるだろう。

だが依然として、葬儀社がバイオメディカル企業と直接やり取りするという案自体には、搾取の危険性がつきまとう。とくに、葬儀業のグローバル化が進み、核となる資源、すなわち死体が世界中どこからでも入手できるとなればなおさらだ。[62] ウォルドビーとミッチェルは、人体の組織にまつわる経済におけるこの倫理的懸念を鋭く指摘している。「生政治の現状は、不公平な形で分断されているように見える。……商業的なバイオテクノロジーの革新によってつくり出される利潤と生の価値の余剰は、ドナーを奪い取ることで成り立っており、北半球の裕福な人々が、自分たちの健康と長寿を確保するために、南半球の貧しい人々の体を犠牲にしている」[63]と。

とくに北半球と南半球の分断を考えると、搾取の危険性は非常に現実味があるが、業界全体が完全な透明性をもって、全米葬儀ディレクター協会の監督下で厳しい規制に応じるならば、問題に対処できるかもしれない。監督する機関の例として挙げた全米葬儀ディレクター協会は、すでにこうした実践の土台をつくってある。ボディーブローカーは死後貿易の陰で暗躍し、彼らから人体の組織を購入する企業も透明性と規制の欠如から利益を得ている。仕入れ価格は低く、利ざやは高く維持されている。だが、この運用の仕方をつづける必要はない。アメリカの葬儀業は、長い歴史をもつ既存の業界であるとともに、死後の組織回収を議論する局面だけでなく、組織回収の過程をより安全なものにする上で、もっと大きな役割を果たし得るし、果たすべきである数少ない業界の一つだ。アメリカの葬儀ディレクターは、死体経済の当事者が問題を起こすのを傍観するのではなく、そうした状況に立ち入って得意技を使うこともできる。つまり、死後の条件、死後の経済、死体をつくり出す人間主導のテクノロジーが、どんなふうに人間の死すべき運命を日常生活に組み込むか、それを見せてやることができるのだ。

死体経済は混乱状態にあるわけではないとか、死を含むものではないとか、死体を必要とするものではないと示唆することは的外れだ。死体経済は、人間の死体を使うことでしか存在できない。こうした死後にまつわる現実の帰結として、私たちホモ・サピエンスは今、新しい未来の可能性の縁に立っている。一九世紀の鉄道が、故人の帰りを待つ近親者のために、死体をそのままの形で葬儀へ送り届けたように、現在のグローバルな輸送会社は、故人となんの関係もない人の体を生かすために、解体と再利用を経た死後のバイオマテリアルを世界各地へ送り届けている。これは、昔からある考え方の発明し直しであると同時に、規模においては発展を遂げている。ただし、いずれの点もホモ・サピエンスが死すべき運命からどんな形であれ逃れることを保証しはしない。

二〇一八年八月一八日

妹の死を見つめる――搭乗口一一番

妹よ、また涙が出てきた
出発の搭乗口に向かって歩きはじめた途端だ
搭乗口一一番
おまえが死んだとき、僕が座っていた場所

電話で知った
死んだおまえの手を取るほんの数時間前のことだった
僕は、おまえの搭乗口の写真を撮った
手でなでた
そして泣いた、これから実家に帰るから
けっしておまえがいることのない実家に。
雨が降っている
いつも雨のような気がする。

妹よ、思った以上に苦しい。
地上一万フィートの高さで
おまえの死をもう一度感じるのは。
だから僕は泣いていて、まわりの人にどう思われてもかまわない
　搭乗口の番号の写真を撮る大男をみんなじろじろ眺めているけれど。
飛行機が思うように速く
飛んでくれなかった日を生き直す。
となりの席はからっぽだ
ジュリー、そこにはいつもおまえが座っている。
僕といっしょに、どこへ行くにも必ず。

第六章　生政治、死政治、死体政治

自由の人は何についてよりも死について思惟することが最も少ない。そして彼の知恵は死についての省察ではなくて、生についての省察である。

――スピノザ、『エチカ（倫理学）』、第四部、定理六七〔畠中尚志訳、ワイド版岩波文庫、二〇〇六年〕

そう遠くない将来、死体を変化させ形づくる死後のテクノロジーに死が与えるものと要求するものに関係して、人間は選択を迫られるだろう。ビスガマン、生命維持装置に生かされた死人、HIV／AIDSの死体、プラスティネーションを施された死体、身体部位をめぐる死体経済。このすべてが描き出すのは、生きている人間が技術と政治を使ってどんなふうに死後の条件を制御できるか、ということである。ほとんどが目に見えないこうした死体のテクノロジーは、三つの政治概念も直接的な形で含んでいる。この三つの政治概念は、互いに異なりつつも、互いに結びついており、人間が考える人間の概念をはっきりと形づくるものだ。それらは、生についての政治である生政治（バイオポリティクス）、死についての政治である死政治（サナトポリティクス）、死体についての政治である死体政治（ネクロポリティクス）である。[1] 生、死、死体にまつわる政治がぶつかり合うとき、三つの政治概念はそれぞれ、多種多様な死後の条件のなかに現れ、しばしば重なり合う。ＨＩＶ／ＡＩＤＳとその死体の管理は、そうした重なりの一例だった。また、カール・ルイス・バーンズとグンター・フォン・ハーゲンスは、活動時期こそまったく違えど、互いに理解し合えるだろうやり方で死体を制御した（制御している）人たちであり、同様の例の個人版といえる。

こうした政治についての考えにもとづけば、つぎの問いを立てることは重要である。昔から存在する死体のテクノロジーと今生じつつある死体のテクノロジーに対して、生政治、死政治、死体政治が与える政治的影響を認識するために、三つの政治をどんなふうに区別すべきか？　さらなる問いはこうだ。主権者（国家、地方自治体、国の政治家、各種宗教団体など）による生の制御に対して死と死体はどんな関係にあるのか？　これらの問いに答えることは、永久にではないにせよ、つかの間、歴史的に構築されたホモ・サピエンスの定義を捨て去る行為であり、今日の人間がテクノロジーを使って死と死体を制御しようと試みることによって可能になったことである。この人間の行為には、死の物質的現実を制御しようとする、国家権力の最高位にある権威者と、同じく死の物質的現実を制御しようとする、各個人が含まれている。別の言い方をすると、死のない死体と、死亡状態への移行に抗う人間の体とを、総力を挙げて政治的に生産することが含まれている。

死のない死体

「生」と「死」は、死体のテクノロジーを触れられるものにする二つのキーワードである。それぞれの語は、異なる種類の政治的な意味と政治的な用途をつくり出す。そしてその政治的な意味と政治的な用途が今度は、三つ目のキーワードである「死体」をくっきりと形づくる。ジョルジョ・アガンベンが説明するように、「生」を表す古代ギリシアの言葉は、実際には二つあり、それぞれ別の意味をつくり出していた。古代ギリシア人は、「意味的にも形態的にも互いにはっきりと異なる二つの用語を用いていた。一方は『ゾーエー zōē』であり、これは、生あるものの一切（動物、人間、神々）に共通の、生きている、というたんなる事実を表現していた。他方の『ビオス bios』は、これこれの個体や集団に固有の、生の形式ないし生き方を意味していた[2]」。「ビオス」は、アガンベンのいう「生の形式」であり、「ゾーエー」は、生き物すべてに共通の条件としての、生きている、という概念である。そしてアガンベンは、「剥き出しの生」と「生の形式」の違いを詳述するにあたって、こうした生の概念の区別を発展させる。ゾーエーとビオスの特性はこんなふうに配置される。「〈生の形式〉という用語でわれわれは、……形式から分離することが決してできない生、そこから剥き出しの生のようなものを決して隔離できない生を指すことにする」と。[3]「剥き出しの生」とは異なる「生の形式」は、さまざまな修飾語をまとうことができる。それによって、人間というものを定義するとともに、生が生きられるようになる形態を表す。アガンベンが提示するように、「有権者、被雇用者、ジャーナリスト、学生、あるいはまた、ＨＩＶ陽性者、衣装倒錯者、ポルノ・スター、老人、親、女性」といったものがそれに当たる[4]〔『人権の彼方に：政治哲学ノート』、高桑和巳訳、以文社、二〇〇〇年〕。

生政治においては、こんなふうに「生」という言葉について区別される二つのものがあるわけだが、この区別は役に立つ。というのも、同じようなことが、死政治における「死」という言葉についてもいえるはずだからだ。古代ギリシアでは、「死」はいくつかの概念に移し替えられているが、現在も二つの異なる形で残っている。「ネクロス（nekros）」と「サナトス（thanatos）」だ。[5]「サナトス」は、概念としての死を表し、固有名詞として使う場合は、ギリシア神話に出てくる死の神を表しもする。「ネクロス」のほうは、死体を表し、あらゆる形式の死体を示唆する。[6]「ネクロ」と「サナト」は両方とも「死」を意味する、といってさしつかえないが、それぞれの言葉が使われる際に含意される条件は、それぞれにまったく固有のものである。ゾーエーとビオスと同じように、サナトスは、生き物すべてに影響する死を表し、ネクロスは、「死の形式」を表す。死の形式とは、たとえば死体といったものだ。サナトスが内在する死の可能性として体を取り巻く一方で、ネクロスは体の種類を定義する。アガンベンが示唆するように、主権者による生政治（バイオポリティクス）が生の管理に注力するものであり、主権者による死政治〔サナトポリティクス〕が死の管理を含むものだとすると、死体政治〔ネクロポリティクス〕は死体を管理する。[7] 別の言い方をすると、死体政治は、しごくはっきりと死体のテクノロジーにかかわる政治的な権力であり、人間の死体をつくり出し、管理し、内包するだけのものである。死体政治的なものは、時間の経過とともに「生」や「死」という言葉と互いに交わりはするものの、「生」にも「死」にも究極的にはほとんど用がない。

一方、生政治は、社会秩序を保つ上で、自分と同等の敵として、さらには協力者として、死の可能性がいつもあることを必要とする。ミシェル・フーコーは、『性の歴史I：知への意志』〔渡辺守章訳〕で、古典主義時代の主権者である君主がもつ「死なせるか、それとも生きるままにしておくか」の権利に着目し、まさしくこの点を強調している。[8] 死という脅し、より重要なものとして、死にゆく過程を強制するか生じさせる法的能力は、近代国家の究極的な権力として残っている。生政治とは反対に、死体政治と死政治は、存続のために生を必要としない。人を死んだ状態にする場合、生についての懸念は二の次である。だからたとえば、死体に対して、強制的に生きさせることをちらつかせても脅しにはならない。[9]

フーコーによる生政治の概念が初めて登場するのは、『社会は防衛しなければならない』〔石田英敬・小野正嗣訳、筑摩書房、二〇〇七年〕に収録されている一九七五年から七六年の講義なのだが、この講義で彼はつぎのようなことのあらましを述べる。つまり、現代の国家は今、個人を生かすために介入することしかほぼしていない（公衆衛生キャンペーンや高リスクの振る舞いの低減などをとおして）ので、死はそうした権力の終点となる、ということだ。かつては主権者である君主が人を死なせ、人を生きるに任せていたわけだが（フーコーの分析にしたがえば）、今は国家が人を生かし、死ぬに任せる。だがこれにも限界がある。主権権力は、あらゆる局面で生に浸透し生を管理するかもしれないが、死を全面的に制御することはいまだにできていない。フーコーはこんなふうに語っている。「それ〔死〕は権力の影響の外にこぼれ落ちるものであり、権力が一般的、包括的、統計的にしか影響を及ぼすことができないものとなるでしょう。権力が影響を及ぼすことができるのは、死ではありません。死亡率なのです。そしてこの意味で、死が私的なものの側に、もっとも私的なものの側へ戻っていくのは当然です。……権力はもはや死を知らない。厳密に言うと、権力は死に関わらなくなるのです[10]」と。フーコーの考えでは、個人の死が今や、いかなるときも、生きていることと死にゆくこととの同時的な可能性を表すものになっている。つまり、個人の死が、主権者が試みる生の制御と、主権者が試みる死の制御との中間点として機能する、ということだ。

権力は「死に関わらなくなる」、すなわち、死を無視する、というフーコーの議論は、言外につぎのようなことを示唆する。つまり、主権権力は、死を制御できないことに対して見て見ぬふりをすることで、そうした死の制御の不可能性を間接的に認めている、ということだ。人を生かしておくために、ありとあらゆる方策が講じられるはずで、そうなれば、死との闘いは限界に達するまでつづくだろう。[11]だが、無視するという行為は、無視の対象が何であれ、権威者が対象の存在を認識している、あるいは認識せざるを得ないできた、ということを表すのではないだろうか。でも、死を無視したところで、主権者が生の終わりや死体を消し去ることはほぼ不可能だ。むしろ逆に、死を無視することでうかつにも可視化してしまうものがある。それは、可視化された場合に、死すべき運命をめぐる個人と国家の権力闘争を下支えするテクノロジーである。死体はしばしば、こうした権力闘争から出現するが、一方で、主権権力による死の限定的な制御に対して、生物学的なあり方をもって挑戦するものでもある。

アガンベンは、『アウシュヴィッツの残りのもの：アルシーヴと証人』〔上村忠男・廣石正和訳、月曜社、新装版二〇二二年〕で、生の制御に対する死の挑戦についてさらに詳しく説明するために、わかりやすい歴史的な例として、第二次世界大戦下ドイツの強制収容所システムを挙げる。アガンベンによると、強制収容所では、「生かす生権力の前代未聞の絶対化が死なせる主権的権力の同じくらいに絶対的な全面化と」交差し、「その結果、生の政治は死の政治と無媒介に一致するのである」。[12]アガンベンの考えによると、強制収容所における生政治と死政治のぶつかり合いは、つぎのようなパラドックスを示唆する。つまり、人を生かす絶対的な権力と、人を死なせる絶対的な権力とは、同時に存在し得ない。アガンベンが強制収容所の生政治と死政治について議論するとき、彼は死体の生産についても議論しているといっていいだろう。生政治と死政治が同時に重なり合うことは、一見不可能に思えるわけだが、強制収容所におけるそうした問題は、死体政治がはっきりと姿を現すことで解決された。死体政治のテクノロジーが、死や死にゆく過程が生じているといっさい認めることなく、人間の体を生きている状態から死んでいる状態に変容させたからだ。死（あらゆる個人主義的な意味での死、産業規模の生産ではない意味での死）は完全に無視された。死体政治は、生政治と死政治の両方における死の根本的な否定をとおして、こうした死のない死体の生産を促進する。アガンベンは、強制収容所が何をなしたのかについてこんなふうに述べている。「アウシュヴィッツでは、人が死んだのではなく、死体が生産されたのである。その死亡が流れ作業による生産にまでおとしめられた、死のない死体、非―人間。ひとつの可能な、また一般に流布してもいる解釈によれば、この死の零落こそが、アウシュヴィッツに特有の凌辱、その恐怖に固有の名であるということになるのだろう」[13]

こうした生―死―死体の関係は、強制収容所という文脈ではとくに、ナチス体制をゆうに越えて今日まで延びる死後の政治と死体のテクノロジーをうちに含んでいる。強制収容所をナチス体制の一部として議論するだけだと、こうした強制収容空間がナチスという特定の歴史的記述に固定されすぎる危険がある。アガンベンの考えによれば、権威者が人々を制御するために構築した新しい種類の政治空間としての「収容所」は、「近代の端緒をなす場である。すなわちそれは、公的な出来事と私的な出来事、政治的な生と生物学的な生とが厳密な意味で不分明になる空間である」[14]（『人権の彼方に：政治哲学ノート』、高桑和巳訳）。ヨーロッパとアメリカ（とくに二〇〇一年以降）では、収容所は、近代の生、死、死体が、はっきりと管理された生物学的な力として出現する現代の場となっている。[15] こうした収容所にとってもっとも重要な道具の一つは、捕虜が生きている状態から死んでいる状態へ移行したさまを説明するのに使われる言葉だ。アフガニスタン、イラク、キューバにあるアメリカ政府の戦闘捕虜収容所や敵性戦闘員収容所は、権威者による死と死体の管理について、まさしくこの点をよく表している。

こうした現代の収容所は、死体の生産につながり、そこでは、本当の死因は無視されると同時に意図的に隠蔽されてきた。多くの状況で、拷問や虐待の直接的な結果として人が死んだが、収容所側の権威者は、その死を生物学的な自然の出来事と定義することで無視した。アメリカの収容所は、尋問を目的として（つまり、捕虜を生かすために）言葉を使って生政治を発動させるべきであり、死体政治を発動させるべきではない。なぜなら、政府の公言する拘束の目的は、まさに拘束と尋問によって国家を守るためであって、死体を生産するためではないのだから。二〇〇四年、ミネソタ大学生命倫理研究センターのスティーブン・H・マイルズ博士は、〈ザ・ランセット〉誌に重要な論文を発表し、収容所内の尋問行為による死体の生産が、実際どんなふうにして隠蔽され、自然死に見せかけられているか、を詳細に説明している。

衛生兵が、拷問中に死亡した抑留者の死体に静脈カテーテルを挿入した。病院にいて生きていたという証拠をでっち上げるためだった。……アフガニスタンとイラクにいる抑留者の死亡診断書は、嘘が記載されるか、公開や完成が何カ月も遅れるかした。医療捜査官は、イラクとアフガニスタンの抑留者の予期せぬ死を調査しなかったか、おざなりな評価をし、医師は、死亡診断書の死因をきまって心臓発作や熱射病といった自然なものにして、死の不自然な原因には言及しなかった。ある例では、複数の兵士が、痛めつけた抑留者を房の扉の上の部分にくくりつけ、口をふさいだ。死亡診断書に記載された死因は、「睡眠中の……自然死」だった。[16]

こうした事例はつぎのようなことを表す。収容所を監督する権威者が、ある死体について、これは権威側の担当者が生きている体を死なせたものではなく、いつでも起こり得る「自然死」によってつくり出された死体だと決定する、すると、不当な行為なんてまったく起きなかったことになる、ということだ。だが、この権威者も、動かしがたい政治的問題には向き合わざるを得ない。すなわち、死体の存在にだ。自然にできたものも、不自然につくり出されたものも、人間の死体はつかの間、主権者が死を無視も隠蔽も制御もできないことを暴き出す。死体は、人が死んだということの、反論しがたい政治的証拠でありつづける。権威者がこのジレンマを乗り越えるためにすることといえば、認識可能ないかなる「死の形式」も生じることなく、生きている体が死んでいる体になったのだ、と言うだけだ。このあり得ない提案があり得るようになるのは、人を生かす生政治の権力と、人を死なせる死政治の権力が、もはや重要でなくなったときである。このとき、死体の権力が、個人の死あるいは生物学的な死の生じる可能性を完全に無視することで、生きている体を死を経由させずに死んだ状態にする無条件の主権権力として効力を発揮する。アガンベンは、現代の主権権力がどれほどたやすく人間の死すべき運命を規制し定義するようになったか、についてこんなふうに述べている。「このことが意味するのは……生と死が完全には科学的概念ではなくむしろ政治的概念であり、そうである以上、……〔政治的な〕意味を獲得する、ということである」[17]と〔『ホモ・サケル：主権権力と剥き出しの生』、高桑和巳訳〕。概念としての死も、生物学的な生の現実としての死も、もはや懸念として立ち現れることさえなくなるのだ。

死に抗う体

二一世紀が展開するなか、ホモ・サピエンスの分類学上の位置づけはどうなるのだろう。この興味深い問題について考えると、収容所システムによってはっきりと可視化された生―死―死体の権力関係とあわせて死体のテクノロジーについて議論することの重要性がよくわかる。収容所システムが、生、死、死体の権力関係がどんなふうに機能し得るかを浮き彫りにする一方で、人は死ぬものだ、ということをめぐる新しい種類の闘いが始まりつつある。一九七〇年代には、人の生の管理をめぐる個人と国家の対立が具体化したが、この直近の対立はまもなく、二一世紀の死と死体の制御をめぐる政治的競争に取って代わられるだろう。この二一世紀の場合の死と死体に対する制御は、死を制御して不死の命を得る、というより、死を制御して死を何か別のもの、何かもっとぼんやりしたものに変えてしまう。しかしながら、人間がテクノロジーを使って死と死体を制御することの可能性は、単なる政治的な制御をすることにとどまらない、もっとずっと大きな話だ。あらゆる形式の死の制御、すなわち、あらゆる規模のあらゆる権威者による、考えつくかぎりの手段を使った死の制御は、概念としての「人間」を定義し直すにあたり、今なお残る最大の障害物でもある。人間を新たに定義するためには、生政治による生の制御、死政治による死の制御、死体政治による死体の制御が必要不可欠だ。

こんなふうに死体のテクノロジーは、政治的変容と再定義の只中にあり、死を防止するテクノロジー（たとえば、死体にまつわるテクノロジーを使って、死んだはずの組織を移植用に蘇らせる）になりつつある。この状況を見ると、人間の死すべき運命に対する制御はうまくいきそうに思える。そしてテクノロジーを使った死体の制御が可能だとすると、こんな議論も出てくる。それならちょっと時間を巻き戻して、死にゆく過程を物理的に排除し、人間の死体が生じないようにしてはどうか？　だが、生の延長と死の防止を融合させるという案を機能させるためには、人間の死すべき運命を物理的かつ根本的に変化させる上で、死体のテクノロジーと政治的権力がどんなふうに一致するのか、についての定義を同じくらい大きく変えることも必要になる。死後の定義、テクノロジー、政治のこうした変容はすでにずいぶん進んでいる。だがその一方で、変容によって生じるかもしれない分類学上の帰結に対する批判ももち上がっている。

人間のゲノム全体がばらばらにされ、有機生物学と機械の融合という新しい組み合わせへと再度折り込まれるなか、第一世界の人々の死すべき運命に対するテクノロジーを使った制御は、再定義が進み、どんどん実行可能になっている。[18] ジル・ドゥルーズは、三〇年以上前に、こうした遺伝子操作は、彼が「超襞」と呼ぶものを生み出すだろうと示唆していた。「超襞」とは、ドゥルーズいわく、「遺伝子コードの鎖に固有の褶曲や第三種の機械における硅素の潜在性や、言語が『もはや、たえまなくそれ自身に回帰しながら、折れ曲がっていくしかなくなる』ときの現代文学における文の相貌」が示すような何かである。[19]「超襞」が登場するのは、ドゥルーズがミシェル・フーコーについて書いた著書のおしまいにある、「付記——人間の死と超人について」というぴったりの題の評論だ。「人間における力は、外の力と関係する。炭素にとってかわる硅素の力、有機体にとってかわる遺伝子的な要素の力、……これらすべてに関して、超襞の作用を探究する必要があるだろう。『二重螺旋』は、そのもっともよく知られた場合である」。[20] このような場合に、超襞は、ニーチェのいう「超人」となる。ドゥルーズはつぎのように示唆している。超襞は、新しい種類の人間が生産される場であり、そうした場では、この新しい種類の存在をつくり上げる外の力と内の力とが一つになるのだが、その融合は止めることができず、大部分が大衆の目には見えないところでおこなわれる、と。[21] こうした変化について、ドゥルーズは私たちにこんな警告を発する。「フーコーがいうであろうように、超人は、決して存在する人間の消滅などではなく、しかも一つの概念の変化よりはるかに重大なものである。それは、〈神〉でも人間でもない新しい形態の到来であり、私たちは、この形態が、前の二つの形態に比べて、もっと劣悪ではないことを

希望することができる」[22]〔『フーコー』、宇野邦一訳、河出文庫、二〇〇七年〕

　超襲化した人間は、概念として、また、迫りくる生物学的現実として、どんなものになり得るだろうか。それは、テクノロジーで生理的な劣化を止めることにより死や死体から逃れる、分類学上新しい種類の動物であるかもしれない。たとえば、大統領生命倫理評議会が『治療を超えて：バイオテクノロジーと幸福の追求』〔倉持武監訳、青木書店、二〇〇五年〕という報告書で「不老の身体」と呼んだものをつくり出そうと、すでに複数の団体が結成されている[23][24]。そうした団体の一つ、世界トランスヒューマニスト協会は、自分たちの核となる使命に対して人々の理解と受容を求めている。その使命は、つぎのように表される。「人類は将来、科学とテクノロジーに大きな影響を受けることになる。われわれは、老化、認知能力の低下、不本意な苦痛、地球に縛りつけられている状況を克服することで、人間の可能性を広げることを目指している」[25]と。とくにマーク・オコネル〔作家、ジャーナリスト〕が二〇一七年に出版した『トランスヒューマニズム：人間強化の欲望から不死の夢まで』〔松浦俊輔訳、作品社、二〇一八年〕など、トランスヒューマニスト計画についてわりと最近書かれた文献は、トランスヒューマニストの信念が「死自然主義者《デシスト》」のイデオロギー（死にゆくことの恐怖を許容できそうに見せる信念体系）に挑戦するさまを描いている[26]。

　注目すべき点は、トランスヒューマニストは（同様のポストヒューマニストも）、財政的な面でも哲学的な面でも、大勢のコンピュータ技術の革新者によって支えられている、ということだ。こうしたコンピュータ技術の革新者は今、新しい種類のコンピュータ機器によって人間の死すべき運命を大幅に延長することに注力している。有名なコンピュータ技術研究者であり、ポストヒューマニストの支持者であるレイ・カーツワイルは、自分自身の体の操作について、こんなふうに述べている。「遺伝子は逐次プログラムだ。……われわれがやろうとしているのは、自分たちの内部にあるプログラム、すなわち、命のソフトウェアを操作する方法を見つけること。そして個人的な話として、自分は今、自分の生化学のプログラミングをやり直しているのだ、との実感を強くもっている」[27]と。こうした不老の体の先にあるものは、いつまでも青年期の体でいられることではなく、時とともに進む体の劣化を遅くしたり完全に止めたりして、生きている時間が長くなることである。

また、二〇〇〇年代には、現代のオンライン・デジタルテクノロジーとソーシャルメディアのプラットフォームが指数関数的に増大した。これらは、新しいドラマチックなやり方で不老の命をつくり出し、人は死ぬのかという問題に理論的に挑戦してきた。だが、こうした発展も一時的なものである。遅かれ早かれ人間は、インターネットの使い道をまた変更するだろう。そうなれば、多くの死者がしまいには消えていなくなってしまう。こうしたテクノロジーの変化が起きるそのとき、ソーシャルメディア企業は世界最大のオンライン霊園になりそうだ。霊園の廃止がどれほどの政治的論争を生むか、企業の経営陣が十分に理解しているとは、私にはどうも思えないが[28]。

ここで、検討すべきより重要な問いの一つはつぎのようなものだ。テクノロジーによって増大した不老の体は実際、いかにして「不死」の体になるのだろうか？　あるいは、老いる速度はとてつもなく遅いが何十年もかけて物理的な劣化はする、死に抗う体になるのかもしれないが、それはいかにして可能になるのだろうか？　大統領生命倫理評議会は、全体的な「早死に」の激減にもとづいて人間の死すべき運命を重要な「倫理的問題」として打ち出し、こうした懸念について検討した。だが、現代の抗生物質、生命維持テクノロジー、予防医学の登場によって、「伸びたゴム」のような寿命が現実になるかもしれない。報告書にはこんなふうに記載されている。「そのような状況になれば、死は神の恵みだと思われるようになるかもしれない。そして、そのような惨めな状況を終わらせる致命的な病気がなくなれば、安楽死や自殺幇助を求める圧力が強くなるかもしれない」[29]と〔『治療を超えて』、倉持武監訳〕。ひょっとすると意図したわけではないかもしれないが、大統領生命倫理評議会は、人間の命のあらゆる延長にかかわる重要な生物学的懸念を浮き彫りにした。つまり、何がなんでも生きるより、死ぬほうがいい、という局面がしばしば生じるということだ。

現行の法は、人が死を選ぶことを制限しようと試みる。だが、現在の定義の自殺が、法的、社会的な悪影響の生じない、新しい種類の標準的な死となった場合、現行の法は事実、時代遅れになるかもしれない。人間の体がものすごく長もちになり、死が疎ましいものでなくなったとき、生政治的な脅しとして、権威者にできることは何だろうか？　不老の体が実際に一般的になった場合、自分の体に対して何かを補ったり変更を加えたりしない、という個人の選択は、死の一形式を選択したとみなされるかもしれない。そこで、こんな問いが生まれる。法の支配下にある一国民としての個人は、生きる期間や体に施す老化防止処置といった事柄について、どれくらいの裁量を与えられるのだろう？　あるいは、永遠の生自体が、国家の課す新しい種類の刑罰になる可能性はあるだろうか？　終身刑の代わりに、手を加えなければ死ぬはずの体を生かす、という刑だ[30]。

死すべき運命を制御して死を無視しようと試みる個人、集団、国家が抱える、テクノロジーと政治について大本にある問題は、見落とされてきたように思われるものの、人間という生物学的なあり方の根幹にかかわる問題だ。ジョルジュ・カンギレムは、この現象について簡潔にこう説明をしている。「勝つという言葉のすべての意味で、そして何よりも勝利は競技によってえられるという意味で、生命は死に打ち勝とうとしている。生命は、増大するエントロピーに対抗して、競技している」[31]（『正常と病理』、滝沢武久訳、法政大学出版局、新装版二〇一七年）。だが、人間が死と競技するということはつまり、個人も国家も、選択をするにあたって、死が不可避である体を相手にした勝負で生物学的に勝てるほうに期待をかけている、ということだ。もし死と死体を全面的に制御する力が、個人や国家の標準装備になったら（生―死―死体内の一大権力闘争）、そのとき、動物のカテゴリーとしての「人間」は、境界を越えてまったく新しい状態の存在になっているだろう。ドゥルーズの「人間の死」は実際には、人間が考える生物としての死すべき運命を全面的に制御することで、人間の死を見事に拒絶することなのかもしれない。

死はつねに、人間の体が、度を越した人間の体の生物学的あり方に対抗するための最終手段だった。ごく単純にいうとすると、死という行為の最終結果である死体は、死について考えろ、と人に訴える唯一の体だ。死の全面的な制御、すなわち、死の管理と取り消しが示唆するのは、死にゆくことの終わりではなく、人間そのものの終わりではないだろうか。アガンベンは、『開かれ』のなかで、ハイデガーに言及し、将来の人間の可能性として、つぎの二つのシナリオを提示する。「(a) 歴史以後の人間は、開かれざるものとしての自己の動物性をもはや温存させてはいず、むしろ技術によってそれを統御し管理しようとする。(b) 存在の牧者たる人間は、自己自身の隠匿性、自己自身の動物性をわがものとすることで、動物性を覆い隠されたままにするわけでも支配対象にするわけでもなく、むしろ、それ自体として、純粋に置き去りにされたものとして思考する」[32]〔『開かれ』、岡田温司・多賀健太郎訳〕

死体のテクノロジーが死を徐々に奪い、死すべき運命を引き延ばしにかかっている今、私たち人間がシナリオ (a) の真っただ中にいるのは明らかだ。死体―死―生の関係におけるこの根本的な変化は、何を示唆しているだろうか。それは、遠くない将来のある時点で、テクノロジーによる人間の生の制御は、たどるべき道をたどっているだろう、ということだ。そして人間は、シナリオ (b) が現実になりだしたその瞬間、「人間」という概念を置き去りにせざるを得ないだろう。簡潔にいって、人間を置き去りにする場合、歴史と死すべき運命とに定義された人間を生者と死体とにするものについてのもっとも根本的な前提を疑わざるを得なくなる。死が人間の動物性のなかに隠されることなく、熱烈に受け入れられるようになると、こうした疑念は、死体のテクノロジーの精査につながるだろう。いつの日か、「純粋に置き去りにされたもの」は、人間の生にまつわるあるひとときを表すことになりそうだ。それは、ホモ・サピエンスが、生かす政治、死なせる政治、死体をつくる政治のいずれにも統制されなくなるときである。そのとき、三つの政治の概念のうち、適用できるものは一つもなくなる。

二〇一八年九月八日

妹の死を見つめる→空港

妹よ、僕は夏のあいだずっと空港にいた
あちこち行って、日程も場所も全部覚えては
いないけれど
でも電話を
受けた場所は覚えている
おまえが死んだと知った電話だ。
もう前ほどには泣いていない
でもやっぱり悲しくはある
時間が歪曲している
昨日のような気もするし、一世紀も前のような気もする
おまえの　　死んだ手を取ったのは。
最後にもう一度、さよならを言ったのは。
妹よ

おまえのことを
どんなふうに話すべきか、もう方法が尽きてしまった気がする
理由の一部は、おまえが生きた物語が四三で終わるから。
でもいつだって、僕らには空港がある。

第七章　死を特許化する

私を食らう者がいる
いやになるほど煙草を吸い
いやになるほど酒も飲むのに
なかなか死ねずいやになる

――ドイツの劇作家ハイナー・ミュラーの「パリで虫歯」、一九八一年

新規かつ有用な方法、機械、製造物若しくは組成物又はそれについての新規かつ有用な改良を発明又は発見した者は、本法の定める条件及び要件に従って、それについての特許を取得することができる。

――米国特許法第一〇一条、特許を受けることができる発明

二〇〇五年二月一一日金曜日、米国特許商標庁によって拒絶されつづけてきた米国特許出願公開第二〇〇三〇〇七九二四〇号に記載の技術が最終的な拒絶を受けた。ニューヨーク医科大学のスチュアート・ニューマン博士が特許出願をしたのは、一九九七年一二月で、発明の名称は「ヒト細胞を含むキメラ胚および動物」だった。出願時の記載によると、つぎのような発明だった。

胚細胞の混合物、胚細胞および胚性幹細胞の混合物、または胚性幹細胞のみからなる混合物から発育させた哺乳類胚であって、細胞の少なくとも一つが、ヒト胚、ヒト胚性幹細胞株、または他の任意の種類のヒト細胞に由来する哺乳類胚、およびその胚に由来する細胞株、発育胚、または動物。[1]

〈ワシントン・ポスト〉紙は、特許から期待できる結果に力点を置きつつ、発明の内容をもっと一般的な言葉で説明している。

ニューマンの出願で……説明されるのは、人間の胚細胞と、サルや類人猿や他の動物の胚から得た細胞を組み合わせて、二つの細胞を混ぜ合わせたもの、すなわち、科学者がキメラと呼ぶものをつくる技術だ……ニューマンの発明した人間と動物のキメラは、医学分野でおおいに役立つだろう。たとえば、薬剤の毒性試験に利用可能と思われるし、ひょっとすると人間に移植するための臓器をつくるもとになるかもしれない。[2]

不思議に思うかもしれないが、ニューマン博士は、最終的に出願が拒絶されたことを敗北ではなく、重要な生命倫理的勝利とみなして歓迎した。ニューマン博士が特許庁に望んだのは、特許出願を完全に却下すること、あるいは、キメラ技術の権利を自分だけに認めることだった。ニューマン博士一人が特許を受けた場合、少なくともその後二〇年間は、他の人が同様の発明の支配権を手にすることを防げる。だが特許庁は、誰に対しても特許権を認めないことで、事実上、ニューマン博士以外の人が人間と動物のハイブリッドを特許化可能な発明にすることを防いだ。

特許庁側は拒絶の理由をいくつか提示した。まず、問題のキメラは合衆国憲法で保障されているプライバシーの権利を侵害する恐れがある、と示唆した。というのも、ニューマン博士であれ誰であれ、この技術の特許権を得た人は、発明された物体を財産として所有することになるからだ。この場合に生じ得る財産所有権は、合衆国憲法修正第一三条に違反する恐れもある。特許権を「所有」する人は事実上、その技術によってつくられたキメラも「所有」することになり、このキメラに対する所有権は、奴隷制の一形態となり得るからだ。[3] こういうわけで、出願の最終的な拒絶は、ニューマン博士が一九九七年の出願当初から望んでいた結果だった。つまり、一部が人間で一部が他の動物である生命体の製造と所有を法的に承認することになる特許の否定、である。ニューマン博士は、この特許の完全消滅を望んだ理由についてつぎのように説明した。「生物学界における顕著な私物化に目を向けなければならない。ある日突然気づいて、『なんでこんなことに？　すべてが所有されている』と言わずにすむように」[4]

ニューマン博士の特許出願の一件が興味深く重要である理由は何だろうか。それは、将来の死と死体の概念がどんなふうに人間の「自然な」生の終わりを示すかを、まさしくドゥルーズの超襞によって批判された同様のバイオテクノロジーの発明が、避けがたく変えてしまうからだ。[5]本書ではこれまで、いくつもの状況や例を挙げて、死体を制御することが、強固なはずの死の概念を揺さぶることについて議論してきた。ビスガマン、ハッピー・デス・ムーヴメント、ＨＩＶ／ＡＩＤＳの死体、〈ボディ・ワールド〉展の変性された死体、身体部位のグローバルな取引、グアンタナモ湾の収容所でアメリカ当局がおこなう死体政治による制御。いずれの場合においても、死体という概念の安定性はいつも再発明にさらされてきた。まさにこうした死後のテクノロジーやその所産を見るとよくわかるのは、生きている人間が揺るぎないと信じる死の論理が、実際にはかなり変わりやすいものだ、ということである。ここに、死を変化させ死体を変容させる無数の人間のテクノロジーに対する根本的な批判がある。人間がこうしたテクノロジーをどんなふうに過去に使い、今も使いつづけているか、ということがおよぼす影響の全体を見ると、つぎのようなことがいえるだろう。つまり、一九世紀に死体を生き生きとした様子に見せた死後の条件が、二一世紀を生きる体を永遠に死なないようにするまでになるのは、時間の問題でしかない、ということだ。

ニューマン博士の特許出願を取り巻く科学的、法的、倫理的言説の多くは、同じ問題を抱えたもっと前の、人工微生物の所有権に関する特許論争まで遡ることができる。それは、一九八一年のダイアモンド対チャクラバーティ事件米国最高裁判決に関するものだった。[6]最高裁は、五対四の多数決にもとづく歴史的判決により、人間が発明した生命体は実際に特許を受けることができると裁定した。問題の微生物は、ゼネラル・エレクトリック社の技術者アナンダ・チャクラバーティによる発明で、流出した石油や産業事故の石油を消化できた。一九七一年にチャクラバーティとゼネラル・エレクトリック社が特許出願をした当初、特許庁は即座に拒絶した。そして出願は、裁判システムを駆け上がり最高裁まで至った。

バイオテクノロジー研究と死体を制御するテクノロジーにとってチャクラバーティ事件が非常に重要な理由は、裁判所の判決によって、「命」が正式に特許化可能なものとなったからだ。バイオテクノロジー評論家であり、ニューマン博士の出願の共同起稿者でもあるジェレミー・リフキンによると、「特許庁は［チャクラバーティの］特許出願を拒絶し、アメリカの特許法では生きものについての特許権は認められないと主張した」[7]。それにダイアモンド対チャクラバーティ事件の多数決による判決でも実際、つぎのように明言されている。「自然法則、自然現象、および抽象的な概念は、特許を受けることができないとされてきた。……したがって、地中で発見された新種の鉱物や野生で見つかった新種の植物は、特許法の保護対象ではない。アインシュタインもかの有名な$E=mc^2$で特許を取得し得なかったし、ニュートンも万有引力の法則で特許を取得することはできなかっただろう」[8]と。だが、アナンダ・チャクラバーティの場合は、自分で微生物をつくり出したので、新しいものを発見したのではなく、新しいものを創作したことになる。この区別が最高裁につぎのような判決を出させた。「生きている人工微生物は、特許法の保護対象である……［チャクラバーティの］微生物は、『製造物』または『組成物』を構成する」[9]と。

チャクラバーティ事件で使われた論理、生物学的生命の私的所有権に関するニューマン博士の懸念、それから死体のテクノロジーの絶えざる進化を合わせて考えると、私にはこんな仮定の問いが浮かんでしまう。人間の死が特許化されたらどうなるだろう？

死は、万有引力とたがわず自然の力だと思われる。とすると、「死」に関する最初の特許出願はどんなものでも、その出願を支配する法則を考えれば、自動的に失敗しそうである。死を正式に特許化するためにはおそらく、単純に何か新しい装置や機械を発明するだけではだめだろう。特許の取得に必要なのは、死を人工の発明に変える方法や概念、実践的、政治的、理論的テクノロジーのなんらかの組み合わせを見つけることだ。死を人間が発明した方法につくりかえることは必然的に、その特許発明をとおして、つぎの二つの力を手にすることになるだろう。一つは、現在のバイオメディカルテクノロジーの場合と同じく、死を生じさせないようにする力。もう一つは、発明以前は不可逆だった死を巻き戻す力である。死の特許化はまた、チャクラバーティ事件の論理を使うと、死の停止が、特許を受けることができる発明に関する米国特許法の条文に規定された「有用な方法」に当たる、ということになるだろう。[10]特許の論理がうまく機能するためには、死は、政治と実践の両面で、完全に不自然なものになる必要があるといえる。

死を制御する発明について特許出願をする際、どんな場合でも、つぎの二つを必ず強調しなければならないだろう。まず、発明が、人間の死すべき運命についてどんなふうに役立つかということ。それから、その役立つ度合いが、「寿命」が概念としても現実としても重要でなくなる度合いに達しているということだ。二〇世紀後半には、機械が新たな形態で発展し、患者の生きられる時間をどんどん延長しはじめるにつれ、死の絶対性に制限をかけるバイオメディカル革新がすでに目に見えてきていた。当時ロバート・H・ブランク博士が述べたように、「人間であるとはこういうことだ、とわれわれが信じる概念自体が、医学テクノロジーの急速な発展によって揺さぶられてい」た[11]。

人間の体の生物学的な命の長さは、概念的にも物理的にも変化しているわけだが、これは、死体のテクノロジーについての本書の研究が示唆するように、今に始まったわけではない。近代の死体を発明した一九世紀の保存テクノロジーは、こうした時間にまつわる変化がどんなふうに機能し得るかを示す非常に重要な例だった。一九世紀の新しい種類の体は、アメリカの大衆がテクノロジーの正確さをもって死に介入し死を制御したいと望む気持ちの萌芽を生じさせた。現代の医学とテクノロジーでは、機能不全の身体部位を死骸から得た組織で置き換えることができるわけだが、これも、死体が可能にした、人間の生物学的なあり方における根本的変化を示す一例である。こうした移植のテクノロジーは、確かに人間の生を延長できる可能性を高めた。だが同時に、その内にある死を限界近くまで押し広げはじめもした。アガンベンは、人間による死の全面的な制御の初期段階は、移植手術の絶えざる発展をとおして現れ、心臓に始まり最後は脳にまでおよぶと主張する。「このことが論理的に含意しているにちがいないのは、新しい蘇生技術と臓器移植技術が発見されたときに心臓停止による死が有効な判断基準であることをやめたように、仮説ではあるが、最初の脳移植がおこなわれる日に脳死は有効な判断基準であることをやめるだろう、ということである」[12]と（『ホモ・サケル』、高桑和巳訳）。

アガンベンの主張には少し補足が必要だ。つまり、脳移植が可能か否かという科学的問いは、実行可能性の問題というより時間にまつわる問題と思われる。[13]どれくらい早く、テクノロジーの開発を人間に対して安全に使用できる水準まで進められるか、が検討すべきより重要な問いである。また、脳移植を念頭に置けば、死なずに生きる人は、同じ体にとどまる必要はない、ということは明らかだ。心肺機能の問題で死ぬ場合、脳移植用に研究所で育てた体があるか、ドナーから体が入手できれば、脳をひょいとそちらの体に移す人もあるかもしれない。こうした仮定のテクノロジーは、つぎのようなことを示唆する。つまり、人間と機械の融合は、一世紀前に死体から全力で始まって以来絶え間なくつづき、将来的には、人間の考える人間の概念を、ＳＦの世界としか説明できないものへ押しやるだろう、ということだ。[14]今日の現状を考えると、死んだ自分のアップロードはいつまでたってもできそうにない（実現可能といわれる時期は、なぜかいつも二〇年ほど先だ）。それに、こうした死後のデジタル保存サービスを提供する企業は、顧客に対して、脳にアクセスするために「自分の意思による安楽死」を求めるともいわれている。[15] 買主をして警戒せしめよ〔売り手は商品の品質の責任を負わないという原則に関することわざ〕、が私からの断固たる忠告だ。だが『市民サイボーグ：民主主義社会が未来の再設計された人間について何かすべき理由 *Citizen Cyborg: Why Democratic Societies Must Respond to the Redesigned Human of the Future*』の著者ジェームズ・J・ヒューズ博士が示唆するように、「脳損傷を修正するために開発する、ナノテクノロジーを使った神経再建技術は、究極的には、記憶、思考、人格の共有とバックアップにも役立つだろう。それが実現した時点は、『死の終焉』とみなされるかもしれない[16]」。

この「死の終焉」という考えは、つぎのように示唆する。つまり、生きている体と、寿命を延長し死を防止するテクノロジーとの現在進行中の融合について考えると、その重要な兆しは死体のなかにあった、ということだ。死体を生き生きとした見た目にする機械に始まり、ほぼ死んでいる体を無期限に生かす装置のテクノロジーがつくり出されるに至るまで、人間の体は、あらゆる形式の機械的発展にやすやすと順応してきた。仮定の話だが、死の特許化と、それにつづく社会工学的変化から生じ得るのは、新たな段階に突入する人間と機械の境界領域である。そこでは、死の終焉が、死ぬことができるが死んだままではいないかもしれない人間の体を実現可能にするための条件となるだろう。

だが、死体の数が激減した社会や文明は、どんなものになるだろうか? ある集団が衰えない生に固執したら、もっと広範囲の人々にとって、相当に深刻な経済的問題が生じるはずだ。政府の人口対策も、すべて見直しを迫られるだろう。なぜなら、死が、国家の人口を制御する手段の一つではなくなるからだ。フーコーの生政治の考え方によると、権威者が人間の生を制御するためには、死の可能性が必要であり、それは死が無視されたとしても変わらない。人々が簡単に死ねなければ、主権者はどんな制御ができるだろう？　理論上、死は、もはや脅威ではなくなり、すでに生まれている、主権者のそうした制御から最終的に逃れた人々にとっての、ちょっとした不都合のようなものになるだろう。出産と人口統制にまつわる政治学も、大きく異なる文化的利害関係を帯びるだろう。もちろん、主権者が、どの個人が生命の延長を利用可能かを管理する立場にある場合は別の話だ。誰が誰の生の終わりを制御するか、という新しい種類の闘争が起きるかもしれない。これに比べれば、似たような過去の闘争が単純なものに見えるに違いない。

死を停止するテクノロジーが実現した場合、どんなことが起きる可能性がいちばん高いだろうか。アメリカを例に考えると、制限つきの命は、経済的に不利な立場にあり、テクノロジー面で後れを取る人々に対して使う道具としていっそう普及するだろう。死という現象は、今日の治療可能な感染症とたがわず、貧しい人々におおいに悪影響をおよぼすと同時に、テクノロジーを買うことのできる裕福な人々に特権を与えるだろう。そして、社会経済的に弱い集団の労働力は依然として必要だろうが、労働する体を生かしておく資源は今よりさらに不足するだろう。想定し得るこうした経済的問題だけでも、死を排除する特許を追求すべきでない理由として十分である。

どんな個人や主権者も、人間の死すべき運命を全面的に制御しようと試みるなら、もっと根本にかかわる大きな倫理的問題が生じる。死は、生についての選択である、という問題だ。そして死の限界へとつながる人間の死すべき運命のテクノロジー化がますます進むにつれ、レイモンド・ウィリアムズが示唆するように、その選択の瞬間はもっと広範囲に行き渡り、制御不能になる恐れがある。[17] 人間は死にゆくことからも死からも解放されることにはならず、死体は人間からもっともっと遠くへ引き離されていくだろう。フーコーは、人間の性を制御するさまざまな体制が生じさせる皮肉は、「そこに我々の『解放』がかかっていると信じ込ませていることだ」というが、この皮肉は死の政治にまで延びている[18]〔『性の歴史I：知への意志』、渡辺守章訳〕。今日、主権権力のあらゆるレベルにおいてはっきりと表れている生政治による制御は、まもなく死体政治や死政治と融合するだろう。死のない世界には、生だけが存在することになる。そして、永遠の生が解放であるはずがない。それはまさしく、砂浜に描かれた人の表情が波に消されることである。[19]

二〇一八年一二月三日

妹の死を見つめる――今日は僕の誕生日

妹よ、今日は兄ちゃんの誕生日だ。
おまえが死んで初めての
去年はいっしょにすごした。
あのとき、おまえがどれほどの痛みのなかにいるか、
気づきはじめていた
どんどん痛みが増していることにも。
振り返ってみると
もっとできることがあったのではと思う
でもしなかった。
だから今こうして考えている
僕がもっと早くに説得していたら
おまえの命はどうなっていただろうと
おまえは知っていた

もうすぐ死ぬと
でも僕が訪ねたあのときは説得のときじゃなかった
みんなでたくさん笑った
おしゃべりをして、写真を撮って
最後の時期の一枚
それで今日は、僕の誕生日なんだ、妹よ
あまりめでたい気がしない
いちばんの理由は、僕は一年一年　歳を重ねていくけれど
お兄ちゃんも老けたね、って言うおまえがもういないから。

結びに　死の計画を立てる

ジュリーの葬儀計画を立てる。私がジュリーに死の宣告をした二〇一八年七月の日に、やりたかったもう一つのことだ。相談が円滑に進むよう、死および社会研究センターの公式葬儀計画シートまで持参した。なにしろ、死のプロフェッショナルなので。死ぬことについて話したあと、よきところで葬儀に話を向け、何か要望はあるか尋ねた。仕事するのはいいかげんにして、とジュリーは呆れて言ってから、ない、と答えた。要望はとくにないと。

そのときには自分は死んでいるわけだし、葬儀は残された人のためのものだから自分はどうだってかまわない、とジュリーは理由を述べた。私は手早くメモを取り、了解と返した。そのとき、やっぱり一つだけお願いがあるとジュリーが言った。葬儀のあいだ、誰も自分を英雄みたいなものに仕立て上げないようにしてほしい、と。ごく普通の人間として、生きていたときの等身大の自分として、みんなに覚えていてほしかったのだ。

妹は、多くのがん患者に投下される壮大な英雄譚をしんから嫌がっていた。英雄の気分になったためしは一度もなかったし、多形膠芽腫で衰えていくより、いつだって喜んで日常の凡庸さを選んだだろう。がんとその治療のせいで変わっていく妹を見ていると、私は両親に言わずにはいられなかった。ジュリーみたいに無惨に壊れていくのは絶対ごめんだ、もし自分が脳腫瘍や他のがんと診断されたら（脳腫瘍の確率は低いとしても）、積極的な治療を受けるかどうか真剣に悩むと思うと。両親も同じ気持ちだった。一口にがんと言ってもさまざまだから、可能性のある治療を何もかも拒むのは見当違いだともわかっている。心配した腫瘍医世界連合が意を決して連絡してきた日には、そう伝えてやろう。

でも、脳腫瘍は違う。ただもう容赦なくその人の人格を破壊する。バース大学で私が担当する最終学年の選択科目に「死の社会学」というのがあり、毎年死と死にゆくことの定義について議論する段になると、学生に尋ねる。人格のありかは脳か心臓か？　妹と葬儀計画について話しているとき、この質問のことを考えた。自分たちのよく知る「ジュリーという人格」がだんだん消えていくのを目のあたりにしていたからだ。ジュリーにとって、葬儀は重要でなかった、たいした問題じゃなかった。大事なのは、私たちみんながなる前のジュリーを覚えておくことだった。

そのとき、ジュリーは別の発言もしたのだが、私は妹と共有したこの終末期のひとときを一生忘れない。大事に抱えておく。ジュリーは言った。参列者の誰かが自分を英雄に仕立て上げたら、式場のうしろで見張ってるからぶち切れてやる、と。そして悪態をつきはじめた。悪態、と私が言うのは本気も本気の悪態だ。やり取りのあいだ、心のメモ帳には、ばちあたりな暴言が長々とリスト化されていったのだが、その場の私はびっくりしながらも思わずほほえんだ。ジュリーは確かに、まだその脳のなかにいた。私の問いかけを理解していた。ちゃんとわかった上で、正直に答えたのだ。イタリアの葬儀とウィスコンシンの追悼会をするとき、参列者みんなにジュリー唯一の要望を伝えた。英雄視、禁止。

結局白紙のままの死および社会研究センターの葬儀計画シートは、妹が死ぬ前に達成できたこととできなかったことを思い返すためのものとして、今も日記帳にはさんである。死および社会研究センターが何年もかけて葬儀計画シートを練り上げたのは、学会や一般向けのイベント、大学の講義で使うためだった。人生のあの時点で妹とシートの項目について話すとは思いもよらず、でもこれもまた、死にまつわる私の恥ずべき盲点だった。誰でもいつでも死ぬ可能性がある。子どもの頃から知っていたし、人の命はあっという間に失われると誰彼なく言いつづけてきた。そういう話をして、私は博士号を取った。死や死にゆくことについて語るのが、まさしく私の仕事だ。ジュリーとは、二〇一四年六月に両親が終末期治療の意志決定に関する委任状をもってきたとき、話し合って署名したが、自分たちのことは会話の外に置いていた。両親の葬儀計画についても相談した。内容は進化をつづけているが、どうにかなると思う。もう一度確認しなければ。父さんがいい業者を知っているはずだ。

というわけで、自分の家族に起きたあれこれを振り返って、死および社会研究センターの葬儀計画シートの内容を本書に含めることにした。身近な人が亡くなるときによく直面すると思われる問題や検討事項を盛り込んである。あなた自身が重要だと感じることについての質問や懸念点もご追加いただきたい。葬儀計画シートを本書に含めると決めた理由はいろいろあるが、いちばんは、記載の全質問について誰もが真剣に考えるべきだからだ。真面目な話、ほとんどの家族がこうした点について事前に相談しない。葬儀ディレクター、ホスピスの職員、生命倫理学者、緩和ケアの専門医は、最悪の邪魔者になる場合もよくある。どこか皮肉めいているがそうなのだ。

また、紙を使った葬儀計画がもつテクノロジーとしてのシンプルさを私は信じている。今やたくさんの企業がエンドオブライフの意志決定や葬儀計画の管理のためにオンラインサービスを提供しているが、そうした企業のほとんどは、一〇年後、二〇年後も存在するか疑わしい。彼らの使うオンライン環境もめまぐるしく変化する。紙の形式なら、きちんと保管しておくかぎり失われない。たとえば紙をフォルダにしまい、理想的には、スキャンもしてなんらかのデバイスに保存するといいが、このデバイスはときどきメンテナンスが必要だ(ほら、機械類を使うと面倒くさくなる)。だが重要なのは、近親者に情報の保存場所を知らせておくこと。少なくとも、あなたの希望を第三者に伝えるべき立場の人と、自分の考えについて話し合っておくこと。家族で死や死にゆく過程についてもっと幅広く相談し、誰かが体を動かせなくなったり、生命維持装置につながれたり、治療について決断が必要になったりする場合に備えるのも大切だ。こうした事態は、葬儀関連のもめごとが始まり得もしないうちに生じる。なんで死や死ぬときのことをあれこれ質問するんだ、ときく人がいたら、こう返せばいい。死の帝王がやれって言うから、と。

さらに、回答の記入には鉛筆がお勧めだ。というのも、あとになって考えが変わることはよくあるからだ。たとえば、歳をとっても健康だった場合、なんらかの蘇生措置もありだと思い直す人は少なくない。二〇歳のときと五五歳のときでは六〇歳の見え方はずいぶん違う。最後に、とにかく念押ししておく。自分の考えをちゃんと誰かに伝えておくこと、そしてこの本の巻末ページ以上に拘束力のある何かが必要だと感じたら、きっと弁護士に相談すること。

エンドオブライフと葬儀の計画

〔日本ではあまりなじみのない事項もありますが、ご参考になればと思います〕

氏名：

日付：

署名：

葬儀とエンドオブライフの計画に関する希望を示すために、以下の各質問に回答しよう。自分の選択について、たくさん語りたい人はたくさん、あまり語りたくない人は少しだけ、思うままに記入しよう。

○生命維持装置の使用を希望するか？　（希望する／希望しない／わからない）
希望する場合は、どのくらいの期間？　どのような条件で？

○どのような条件がそろったときに、生命維持装置を外してほしいか？
判断が必要な場合に判断をする人を指名しておくか？　（指名する／指名しない）
指名する場合は、誰？

○葬儀の手配全般についての選択を任せたい人は？

○葬儀計画は立ててあるか？　（立ててある／まだ立てていない）
立ててある場合、計画の保存場所はどこ？

○葬儀や追悼式で参列者にしてほしくないことは？

○葬儀ディレクター、墓地、火葬場／火葬業者、遺体処理施設の希望は？

○葬儀費用について価格帯の希望は？

○無能力状態になった場合、近親者に死体の葬法を決定してほしいか？（決定してほしい／決定してほしくない／どちらでもよい）

○死体の保存方法についての希望は？（エンバーミングしてほしい／エンバーミングしてほしくない／冷却パッドを使用してほしい／希望なし）

○死体の安置場所についての希望は？（自宅に安置してほしい／葬儀社のヴィジテーション用チャペルに安置してほしい／その他／希望なし）
安置する場合は、どれくらいの期間？

○葬儀のときに着たい衣装は？（フォーマルな服／特定の服／希望なし）

○遺体を見てもよい人は？（近親者のみ／親戚／友人／同僚／お別れをしたい人なら誰でも）

○遺体をどこに移送してほしい？（礼拝所／無宗教の追悼所／火葬場／墓地）
移送手段は？（霊柩車／自家用車／その他／希望なし）

○埋葬する場合（あるいは、埋葬しない場合でも）、墓石や記念碑に刻みたい文言は？

○火葬する場合、遺灰はどうしてほしい？

○葬儀の際の供花は受け付ける？（受け付ける／断る）
受け付ける場合、誰から？（近しい家族・親戚／友人／誰でも）

○追悼の意味を込めて、寄付をしてほしい団体はある？（ある／ない）
ある場合は、どこ？

○葬儀や追悼式の司会者は誰がよいか？（聖職者――宗派は？／執行司祭／特定の友人／特定の家族／その他）

○追悼式で流したい音楽は？　（音楽は不要／讃美歌／クラシック／葬儀ディレクターに任せる／自分で選んだ特別な曲／家族に任せる／希望なし）

○臓器、骨、組織を提供したいか？　（提供したい／提供したくない）提供したい場合、具体的に何を提供したいか？

○オンラインのアカウントとパスワードの管理を任せる人を指名してあるか？　（指名してある／指名していない）指名してある場合、それは誰か？　すべてのアカウントか、特定のアカウントのみか？その人に必要なログイン名とパスワードを知らせてあるか？

○葬儀や追悼式について、その他の希望はあるか？

○言い残したことは？

二〇一九年五月二九日

妹の死を見つめる——最後のページ

妹よ、これが最後のページだ。
とうとう最後のページにたどり着いた
おまえがけっして読むことのない本の
僕はソファに腰を下ろした
おまえが一度も見たことのない家の
正直にいえば、今年は毎日
おまえの最後の時期のことを考えていた
痛みの　　こと
おまえの手を取ったこと
母さんと父さんが墓に花を手向けるのを見ていた
墓参りのたび、僕は花のとなりに石を置いた
妹よ、おまえは一行だってこの本を読まない
何度もそう気づいて愕然とする

毎日、自転車でプロメテウスを通りすぎるときに
考えている
死についてこんなによく知らなければよかったと。
でもよく知っている。よく知っているんだ。
だからおまえが死ぬのを見届けた。
どうにも止められない虚空に食い尽くされるのを
内から外から貪り食われるのを
医者たちは、天上の火を盗み出すようにして救おうとしたけれどだめだった。
妹よ、これが最後のページだ。僕は今
最後のページを書いている。

訳者あとがき

人はいつか必ず死ぬ、とはよく聞くが、人はいつか必ず死体になる、と言われたら、ちょっとどきっとしないだろうか。それは、「死」という漠然とした概念が、「死体」という形あるものをとおして見た瞬間、ぐっとリアルに感じられるからかもしれない。

死をテーマにした本が数多くあるなか、二〇二〇年三月にアメリカのMITプレス社から刊行された『*Technologies of the Human Corpse*』の全訳である本書は、死体という具体物をとおして、科学技術、法、社会といったさまざまな観点から、死について、ひいては生について考えさせてくれるユニークな本である。

アメリカで生まれ育った著者ジョン・トロイヤーは、現在、イギリスにあるバース大学の死および社会研究センターでセンター長を務め、死について多角的に研究する死の専門家だ。しかも、父親が葬儀ディレクターをしていたため、幼い頃から職場の葬儀社で多くの時間を過ごし、まるで母国語を身に着けるように自然に、死にまつわる生きた知識を蓄えてきた。そんなふうに生まれてから何十年も死と向き合ってきた著者が、自身の経験と学識と理論をぎゅっと濃縮した初の著作が本書である。

序章ではまず、多種多様なテクノロジーの発展により死の定義が曖昧になった現状をふまえ、邦題にもあるとおり、人はいつ死体になるのか？という問いが立てられる。

最終的には問いの前提を揺るがすような衝撃の答えが提示されるのだが、それに向けて第一章以降では、一九世紀から現在に至るアメリカを中心とした、死体とテクノロジーの関係が解き明かされていく。死体の腐敗を止め、生きているかのような外見を維持するエンバーミングやその姿を永遠に残すための写真術、HIV／AIDSの死体を扱う際の感染予防策、九〇年代に日本で開催された〈人体の不思議展〉の標本製作にも使われたプラスティネーション、死体の骨や組織の流通、死を経由させずに死体を生産する権力に、最先端のバイオテクノロジー。ちなみに本書でいう「テクノロジー」とは、科学技術だけでなく、このように政治や制度などを含む幅広い概念だ。

防腐処置のために真空ポンプで血液を化学薬品に置き換える手順や、生々しい死体の標本に性交姿勢を取らせて人々から強烈な反応を引き出す展示など、具体的な技術や事例の紹介はもちろん興味深い。だがそれだけでなく、著者の議論が、テクノロジーによって死や人間そのものの概念がどのように変化したかにも及ぶと、今の自分の認識も歴史のなかでつくり出されたものだとあらためて気づかされてはっとする。

さらに面白いのは、じっと動かない死体が、死の世界に留まっているのではなく、生きている人間の社会の問題を饒舌に語り全身で訴えるという点だ。たとえば、HIV／AIDSの死体は、多くの同性カップルが「家族」としての権利をもてないことを世に問うたし、バイオメディカル企業に骨や組織を提供した死体は、法の抜け穴を使って増長する人間の飽くなき欲望をあぶり出した。そして、問題を提起することで、社会をよりよくする機会をつくったのだ。

こんなふうにさまざまな問題と絡めて議論を展開していく著者は、死のプロフェッショナルであると同時に、数年のうちに立てつづけに肉親の死を経験した一個人でもある。彼のなかでとくに大きかったのは、脳腫瘍を患い四三歳の若さでこの世を去った妹のことだ。まえがきと結びの章では、妹の死を前に狼狽し、知識として知っていた遺族の感情を実体験として理解し直す著者の心情が、ユーモアをまじえつつ切実に語られており、訳者も翻訳しながらくすっと笑ったり涙を滲ませたりと忙しかった。また、各章のあいだには、妹の死に前後して日記帳に書き綴った詩のようなことばが挟みこまれている。

著者自身もこうした個人的エピソードを本書に含めるべきかどうか迷ったと書いており、出版後に同僚から寄せられた感想は賛否両論あったようだが、正解だったと訳者は思う。著者個人の感情に触れるたび、本論で語られる「人間」の話は、「自分」の話なのだと思い起こさせてくれるからだ。知識や理論を詰め込んだだけでなく、自らの家族に対する思いにもとづいて、読者一人ひとりに語りかけていることが、本書に唯一無二の説得力をもたせている。

さて、死体をとおして死について自分事として考えたあとは、結びの章の末尾についているエンドオブライフと葬儀の計画についての質問票に記入してみていただくのもよいかもしれない。著者は再三にわたって、自分が死んだら死体をどうしてほしいかを考え、希望を近親者に伝えておくよう訴えかけており、これもまた経験にもとづく真心のアドバイスである。

最後に、日本ではあまり馴染みのない語について簡単に説明したい。著者の父親の職業でもあり、本文にもしばしば登場する葬儀ディレクター（funeral director）とは、遺族の悲しみに寄り添いながら、遺体の処置や死化粧、葬儀の計画と実施、埋葬や火葬の手配といった葬儀関連業務全般を担う専門職であり、葬儀社（funeral home）とはそうした業務をおこなうための事務所、遺体の処置室、斎場などが一体となった施設のことである。また、エンバーミングとは、遺体の長期保存や感染予防、外見を整えることを目的として、消毒や防腐処置、修復、化粧やヘアメイク等を施すことであり、その技術者をエンバーマーという。ただし、土葬中心であったアメリカで南北戦争をきっかけに普及したエンバーミングだが、現在は費用等の理由で遺体をすぐに火葬することを選択する人が半数を超え、エンバーミングをおこなう人も減少しつつあると考えられる。

本書を翻訳するにあたり、原書房の善元温子さん、校閲者の内田翔さん、図書館やその他機関の方々に大変お世話になった。どうもありがとうございました。

二〇二三年九月

藤沢町子

Youngner, Stuart J., Martha W. Anderson, and Renie Schapiro, eds. *Transplanting Human Tissue: Ethics, Policy, and Practice*. Oxford: Oxford University Press, 2004.

Youngner, Stuart J., Robert M. Arnold, and Renie Schapiro, eds. *The Definition of Death: Contemporary Controversies*. Baltimore: Johns Hopkins University Press, 1999.

Youngner, Stuart J., Renee C. Fox, and Laurence J. O'Connell, eds. *Organ Transplantation: Meanings and Realities*. Madison: University of Wisconsin Press, 1996.

書店、2005年

United States. The President's Council on Bioethics. *Controversies in the Determination of Death: A White Paper by the President's Council on Bioethics.* Washington, DC: Government Printing Office, 2009. ／ The President's Council on Bioethics著、『脳死論争で臓器移植はどうなるか：生命倫理に関する米大統領評議会白書』、上竹正躬訳、篠原出版新社、2010年

University of Minnesota Center for Bioethics. "Determination of Death: Reading Packet on the Determination of Death." Minneapolis: University of Minnesota, 1997.

Van Der Zee, James. *The Harlem Book of the Dead.* Dobbs Ferry, NY: Morgan & Morgan, 1978.

Virno, Paolo. *A Grammar of the Multitude.* Translated by Isabella Bertoletti, James Cascaito, and Andrea Casson. New York: Semiotext[e], 2004. ／パオロ・ヴィルノ著、『マルチチュードの文法：現代的な生活形式を分析するために』、廣瀬純訳、月曜社、2004年

Von Hagens, Gunther. "Body Worlds Sex Couple: The Debate." *London Evening Standard*, June 23, 2009. http://www.thisislondon.co.uk/standard-home/body-worlds-sex-couple-the-debate-6801712.html.

Von Hagens, Gunther. "Cadaver Exhibits Are Part Science, Part Sideshow," *All Things Considered*, National Public Radio. Washington, DC: NPR, August 10, 2006. http://www.npr.org/templates/story/story.php?storyId=5553329.

Von Hagens, Gunther. *KÖRPERWELTEN Exhibition Guide.* 4th ed. Heidelberg: Institute for Plastination, 2001.

Waldby, Catherine. *AIDS and the Body Politic.* New York: Routledge, 1996.

Waldby, Catherine, and Robert Mitchell. *Tissue Economies: Blood, Organs, and Cell Lines in Late Capitalism.* Durham: Duke University Press, 2006.

Walter, Tony. "Body Worlds: Clinical Detachment and Anatomical Awe." *Sociology of Health & Illness* 26, no. 4 (2004): 464–488.

Watney, Simon. *Imagine Hope: AIDS and Gay Identity.* London: Routledge, 2000.

Watney, Simon. *Policing Desire: Pornography, AIDS and the Media.* Minneapolis: University of Minnesota, 1996.

Weiss, Rick. "U.S. Denies Patent for a Too-Human Hybrid." *Washington Post*, February 13, 2005, sec. A, 3.

Weston, Kath. *Families We Choose: Lesbians, Gays, Kinship.* New York: Columbia University Press, 1991.

Williams, Raymond. *The Politics of Modernism: Against the New Conformists.* New York: Verso, 1989. ／レイモンド・ウィリアムズ著、『モダニズムの政治学：新順応主義者たちへの対抗』、加藤洋介訳、九州大学出版会、2010年

Wilson, Kate, Vlad Lavrov, Martina Keller, and Michael Hudson. "Dealer in Human Body Parts Points the Finger." *Sydney Morning Herald*, July 18, 2012. https://www.smh.com.au/politics/federal/dealer-in-human-body-parts-points-the-finger-20120718-229q1.html.

Simmel, Georg. *The Sociology of Georg Simmel.* Translated by Kurt H. Wolff. New York: Free Press, 1950.

Singer, Ben. "Modernity, Hyperstimulation, and the Rise of Popular Sensationalism." In *Cinema and the Invention of Modern Life*, edited by Leo Charney and Vanessa R. Schwartz, 72–99. Berkeley: University of California Press, 1995.

Skloot, Rebecca. *The Immortal Life of Henrietta Lacks.* New York: Crown, 2010. ／レベッカ・スクルート著、『ヒーラ細胞の数奇な運命：医学の革命と忘れ去られた黒人女性』、中里京子訳、河出文庫、2021 年

Smith, Doug. *Big Death: Funeral Planning in the Age of Corporate Deathcare.* Manitoba: Fernwood, 2007.

Spinoza, Benedict de. *Ethics.* Translated by G. H. R. Parkinson. London: Oxford University Press, 2000. ／スピノザ著、『エチカ：倫理学』、畠中尚志訳、ワイド版岩波文庫、2006 年

Strub, Clarence G., and L. G. "Darko" Frederick. *The Principles and Practice of Embalming.* 5th ed. Dallas: Professional Training Schools, 1989.

Troyer, John. "Defining Personhood to Death." In *A Good Death? Law and Ethics in Practice*, edited by Lynn Hagger and Simon Woods, 69–89. London: Ashgate Press, 2012.

United States. Food and Drug Administration. *Human Tissue Recovered by Biomedical Tissue Services, Ltd. (BTS).* Washington, DC: Department of Health and Human Services, October 26, 2005. https://web.archive.org/web/20170112170714/http://www.fda.gov/Safety/MedWatch/SafetyInformation/SafetyAlertsforHumanMedicalProducts/ucm152362.htm.

United States. Food and Drug Administration. *Order to Cease Manufacturing and to Retain HCT/Ps—Donor Referral Services.* Washington, DC: Department of Health and Human Services, August 18, 2006. https://web.archive.org/web/20170505160211/http://www.fda.gov/BiologicsBloodVaccines/SafetyAvailability/TissueSafety/ucm095466.htm.

United States. Food and Drug Administration. *Recall of Human Tissue-Biomedical Tissue Services, Ltd.* Washington, DC: Department of Health and Human Services, October 13, 2005. https://web.archive.org/web/20170112100149/http://www.fda.gov/BiologicsBloodVaccines/Safety Availability/Recalls/ucm053644.htm.

United States. President's Commission for the Study of Ethical Problems in Medicine and Biomedical Behavioral Research. *Defining Death: A Report on the Medical, Legal and Ethical Issues in the Determination of Death.* Washington, DC: Government Printing Office, 1981.

United States. The President's Council on Bioethics. *Beyond Therapy: Biotechnology and the Pursuit of Happiness.* Washington, DC: Government Printing Office, 2003. ／大統領生命倫理評議会著、レオン・R・カス編著、『治療を超えて：バイオテクノロジーと幸福の追求：大統領生命倫理評議会報告書』、倉持武監訳、青木

Boards of North America." Chicago, IL, 1910.
Rabinow, Paul. *Essays on the Anthropology of Reason*. Princeton: Princeton University Press, 1996.
Regalado, Antonio. "A Startup Is Pitching a Mind-Uploading Service that Is '100 Percent Fatal.'" *MIT Technology Review*, March 13, 2018. https://www.technologyreview.com/s/610456/a-startup-is-pitching-a-mind-uploading-service-that-is-100-percent-fatal.
Reuters. "Copulating Corpses Spark Outrage in Berlin Show." *Reuters*, May 6, 2009. https://www.reuters.com/article/us-finearts-corpses/copulating-corpses-spark-outrage-in-berlin-show-idUSTRE5455CI20090506.
Rifkin, Jeremy. *The Biotech Century*. New York: Jeremy P. Tarcher/ Putnam, 1998. ／ジェレミー・リフキン著、『バイテク・センチュリー：遺伝子が人類、そして世界を改造する』、鈴木主税訳、集英社、1999 年
Roach, Mary. "Death Wish." *New York Times*, March 11, 2004. https://www.nytimes.com/2004/03/11/opinion/death-wish.html.
Roach, Mary. *Stiff: The Curious Lives of Human Cadavers*. New York: W. W. Norton, 2003. ／メアリー・ローチ著、『死体はみんな生きている』、殿村直子訳、日本放送出版協会、2005 年
Ruby, Jay. *Secure the Shadow*. Cambridge: MIT Press, 1995.
Sanders, Dalton. "Err on the Side of Caution." *The Director*, April 1997, 73–74.
Sappol, Michael. *A Traffic of Dead Bodies: Anatomy and Embodied Social Identity in Nineteenth-Century America*. Princeton: Princeton University Press, 2004.
Schalch, Kathleen. "Officials Spar over Katrina Body Recovery," *All Things Considered*, National Public Radio. Washington, DC: NPR, October 11, 2005. https://www.npr.org/templates/story/story.php?storyId=4954641.
Schivelbusch, Wolfgang. *The Railway Journey: The Industrialization of Time and Space in the 19th Century*. Berkeley: University of California Press, 1977. ／ヴォルフガング・シヴェルブシュ著、『鉄道旅行の歴史：19 世紀における空間と時間の工業化』、加藤二郎訳、法政大学出版局、新装版 2011 年
Schwartz, Vanessa. "Cinematic Spectatorship before the Apparatus: The Public Taste for Reality in *Fin-de-Siècle* Paris." In *Cinema and the Invention of Modern Life*, edited by Leo Charney and Vanessa R. Schwartz, 297– 319. Berkeley: University of California Press, 1995.
Service Corporation International. *2007 Alderwoods Purchase Report*. https://web.archive.org/web/20170516224017/http://library.corporate-ir.net/library/10/108/108068/items/283107/SERVICECORPORAT10K.pdf.
Service Corporation International. *2011 Annual Report*. http://investors.sci-corp.com/phoenix.zhtml?c=108068&p=irol-reportsAnnual.
Shewmon, D. Alan, and Elizabeth Seitz Shewmon. "The Semiotics of Death and Its Medical Implications." *Advances in Experimental Medicine and Biology*, no. 550 (2004): 89–114.

National Commission on Acquired Immune Deficiency Syndrome. "America Living with AIDS." *The Director*, January 1992, 18–22.

National Funeral Directors Association. "AIDS Precautions for Funeral Service Personnel and Others." *The Director*, June 1985, 1.

National Funeral Directors Association. *Best Practices for Organ and Tissue Donation*. Milwaukee: National Funeral Directors Association, 2011. https://web.archive.org/web/20111112215833/http://www.nfda.org/additional-tools-organtissue/203-organ-and-tissue-donation-best-practices.html.

National Funeral Directors Association. "HIV on the Job." *The Director*, January 1992, 16–17.

National Funeral Directors Association. "Organ Donation Agency Hires Funeral Director Liaison." *The Director*, February 2008, 63.

National Funeral Directors Association. *Policy on Tissue and Organ Donation*. Milwaukee: National Funeral Directors Association, 2011. http://www.nfda.org/component/.../1108-2011-pp-c12-organ-tissue-donation.html.

National Funeral Directors Association Board of Governors. "Acquired Immune Deficiency Syndrome Policy of the National Funeral Directors Association of the United States, Inc." *The Director*, October 1985, 19.

New York State Government. Office of the District Attorney. *Bones for Transplant Taken from Corpses without Consent*. New York: Kings County, February 23, 2006. https://web.archive.org/web/20100602011735/http://www.nyc.gov/html/doi/downloads/pdf/tissueharvesting.pdf.

Nuffield Council on Bioethics. *Human Bodies: Donations for Medicine and Research*, October 2011, 175. http://www.nuffieldbioethics.org/donation.

Nunokawa, Jeff. "'All the Sad Young Men': AIDS and the Work of Mourning." *Yale Journal of Criticism* 4, no. 2 (1991): 1–12.

O'Connell, Mark. *To Be a Machine: Adventures among Cyborgs, Utopians, Hackers, and the Futurists Solving the Modest Problem of Death*. London: Granta Books, 2017. ／マーク・オコネル著、『トランスヒューマニズム：人間強化の欲望から不死の夢まで』、松浦俊輔訳、作品社、2018 年

Patterson, Randall. "The Organ Grinder." *New York magazine*, October 16, 2006, 35.

"Proceedings of the 3rd Annual Meeting of Association of State and Provincial Boards of Health and Embalmers' Examining Boards of North America." Chicago, IL, 1906.

"Proceedings of the 4th Annual Joint Conference of Embalmers' Examining Boards of North America." Norfolk, VA, 1907.

"Proceedings of the 5th Annual Joint Conference of Embalmers' Examining Boards of North America." Washington, DC, 1908.

"Proceedings of the 6th Annual Joint Conference of Embalmers' Examining Boards of North America." Louisville, KY, 1909.

"Proceedings of the 7th Annual Joint Conference of Embalmers' Examining

Books, 2004.
Kurzweil, Ray. *The Singularity Is Near: When Humans Transcend Biology*. New York: Viking Press, 2005. ／『ポスト・ヒューマン誕生：コンピュータが人類の知性を超えるとき』、井上健監訳、小野木明恵・野中香方子・福田実共訳、日本放送出版協会、2007 年
Kykkotis, I. *English-Modern Greek and Modern Greek-English Dictionary*. London: Percy Lund, Humphries, 1957.
Laderman, Gary. *Rest in Peace: A Cultural History of Death and the Funeral Home in Twentieth-Century America*. New York: Oxford University Press, 2003.
Lensing, Michael. "Arrangement Conference for AIDS Related Deaths." *The Director*, December 1996, 6–8.
Leppert, Richard. *Art and the Committed Eye: The Cultural Functions of Imagery*. Boulder, CO: Westview Press, 1996.
Lesy, Michael. *Wisconsin Death Trip*. New York: Pantheon Books, 1973.
Liddell, Henry George, and Robert Scott. *A Greek-English Lexicon*. Oxford: Clarendon Press, 1978.
Liptak, Adam. "NAFTA Tribunals Stir U.S. Worries." *New York Times*, April 18, 2004. https://www.iatp.org/news/nafta-tribunals-stir-us-worries.
Little, Peter. "The Book of Genes." *Nature* 402 (1999): 467–468.
Lizza, John P. "Defining Death for Persons and Human Organisms." *Theoretical Medicine and Bioethics* 20, no. 5 (1999): 439–453.
Lofland, Lyn. *The Craft of Dying: The Modern Face of Death*. 40th anniversary ed. Cambridge: MIT Press, 2019.
Lohr, Steve. "Just How Old Can He Go?" *New York Times*, December 27, 2004. https://www.nytimes.com/2004/12/27/technology/just-how-old-can-he-go.html.
Lyotard, Jean-François. *The Postmodern Condition: A Report on Knowledge*. Translated by Geoff Bennington and Brian Massumi. Minneapolis: University of Minnesota Press, 1984. ／ジャン＝フランソワ・リオタール著、『ポスト・モダンの条件：知・社会・言語ゲーム』、小林康夫訳、水声社、1994 年
Mayer, Robert G. *Embalming: History, Theory and Practice*. 3rd ed. New York: McGraw-Hill, 2000.
Mayer, Robert G. "Offering a Traditional Funeral to All Families." *The Director*, September 1987, 28–30.
Mbembe, Achille. "Necropolitics." Translated by Libby Meintjes. *Public Culture* 15, no. 1 (2003): 11–40. ／アキーユ・ンベンベ著、「ネクロポリティクス：死の政治学」、小田原琳・古川高子訳、東京外国語大学海外事情研究所、〈クァドランテ〉第 7 号、2005 年
Miles, Steven H. "Abu Ghraib: Its Legacy for Military Medicine." *The Lancet*, no. 364 (2004): 725–729.
Minnesota State Government. *Chapter 525A. ANATOMICAL GIFTS*. St. Paul: Minnesota State Legislature. https://www.revisor.mn.gov/statutes/?id=525A.

Goodwin, Michele. *Black Markets: The Supply and Demand of Body Parts*. Cambridge: Cambridge University Press, 2006.

Gunning, Tom. "Phantom Images and Modern Manifestations." In *Fugitive Images: From Photography to Video*, edited by Patrice Petro, 42–71. Bloomington: Indiana University Press, 1995.／トム・ガニング著、「幽霊のイメージと近代的顕現現象」、望月由紀訳、『アンチ・スペクタクル：沸騰する映像文化の考古学』、長谷正人・中村秀之編訳、東京大学出版会、2003 年所収

Gunning, Tom. "Tracing the Individual Body: Photography, Detectives, and Early Cinema." In *Cinema and the Invention of Modern Life*, edited by Leo Charney and Vanessa R. Schwartz, 15–45. Berkeley: University of California Press, 1995.

Habenstein, Robert W., and William M. Lamers. *The History of American Funeral Directing*. 4th ed. Milwaukee: National Funeral Directors Association of the United States, 1996.

Haraway, Donna. *Modest_Witness@Second_Millennium.FemaleMan_Meets_OncoMouse: Feminism and Technoscience*. New York: Routledge, 1997.

Haraway, Donna. *Simians, Cyborgs, and Women: The Reinvention of Nature*. New York: Routledge, 1991.／ダナ・ハラウェイ著、『猿と女とサイボーグ：自然の再発明』、高橋さきの訳、青土社、新装版 2017 年

Harr, Jonathan. *Funeral Wars*. London: Short Books, 2001.

Hearn, Michael. "Photographs and Memories." *The Director*, January 1992, 10–13, 57–58.

Henig, Robin Marantz. "Will We Ever Arrive at the Good Death." *New York Times*, August 7, 2005. http://www.nytimes.com/2005/08/07/magazine/07DYINGL.html.

Hughes, James J. "The Death of Death." *Advances in Experimental Medicine and Biology*, no. 550 (2004): 79–87.

Institute for Plastination. *Donating Your Body for Plastination*. 7th rev. ed. Heidelberg, Germany: Institute for Plastination, 2004.

Itzkoff, Dave. "Cadaver Sex Exhibition in Germany Is Criticized." *New York Times*, May 7, 2009. https://www.nytimes.com/2009/05/08/arts/design/08arts-CADAVERSEXEX_BRF.html.

Jameson, Fredric. *Postmodernism*. Durham: Duke University Press, 1991.

Kasket, Elaine. *All the Ghosts in the Machine: Illusions of Immortality in the Digital Age*. London: Robinson, 2019.

Kübler-Ross, Elisabeth. *On Death and Dying*. New York: Macmillan, 1969.／E・キューブラー・ロス著、『死ぬ瞬間：死とその過程について』、鈴木晶訳、中公文庫、2020 年

Kurzweil, Ray. *The Age of Spiritual Machines*. New York: Penguin, 1999.／『スピリチュアル・マシーン：コンピュータに魂が宿るとき』、田中三彦・田中茂彦訳、翔泳社、2001 年

Kurzweil, Ray. *Fantastic Voyage: Live Long Enough to Live Forever*. New York: Plume do-you-want-to-live.html.

Dunham, I., et al. "The DNA Sequence of Human Chromosome 22." *Nature* 402 (1999): 489–495.

Edds, Kimberly. "UCLA Denies Roles in Cadaver Case." *Washington Post*, March 9, 2004, sec. A, 3.

Farrell, James. *Inventing the American Way of Death, 1830–1912*. Philadelphia: Temple University Press, 1980.

Foucault, Michel. *Abnormal: Lectures at the Collège de France, 1974–1975*. Translated by Graham Burchell. New York: Picador, 2003. ／ミシェル・フーコー著、『ミシェル・フーコー講義集成 5：異常者たち（コレージュ・ド・フランス講義 1974-1975）』、慎改康之訳、筑摩書房、2002 年

Foucault, Michel. *Birth of the Clinic*. Translated by Alan Sheridan. New York: Vintage, 1973. ／ミシェル・フーコー著、『臨床医学の誕生』、神谷美恵子訳、みすず書房、新装版 2020 年

Foucault, Michel. *Ethics, Subjectivity, and Truth*. Edited by Paul Rabinow. Translated by Robert Hurley. New York: New Press, 1997. ／引用箇所は、ミシェル・フーコーほか著、『自己のテクノロジー：フーコー・セミナーの記録』、田村俶・雲和子訳、岩波現代文庫、2004 年、ミシェル・フーコー著、『ミシェル・フーコー講義集成 5：異常者たち（コレージュ・ド・フランス講義 1974-1975）』、慎改康之訳、筑摩書房、2002 年

Foucault, Michel. *The History of Sexuality, Volume I*. Translated by Robert Hurley. New York: Vintage Books, 1978. ／ミシェル・フーコー著、『性の歴史 I：知への意志』、渡辺守章訳、新潮社、1986 年

Foucault, Michel. *The History of Sexuality, Volume III*. Translated by Robert Hurley. New York: Vintage Books, 1986. ／ミシェル・フーコー著、『性の歴史Ⅲ：自己への配慮』、田村俶訳、新潮社、1987 年

Foucault, Michel. *The Order of Things*. Translated by Alan Sheridan. New York: Vintage Books, 1970. ／ミシェル・フーコー著、『言葉と物：人文科学の考古学』、渡辺一民・佐々木明訳、新潮社、新装版 2020 年

Foucault, Michel. *Society Must Be Defended*. Translated by David Macey. New York: Picador, 2003. ／ミシェル・フーコー著、『ミシェル・フーコー講義集成 6：社会は防衛しなければならない（コレージュ・ド・フランス講義 1975-1976）』、石田英敬・小野正嗣訳、筑摩書房、2007 年

Frederick, Jerome F. "AIDS—Identification and Preparation." *The Director*, July 1985, 8–11, 43–44.

Frey, Rodger, and Alexander Ruch, eds. *Polygraph 18: Biopolitics, Narrative, Temporality*. Durham: Duke University Press, 2006.

Funeral Directors Services Association of Greater Chicago Infectious/Contagious Disease Committee. "AIDS Update." *The Director*, January 1993, 56–57.

Gilligan, T. Scott, and Thomas F. H. Stueve. *Mortuary Law*. 9th ed. Cincinnati: Cincinnati Foundation for Mortuary Education, 1995.

8, 2007. https://www.wired.com/2007/05/india-transplants-prices.
Charo, Alta. "Dusk, Dawn, and Defining Death: Legal Classifications and Biological Categories." In *The Definition of Death: Contemporary Controversies*, edited by Stuart J. Youngner, Robert M. Arnold, and Renie Schapiro, 277–292. Baltimore: Johns Hopkins University Press, 1999.
Cheney, Annie. *Body Brokers: Inside America's Underground Trade in Human Remains*. New York: Broadway Books, 2006. ／アニー・チェイニー著、『死体闇取引：暗躍するボディーブローカーたち』、中谷和男訳、早川書房、2006年
Cheney, Annie. "The Resurrection Men: Scenes from the Cadaver Trade." *Harper's Magazine*, March 2004, 45–54.
Connolly, Kate. "Fury at Exhibit of Corpses Having Sex." *Guardian*, May 6, 2009. https://www.theguardian.com/world/2009/may/06/german-artist-sex-death.
Cooke Kittredge, Susan. "Black Shrouds and Black Markets." *New York Times*, March 5, 2006. https://www.nytimes.com/2006/03/05/opinion/black-shrouds-and-black-markets.html.
Crary, John. *Techniques of the Observer*. Cambridge: MIT Press, 1991.
Danner, Mark. "US Torture: Voices from the Black Sites." *New York Review of Books*, April 9, 2009. https://www.nybooks.com/articles/2009/04/09/us-torture-voices-from-the-black-sites.
De Certeau, Michel. *Heterologies: Discourse on the Other*. Translated by Brian Massumi. Minneapolis: University of Minnesota Press, 1986. ／引用箇所は、ミシェル・ド・セルトー著、『歴史と精神分析：科学と虚構の間で』、内藤雅文訳、法政大学出版局、2003年
De Certeau, Michel. *The Practice of Everyday Life*. Translated by Steven Rendall. Berkeley: University of California Press, 1984.
De Certeau, Michel. *The Writing of History*. Translated by Tom Conley. New York: Columbia University Press, 1988.
Deleuze, Gilles. *Foucault*. Translated by Sean Hand. Minneapolis: University of Minnesota Press, 1986. ／ G. ドゥルーズ著、『フーコー』、宇野邦一訳、河出文庫、2007年
Deleuze, Gilles, and Félix Guattari. *A Thousand Plateaus*. Translated by Brian Massumi. Minneapolis: University of Minnesota Press, 1987. ／ジル・ドゥルーズ、フェリックス・ガタリ著、『千のプラトー：資本主義と分裂症』、宇野邦一・小沢秋広・田中敏彦・豊崎光一・宮林寛・守中高明訳、河出文庫、2010年
Diamond v. Chakrabarty, 447 U.S. 303 (1980). https://caselaw.findlaw.com/us-supreme-court/447/303.html.
Donaldson, Peter J. "Denying Death: A Note Regarding Ambiguities in the Current Discussion." *Omega*, November 1972, 285–290.
Dumont, Richard G., and Dennis C. Foss. *The American View of Death: Acceptance or Denial?* Cambridge: Schenkman, 1972.
Duncan, David Ewing. "How Long Do You Want to live?" *New York Times*, August 25, 2012. https://nytimes.com/2012/08/26/sunday-review/how-long-

Barthes, Roland. *Camera Lucida*. New York: Hill and Wang, 1981. ／ロラン・バルト著、『明るい部屋：写真についての覚書』、花輪光訳、みすず書房、新装版 1997 年

Becker, Ernest. *The Denial of Death*. New York: Free Press, 1973. ／アーネスト・ベッカー著、『死の拒絶』、今防人訳、平凡社、1989 年

Bedino, James H. *AIDS: A Comprehensive Update for Embalmers*. Research and Education Department of The Champion Company, No. 616 (1993).

Benjamin, Walter. *Illuminations*. Translated by Harry Zohn. New York: Schocken Books, 1968.

Benjamin, Walter. "A Short History of Photography." In *Classic Essays on Photography*, edited by Alan Trachtenberg, 199–217. New Haven: Leete Island Books, 1980. ／ヴァルター・ベンヤミン著、『図説写真小史』、久保哲司編訳、ちくま学芸文庫、1998 年

Bersani, Leo. *Homos*. Cambridge: Harvard University Press, 1995.

Bisga Fluid Advertisement. *Casket*, December 1902, 80–81.

Bisga Fluid advertisement. *Sunnsyside*, October 1902, 5.

Blank, Robert H. "Technology and Death Policy: Redefining Death." *Mortality* 6, no. 2 (2002): 191–202.

Broder, John M. "In Science's Name, Lucrative Trade in Body Parts." *New York Times*, March 12, 2004. https://www.nytimes.com/2004/03/12/us/in-science-s-name-lucrative-trade-in-body-parts.html.

Broder, John M. "U.C.L.A. Halts Donations of Cadavers." *New York Times*, March 10, 2004. https://www.nytimes.com/2004/03/10/us/ucla-halts-donations-of-cadavers-for-research.html.

Burns, Stanley. *Sleeping Beauties: Memorial Photography in America*. New York: Burns Archive Press, 1990.

Burns, Stanley. *Sleeping Beauty II: Grief, Bereavement and the Family in Memorial Photography*. New York: Burns Archive Press, 2002.

Butler, Judith. *Bodies that Matter*. New York: Routledge, 1993. ／ジュディス・バトラー著、『問題＝物質となる身体：「セックス」の言説的境界について』、佐藤嘉幸監訳、竹村和子・越智博美ほか訳、以文社、2021 年

Byrne, Paul A., and Walter F. Weaver. "'Brain Death' Is Not Death." *Advances in Experimental Medicine and Biology* 550 (2004): 43–49.

Canguilhem, Georges. *The Normal and the Pathological*. Translated by Carolyn R. Fawcett. New York: Zone Books, 1989. ／ジョルジュ・カンギレム著、『正常と病理』、滝沢武久訳、法政大学出版局、新装版 2017 年

Cantor, Norman. *After We Die: The Life and Times of The Human Cadaver*. Washington, DC: Georgetown University Press, 2010.

Caparella, Kitty. "Non-Golfing Judge Set for Body-Parts Case." *Philadelphia Daily News*, August 2, 2008. https://www.philly.com/philly/hp/news_update/20080208_Non-golfing_judge_set_for_body-parts_case.html.

Carney, Scott. "Why a Kidney (Street Value $3,000) Sells for $85,000." *Wired*, May

参考文献

Agamben, Giorgio. *Homo Sacer*. Translated by Daniel Heller-Roazen. Stanford: Stanford University Press, 1998. ／ジョルジョ・アガンベン著、『ホモ・サケル：主権権力と剥き出しの生』、高桑和巳訳、以文社、2003 年

Agamben, Giorgio. *Means without End*. Translated by Vincenzo Binetti and Cesare Casarino. Minneapolis: University of Minnesota Press, 2000. ／ジョルジョ・アガンベン著、『人権の彼方に：政治哲学ノート』、高桑和巳訳、以文社、2000 年

Agamben, Giorgio. *The Open*. Translated by Kevin Atell. Stanford: Stanford University Press, 2004. ／ジョルジョ・アガンベン著、『開かれ：人間と動物』、岡田温司・多賀健太郎訳、平凡社ライブラリー、2011 年

Agamben, Giorgio. *Remnants of Auschwitz*. Translated by Daniel Heller-Roazen. New York: Zone Books, 1999. ／ジョルジョ・アガンベン著、『アウシュヴィッツの残りのもの：アルシーヴと証人』、上村忠男・廣石正和訳、月曜社、新装版 2022 年

Agence France-Presse. "Copulating Corpses Raise the Roof in Berlin." *AFP*, May 7, 2009. https://www.france24.com/en/20090507-exhibition-germany-doctor-death-copulating-corpses-raise-roof-berlin-hagens-anatomy.

Anderson, Martha W., and Renie Schapiro. "From Donor to Recipient: The Pathway and Business of Donated Tissues." In *Transplanting Human Tissue: Ethics, Policy, and Practice*, edited by Stuart J. Youngner, Martha W. Anderson, and Renie Schapiro, chapter 1. Oxford: Oxford University Press, 2004.

Archibold, Randal C. "2 Accused of Trading in Cadaver Parts." *New York Times*, March 8, 2007. https://www.nytimes.com/2007/03/08/us/08ucla.html.

Associated Press. "Body Parts Harvested in N.C. Are Recalled." *NBC.com*, August 23, 2006. http://www.nbcnews.com/id/14473165/ns/health-health_care/t/body-parts-harvested-nc-are-recalled.

Associated Press. "How a Rogue Body Broker Got Away With It." *NBC.com*, August 28, 2006. http://www.nbcnews.com/id/14518343/ns/health-health_care/t/how-rogue-body-broker-got-away-it.

Associated Press. "Plea in Sales of Cadavers by U.C.L.A." *New York Times*, October 19, 2008. https://www.nytimes.com/2008/10/19/us/19ucla .html.

Avery, Sarah. "Body Tissue Scheme Spurred by Profits." *News and Observer*, October 10, 2009. https://www.mcclatchydc.com/news/crime/article24558994.html.

Barnes, Carl Lewis. *The Art and Science of Embalming*. Chicago: Trade Periodical, 1896.

Barnes, Carl Lewis. *Barnes School of Anatomy, Sanitary Science and Embalming*. New York: [self-published], 1905.

Barnes, Carl Lewis. Public Lecture. Annual Convention of the Connecticut Funeral Directors Association. September 12–13, 1905.

るほうがまし」であると。〔シェイクスピア著、『新訳 ハムレット』、河合祥一郎訳、角川文庫、2003 年〕(https://caselaw.findlaw.com/us-supreme-court/447/303.html)

10. 特許を受けることができる発明について定めた米国特許法第 101 条には、つぎのように記載されている。「新規かつ有用な方法、機械、製造物若しくは組成物又はそれについての新規かつ有用な改良を発明又は発見した者は、本法の定める条件及び要件に従って、それについての特許を取得することができる」。以下を参照。https://www.law.cornell.edu/uscode/text/35/101.
11. Robert H. Blank, "Technology and Death Policy: Redefining Death," *Mortality* 6, no. 2 (2002): 191–202.
12. Giorgio Agamben, *Homo Sacer*, trans. Daniel Heller-Roazen (Stanford: Stanford University Press, 1998), 163〔ジョルジョ・アガンベン著、『ホモ・サケル：主権権力と剥き出しの生』、高桑和巳訳、以文社、2003 年〕
13. James J. Hughes, "The Death of Death," *Advances in Experimental Medicine and Biology* 550 (2004): 80.
14. 人間の体とテクノロジーや科学の関係についてダナ・ハラウェイがおこなった研究は、この問題において非常に重要である。以下を参照。*Simians, Cyborgs, and Women: The Reinvention of Nature* (New York: Routledge, 1991)〔ダナ・ハラウェイ著、『猿と女とサイボーグ：自然の再発明』、高橋さきの訳、青土社、新装版 2017 年〕、*Modest_Witness@Second_Millennium.FemaleMan_Meets_OncoMouse: Feminism and Technoscience* (New York: Routledge, 1997).
15. Antonio Regalado, "A Startup Is Pitching a Mind-Uploading Service that Is '100 Percent Fatal'" *MIT Technology Review*, March 13, 2018, https://www.technologyreview.com/s/610456/a-startup-is-pitching-a-mind-uploading-service-that-is-100-percent-fatal.
16. Hughes, "The Death of Death," 80.
17. Raymond Williams, *The Politics of Modernism: Against the New Conformists* (New York: Verso, 1989), 134〔レイモンド・ウィリアムズ著、『モダニズムの政治学：新順応主義者たちへの対抗』、加藤洋介訳、九州大学出版会、2010 年〕
18. Michel Foucault, *The History of Sexuality, Volume I*, trans. Robert Hurley (New York: Vintage Books, 1990), 159〔ミシェル・フーコー著、『性の歴史 I：知への意志』、渡辺守章訳、新潮社、1986 年〕
19. Michel Foucault, *The Order of Things*, trans. Alan Sheridan (New York: Vintage Books, 1970), 387〔ミシェル・フーコー著、『言葉と物：人文科学の考古学』、渡辺一民・佐々木明訳、新潮社、新装版 2020 年〕

32. Agamben, *The Open*, 80〔アガンベン著、『開かれ』〕

第七章

1. 以下の米国特許商標庁のウェブサイトより引用。http://www.uspto.gov.
2. Rick Weiss, "U.S. Denies Patent for a Too-Human Hybrid," *Washington Post*, February 13, 2005, sec. A, 3.
3. Weiss, "U.S. Denies Patent for a Too-Human Hybrid," sec. A, 3.
4. Weiss, "U.S. Denies Patent for a Too-Human Hybrid," sec. A, 3.
5. ニューマン博士の特許出願によって生じた生政治に関する懸念はまた、概念として、動物の種としてのホモ・サピエンスがもつ神聖さについて不安を抱えているという、より広範な人間の状況をあぶりだした。人間の体に変更を加えて「ハイブリッド」をつくり出すことについての懸念は、この種の事柄が、遺伝子プールや、少なくとも〈ボディ・ワールド〉展ではまだ起こっていない、という間違った示唆を与えるように思われる。このはっきりとした不安から実際に生じるのは、まさに新しい種類の「怪物的人間」が生じることへの恐れである。人間が実験をとおして忘れ去られるか否かより、ありとあらゆる怪物に個人の権利や公民権を保障するか否かについて公の場で議論するほうがずっと重要だと思われる。その新しい種類の法的地位は、当然ながら「人」の司法上の定義変更を意味する。そしてそれはどちらかといえば、科学的カテゴリーとしての「ヒト」を変更することになる可能性が高いだろう。
6. ダイアモンド対チャクラバーティ事件 447 U.S. 303 (1980) の最高裁判決全文は、以下で読むことができる。https://caselaw.findlaw.com/us-supreme-court/447/303.html.
7. Jeremy Rifkin, *The Biotech Century* (New York: Jeremy P. Tarcher/Putnam, 1998), 42〔ジェレミー・リフキン著、『バイテク・センチュリー：遺伝子が人類、そして世界を改造する』、鈴木主税訳、集英社、1999 年〕
8. *Diamond v. Chakrabarty*, https://caselaw.findlaw.com/us-supreme-court/447/303.html.
9. *Diamond v. Chakrabarty*. 主席裁判官ウォレン・E・バーガーが記した多数決にもとづく判決では、ダイアモンド側から提出された法廷助言者の摘要書について議論している箇所で、つぎのような懸念があることを認めている。

   ノーベル賞受賞者を含む科学者が引用され、つぎのようなことが示唆されている。遺伝学的研究は、人類にとって深刻な脅威をもたらすかもしれず、少なくとも現時点で早急にこうした研究を進めることを許可するには危険が大きすぎる、と。話を聞いたところによると、遺伝学的研究や関連するテクノロジーの開発は、環境汚染を進め、疾病を広めるかもしれない。また、遺伝的多様性が失われるかもしれない。さらには、そうした研究やテクノロジーの開発は、人間の命の価値を貶める方向に進むかもしれない。提示された議論には力があり、情熱さえ感じられ、あらためてこう考えさせられた。人間の発明の才は、発明が生み出す力を十分に制御できないような場合がある。ハムレットの一節のように、「想像もつかぬ苦しみに身を任せるよりは、今の苦しみに耐え責任感と包括的な道徳心にもとづく理念に沿うべきであり、好機と危機の両方を真剣に検討し、自律性と個人の権利を尊重し、世界中の人々に対する連帯と彼らの利益および尊厳に対する関心を示しておこなわれるべきである。また、われわれの道徳的責務は未来の世代に対しても向けられるべきだと考える。7) 人間、人間以外の動物、未来のあらゆる人工的知性、変性された生命体、テクノロジーと科学の進歩によって発生し得るその他の知能を含む、知覚をもつすべてのものの健康と幸福を支持する。8) どのような命を実現するかについて、各個人が自分の考えに合う幅広い選択をできるようにすることを志向する。こうした選択に含まれるのは、記憶力、集中力、精神力を補助するために開発され得る技術の使用、延命治療、生殖の選択に関するテクノロジー、身体の冷凍保存処置、その他今後発生し得る人間の変性と向上を実現するための多数のテクノロジーである。

26. 以下を参照。Mark O'Connell, *To Be a Machine: Adventures among Cyborgs, Utopians, Hackers, and the Futurists Solving the Modest Problem of Death* (London: Granta Books, 2017)〔マーク・オコネル著、『トランスヒューマニズム:人間強化の欲望から不死の夢まで』、松浦俊輔訳、作品社、2018年〕. 本作は、2018年ウェルカム・ブック賞を受賞している。
27. Steve Lohr, "Just How Old Can He Go?" *New York Times*, December 27, 2004, https://www.nytimes.com/2004/12/27/technology/just-how-old-can-he-go.html. レイ・カーツワイル自身による以下の著書には、最先端のテクノロジーが人間の命をどのように延長できるかについて詳述されている。*The Age of Spiritual Machines* (1999)〔『スピリチュアル・マシーン:コンピュータに魂が宿るとき』、田中三彦・田中茂彦訳、翔泳社、2001年〕、*Fantastic Voyage: Live Long Enough to Live Forever* (2004)、*The Singularity Is Near: When Humans Transcend Biology* (2005)〔『ポスト・ヒューマン誕生:コンピュータが人類の知性を超えるとき』、井上健監訳、小野木明恵・野中香方子・福田実共訳、日本放送出版協会、2007年〕
28. 以下を参照。Elaine Kasket, *All the Ghosts in the Machine: Illusions of Immortality in the Digital Age* (London: Robinson, 2019).
29. The President's Council on Bioethics, *Beyond Therapy*, 190–191〔大統領生命倫理評議会著、『治療を超えて』〕
30. 2005年のテリー・スキアヴォ事件は、死にゆく過程の政治学が、政治的な色合いの非常に強い文脈でどのように展開するかを一瞬だが提示した。テリー・スキアヴォ事件全体は、長く複雑な物語であり、政治、生命倫理、医学に関連して誰も予期しない方向に展開した。他の領域についても、主権権力の役割、神学、現代アメリカの政党政治、アメリカの法における死の定義といったさまざまな論点がもち上がった。スキアヴォ事件の一部始終について時系列に沿った詳細を見るには、マイアミ大学倫理プログラムとノヴァ・サウスイースタン大学シェパード・ブロード法センターが運営する以下のウェブサイトを参照。http://www.miami.edu/ethics/schiavo/timeline.htm.
31. Georges Canguilhem, *The Normal and the Pathological*, trans. Carolyn R. Fawcett (New York: Zone Books, 1989), 236〔ジョルジュ・カンギレム著、『正常と病理』、滝沢武久訳、法政大学出版局、新装版2017年〕

22. Deleuze, *Foucault*, 132〔ドゥルーズ著、『フーコー』〕

23. このときの大統領生命倫理評議会は、2001年11月28日、ジョージ・W・ブッシュ大統領による大統領令第13237号によって発足した。ジミー・カーター大統領がこの大統領評議会の原型をつくったのは1970年代後半。ブッシュ大統領による大統領令にもとづく大統領生命倫理評議会の使命は以下のようなものだった。

  評議会の目的は、生物医学とテクノロジーの進歩によって生じるかもしれない生命倫理上の諸問題について大統領に勧告することにある。こうした勧告の役割に関連して、評議会の任務には以下の機能が含まれる。1. 生物医学や行動科学、テクノロジーの発展における人間的および道徳的意味に関する基本的研究に取り組むこと、2. これらの発展にかかわる特殊倫理および政策問題について探究すること、3. 生命倫理問題について国民が討論をする場を設けること、4. 生命倫理問題に対する理解を促進すること、5. 生命倫理問題について有用な国際協力の可能性を探究すること。

  2009年11月24日、バラク・オバマ大統領が、大統領生命倫理評議会に替えて、生命倫理問題研究のための大統領諮問委員会を新たに発足させた。大統領生命倫理評議会と生命倫理問題研究のための大統領諮問委員会については、以下を参照。www.bioethics.gov. ドナルド・トランプ大統領は、2020年3月時点では独自の生命倫理評議会を招集していない。

24. United States, The President's Council on Bioethics, *Beyond Therapy: Biotechnology and the Pursuit of Happiness* (Washington, DC: Government Printing Office, 2003), 161〔大統領生命倫理評議会著、レオン・R・カス編著、『治療を超えて：バイオテクノロジーと幸福の追求：大統領生命倫理評議会報告書』、倉持武監訳、青木書店、2005年〕

25. これは世界トランスヒューマニスト協会のウェブサイト（http://www.transhumanism.org）に掲載された「トランスヒューマニスト宣言」からの抜粋である。本文中の引用箇所は、8項からなる宣言の第1項。宣言全文は以下。

  1）人類は将来、科学とテクノロジーに大きな影響を受けることになる。われわれは、老化、認知能力の低下、不本意な苦痛、地球に縛りつけられている状況を克服することで、人間の可能性を広げることを目指している。2）人類のもつ可能性のほとんどは、いまだ現実の形を取っていないとわれわれは考える。非常に生きがいのある素晴らしい、発展した人間の条件にたどりつくためのシナリオはいくつもあり得る。3）とくに新しいテクノロジーの間違った使用が原因で、人類は深刻な危機に直面しているとの認識をわれわれはもっている。現実的に選択され得るシナリオによっては、われわれが価値を置いているもののほとんど、あるいはすべてを失いかねない。こうしたシナリオのなかには、大きな変化を伴うものもあれば、かすかな変化を伴うものもある。すべての進歩は変化であるが、すべての変化が進歩であるとはかぎらない。4）研究にかける労力は、こうした展望の理解に注がれるべきである。われわれは、リスクを減らし、有益な応用を促進する最良の方法を注意深く見極める必要がある。また、何をなすべきかについて人々が建設的に議論できる場と、責任ある決定を可能にする社会秩序がわれわれには必要である。5）資金を投じるべき喫緊の課題は、存在にかかわるリスクの減少、生命と健康を維持する手段の開発、死の苦しみの緩和、人間の先見性と賢明さの向上である。6）政策の策定は、

参　照。Robin Marantz Henig's "Will We Ever Arrive at the Good Death," *New York Times*, August 7, 2005, http://www.nytimes.com/2005/08/07/magazine/07DYINGL.html.

12. Agamben, *Remnants of Auschwitz*, 83–84〔アガンベン著、『アウシュヴィッツの残りのもの』〕
13. Agamben, *Remnants of Auschwitz*, 72〔アガンベン著、『アウシュヴィッツの残りのもの』〕
14. Agamben, *Means without End*, 121〔アガンベン著、『人権の彼方に』〕
15. 2005年5月25日、アムネスティ・インターナショナルは、人権についての年次報告書を発表した。年次報告書の発表に伴う記者会見で、アムネスティ事務総長アイリーン・カーンは、アメリカのグアンタナモ強制収容所のことを「現代のグーラーグ〔旧ソ連のとくに政治犯を収容する強制労働収容所〕」と呼んだ。これに対して、アメリカの強制収容所やそこでおこなわれていることを支持する人々からは激しい非難の声が上がった。この事例全体が浮き彫りにするのは、被拘禁者に対する組織的虐待の事実を突きつけられたとき、「収容所」についてのあらゆる形式のレトリックが、主権権力にとって今なお重大で厄介な問題となるということである。これ以降、世界中のジャーナリストから報告が相次ぎ、アメリカの各強制収容所における職権乱用問題に注目が集まった。2009年4月9日付の〈ニューヨーク・レビュー・オブ・ブックス〉誌に掲載された、マーク・ダンナーによる長文記事（US Torture: Voices from the Black Sites）には、赤十字国際委員会（ICRC）の報告書が引用されている。ダンナーの記事とICRCの報告書を見ると、いかにしてアメリカ政府当局が収容所で生を制御し死を無視したかが明らかになる。以下を参照。https://www .nybooks.com/articles/2009/04/09/us-torture-voices-from-the-black-sites.
16. Steven H. Miles, "Abu Ghraib: Its Legacy for Military Medicine," *The Lancet* 364 (2004): 725–729.
17. Giorgio Agamben, *Homo Sacer*, trans. Daniel Heller-Roazen (Stanford: Stanford University Press, 1998), 164〔ジョルジョ・アガンベン著、『ホモ・サケル：主権権力と剥き出しの生』、高桑和巳訳、以文社、2003年〕
18. ヒトゲノム計画の情報は、以下に見つかる。http://www.ornl.gov/sci/techresources/Human_Genome/home.shtml. 1999年におこなわれたヒトゲノムの解読に関する初期の論文については、以下を参照。I. Dunham et al., "The DNA Sequence of Human Chromosome 22," *Nature* 402 (1999): 489–495, and Peter Little, "The Book of Genes," *Nature* 402 (1999): 467–468.
19. Gilles Deleuze, *Foucault*, trans. Sean Hand (Minneapolis: University of Minnesota Press, 1986), 131〔G・ドゥルーズ著、『フーコー』、宇野邦一訳、河出文庫、2007年〕
20. Deleuze, *Foucault*, 132〔ドゥルーズ著、『フーコー』〕
21. ヒトゲノム計画がおこなっているような研究の可視性という問題は、思う以上に複雑だ。研究自体は一般の人も参照可能である場合が多いが、一般向けのマスコミがみんながわかるように内容を伝えることは難しいし、一般の人のほとんどは、受け取った情報をどのように消化すればよいかわからない。人間にどのような変化が起きるかを一般の人に説明する際、最大の障害となるのは、研究内容がどう考えてもSFの世界としか思えないことだ。

nuffieldbioethics.org/donation.

62. ヘンリエッタ・ラックスの物語は、バイオメディカルに関連した搾取の危険性について警告を発している。以下を参照。Rebecca Skloot, *The Immortal Life of Henrietta Lacks* (New York: Crown, 2010)〔レベッカ・スクルート著、『ヒーラ細胞の数奇な運命：医学の革命と忘れ去られた黒人女性』、中里京子訳、河出文庫、2021 年〕

63. Waldby and Mitchell, *Tissue Economies*, 187.

第六章

1. これらの概念の下敷きになっているのは、以下の著者の考え方と文献である。Giorgio Agamben, *Remnants of Auschwitz*, trans. Daniel HellerRoazen (New York: Zone Books, 1999), 83–84〔ジョルジョ・アガンベン著、『アウシュヴィッツの残りのもの：アルシーヴと証人』、上村忠男・廣石正和訳、月曜社、新装版 2022 年〕、Michel Foucault, *Society Must Be Defended*, trans. David Macey (New York: Picador, 2003), 248〔ミシェル・フーコー著、『ミシェル・フーコー講義集成 6：社会は防衛しなければならない（コレージュ・ド・フランス講義 1975-1976)』、石田英敬・小野正嗣訳、筑摩書房、2007 年〕。ここで私が用いる死体政治（necropolitics）の概念は、アキーユ・ンベンベが死の政治学と定義する用語である necropolitics とは異なっている。私の考えでは、necropolitics とは、より正確にいえば、死の行為そのものではなく、すでに死んでいるものを含む政治的領域である。以下を参照。Achille Mbembe, *Necropolitics*, trans. Libby Meintjes, Public Culture 15, no. 1 (2003): 11–40〔アキーユ・ンベンベ著、「ネクロポリティクス：死の政治学」、小田原琳・古川高子訳、東京外国語大学海外事情研究所、〈クァドランテ〉第 7 号、2005 年〕。以下も参照。Achille Mbembe, *Polygraph 18: Biopolitics, Narrative, Temporality*, issue eds. Rodger Frey and Alexander Ruch (2006).
2. Giorgio Agamben, *Means without End*, trans. Vincenzo Binetti and Cesare Casarino (Minneapolis: University of Minnesota Press, 2000), 3〔ジョルジョ・アガンベン著、『人権の彼方に：政治哲学ノート』、高桑和巳訳、以文社、2000 年〕
3. Agamben, *Means without End*, 4〔アガンベン著、『人権の彼方に』〕
4. Agamben, *Means without End*, 6–7〔アガンベン著、『人権の彼方に』〕
5. Henry George Liddell and Robert Scott, *A Greek-English Lexicon* (Oxford: Clarendon Press, 1978), 784.
6. Liddell and Scott, *A Greek-English Lexicon*, 1165.
7. Agamben, *Remnants of Auschwitz*, 83〔アガンベン著、『アウシュヴィッツの残りのもの』〕
8. Michel Foucault, *The History of Sexuality, Volume I*, trans. Robert Hurley (New York: Vintage Books, 1978), 136〔ミシェル・フーコー著、『性の歴史 I：知への意志』、渡辺守章訳、新潮社、1986 年〕
9. 私はこうした生の政治と死の政治、それらがアメリカにおけるパーソンフッド運動に与えた影響について、論集の一章でも論じている。以下を参照。John Troyer, “Defining Personhood to Death,” in *A Good Death? Law and Ethics in Practice*, ed. Lynn Hagger and Simon Woods (London: Ashgate Press, 2012), 69–89.
10. Foucault, *Society Must Be Defended*, 248〔フーコー著、『社会は防衛しなければならない』〕
11. 死にゆく個人に対する医療の限界についての卓越した評論として、以下を

済の他の分野にも事業を拡大した時期があった。1996年、SCI社は、英国のケニヨン・エマージェンシー・サービシズ社を買収し、ケニヨン・インターナショナル・エマージェンシー・サービシズと社名を改めて本社をヒューストンに移した。ケニヨン社は、葬儀関連業務とともに、自然災害や人災後の遺体回収作業もおこなった。たとえば、2004年にインドネシアとインドを襲った津波の際などだ。そうして2005年秋、ケニヨン社は、連邦非常事態管理局（FEMA）と入札を経ない独占契約を結び、ハリケーン・カトリーナの被害による全遺体に関する業務を請け負うことになった。ここで私がケニヨン社の入札なしの契約に言及する目的は、死体経済の複合的事業が提供するトータルパッケージのサービスに目を向けてもらうためだ。この際の業務には、ニューオーリンズの通りから遺体を回収すること、遺体の身元を特定すること、追悼式をおこなうために、SCI社と提携する葬儀社を探すこと、遺体の最終的な処理をおこなうために、SCI社が所有する墓地や火葬場を見つけること、が含まれていた。だが、ケニヨン社は、FEMAによる湾岸地域の清掃管理がきちんとなされていないと考え、契約を破棄して直接ルイジアナ州のもとで業務を遂行しはじめた。SCI社は最終的に2007年にケニヨン社を売り、優先すべき他の事業への注力を図った。Kathleen Schalch, "Officials Spar over Katrina Body Recovery," *All Things Considered*, National Public Radio, October 11, 2005, https://www.npr.org/templates/story/story.php?storyId=4954641.

54. Mary Roach, "Death Wish," *New York Times*, March 11, 2004, https://www.nytimes.com/2004/03/11/opinion/death-wish.html.
55. Youngner, Anderson, and Schapiro, eds., *Transplanting Human Tissue*, and Stuart J. Youngner, Renee C. Fox, and Laurence J. O'Connell, eds., *Organ Transplantation: Meanings and Realities* (Madison: University of Wisconsin Press, 1996).
56. National Funeral Directors Association, "Organ Donation Agency Hires Funeral Director Liaison," *The Director*, February 2008, 63.
57. 以下のカロライナ・ドナー・サービシズの葬儀ディレクター向けウェブサイトを参照。https://www.carolinadonorservices.org/partners/fh-information-and-resources.
58. 以下にあるライフソースによる払い戻しに関するウェブサイトを参照。https://www.life-source.org/partners/funeral-directors/reimbursement/ and https://www.life-source.org/partners/funeral-directors.
59. Cheney, "The Resurrection Men," 48.
60. 前述した〈ハーパーズ・マガジン〉誌の記事によると、有名なボディーブローカーが口を滑らせて、搾取につながり得るこの事業シナリオについてチェイニーにつぎのように語った。「企業は……死体一体あたり2万ドルかそこらの金額を支払い、買った死体を切り刻んでばら売りし、20万ドル儲ける。貧困家庭は新たな収入源を得るが、企業のほうは莫大な利益を手にし、市場は待ちに待った人体パーツを受け取る」。Cheney, "The Resurrection Men," 53.
61. Nuffield Council on Bioethics, *Human Bodies: Donations for Medicine and Research*, October 2011, 175. 報告書全文については、以下を参照。http://www.

ストロマリノとの契約を延長しつづけた。以下を参照。Wilson, Lavrov, Keller and Hudson, "Dealer in Human Body Parts Points the Finger," *Sydney Morning Herald*, https://www.smh.com.au/politics/federal/dealer-in-human-body-parts-points-the-finger-20120718-229q1.html.

43. Cheney, "The Resurrection Men," 50.
44. 全米葬儀ディレクター協会の臓器提供および組織提供に関する最適な対応方法の全文を読むには、以下を参照。https://web.archive.org/web/20111112215833/http://www.nfda.org/additional-tools-organtissue/203-organ-and-tissue-donation-best-practices.html.
45. 全米葬儀ディレクター協会の臓器提供および組織提供に関する方針を読むには、以下を参照。http://www.nfda.org/component/.../1108-2011-pp-c12-organ-tissue-donation.html.
46. Jonathan Harr, *Funeral Wars* (London: Short Books, 2001), 40.
47. Doug Smith, *Big Death: Funeral Planning in the Age of Corporate Deathcare* (Manitoba: Fernwood, 2007), 56.
48. Smith, *Big Death*, 57.
49. Smith, *Big Death*, 60.
50. 法的経緯の全貌については、以下を参照。Harr, *Funeral Wars*.
51. Harr, *Funeral Wars*, 78. だがこの和解は、物語の終わりではなかった。この一件について法的観点からもっとも興味深いと思われるのは、ローウェン・グループが北米自由貿易協定（NAFTA）の特則、いわゆる第11章を最終的に使った点だ。第11章はNAFTAのなかではあまり知られていない条項で、ある締約国の個人または団体が、別の締約国の裁判制度において不当な処遇を受けた場合、その国の政府を訴えることができる、と規定している。1998年、ローウェン・グループは、ミシシッピ州でのオキーフ裁判が終了したあとの損失についてアメリカを訴えるために、第11章にもとづいて不服の申し立てをした。それから、7億2500万ドルの賠償を求めて、アメリカ政府を訴える手続きをした。第11章にもとづく異議申し立てでは、陳情を聞く判事3名からなる特別な裁判所が使われる。ローウェン事件の担当は、アメリカ、オーストラリア、英国の判事だった。もっとも特筆すべきは、いずれの国の裁判制度も、3名からなる特別裁判所の確定裁判に対して異議申し立てはできない、という点だ。特別裁判所の判決は、絶対であり、停止することはできない。2003年6月、ローウェン・グループは敗訴した。というのも、破産と会社更生を経て、2002年にアルダーウッズ社として再編し、法的にアメリカの法人となったからだ。以下を参照。Adam Liptak, "NAFTA Tribunals Stir U.S. Worries," *New York Times*, April 18, 2004. NAFTA第11章に関連する訴訟の恐れについて早期に報告したものとして、以下を参照。https://www.iatp.org/news/nafta-tribunals-stir-us-worries.
52. アルダーウッズ社買収の全詳細については、以下のSCI社2007年度買収報告を参照。https://web.archive.org/web/20170516224017/http://library.corporate-ir.net/library/10/108/108068/items/283107/SERVICECORPORAT10K.pdf.
53. SCI社2011年度年次報告書全文を読むには、以下を参照。http://investors.sci-corp.com/phoenix.zhtml?c=108068&p=irol-reportsAnnual. SCI社は、死体経

August 28, 2006（ガイエットの所業と経歴に関する長文調査記事）, http://www.nbcnews.com/id/14518343/ns/health-health_care/t/how-rogue-body-broker-got-away-it.

31. Associated Press, "Body Parts Harvested in N.C. Are Recalled," *NBC.com*, August 23, 2006, http://www.nbcnews.com/id/14473165/ns/health-health_care/t/body-parts-harvested-nc-are-recalled.

32. Sarah Avery, "Body Tissue Scheme Spurred by Profits," *News and Observer*, October 10, 2009, https://www.mcclatchydc.com/news/crime/article24558994.html.

33. Broder, "In Science's Name, Lucrative Trade in Body Parts," https://www.nytimes.com/2004/03/12/us/in-science-s-name-lucrative-trade-in-body-parts.html.

34. Broder, "In Science's Name, Lucrative Trade in Body Parts," https://www.nytimes.com/2004/03/12/us/in-science-s-name-lucrative-trade-in-body-parts.html.

35. Kate Wilson, Vlad Lavrov, Martina Keller, and Michael Hudson, "Dealer in Human Body Parts Points the Finger," *Sydney Morning Herald*, July 18, 2012, https://www.smh.com.au/politics/federal/dealer-in-human-body-parts-points-the-finger-20120718-229q1.html.

36. 以下を参照。Annie Cheney, "The Resurrection Men: Scenes from the Cadaver Trade," *Harper's Magazine*, March 2004, 45–54. チェイニーの記事は、死体の再利用に関する優れた報告である。この記事は、ボディーブローカーについての著書よりも先に執筆されたものである。

37. 以下を参照。Mary Roach, *Stiff: The Curious Lives of Human Cadavers* (New York: W. W. Norton, 2003)〔メアリー・ローチ著、『死体はみんな生きている』、殿村直子訳、日本放送出版協会、2005 年〕. ローチの面白おかしくも深い考察に満ちた著書には、研究に利用される死体の例が数多く紹介されている。たとえば、自動車の衝突実験や、軍事用防具開発など。第 1 章「頭は無駄にできないすごいもの」、第 4 章「死人が運転する」、第 6 章「軍隊に入った死体」参照。

38. Goodwin, *Black Markets*, 19.

39. 以下を参照。Cheney, *Body Brokers*, 162〔チェイニー著、『死体闇取引』〕. チェイニーは、ライキンズの件について詳しく論じている。

40. クライオライフ社は、ロスト・マウンテン・ティシューズという組織提供会社（現在は廃業）からも組織を購入していた。ロスト・マウンテン・ティシューズ社は、フィリップ・ガイエットからバイオマテリアルを購入していた。

41. ミネソタ州法、第 525A 章「献体」の記載は以下で読むことができる。https://www.revisor.mn.gov/statutes/?id=525A.

42. 2012 年の訴訟を担当した家族側の弁護士が発見した文書によると、フロリダ州にある RTI バイオロジックス社は、2002 年にマストロマリノと取引しないよう警告を受けていた。RTI バイオロジックス社が身元調査のために雇った弁護士は、どんな場合でもマストロマリノからバイオマテリアルを入手するのはやめたほうがよい、と強く忠告した。RTI バイオロジックス社は、忠告に耳を貸さず、マ

17. Kitty Caparella, "Non-Golfing Judge Set for Body-Parts Case," *Philadelphia Daily News*, August 2, 2008, https://www.philly.com/philly/hp/news_update/20080208_Non-golfing_judge_set_for_body-parts_case.html.
18. チャンネル4のドキュメンタリー番組「ニューヨークの死体盗人」は、獄中のマイケル・マストロマリノの長尺インタビューを含む。以下を参照。https://web.archive.org/web/20160522074439/http://www.channel4.com/programmes/bodysnatchers-of-new-york.
19. Michele Goodwin, *Black Markets: The Supply and Demand of Body Parts* (Cambridge: Cambridge University Press, 2006), 19. 法の抜け穴の改善について、上院も下院も強い意欲を示さなかったことは言及に値する。2003年、メイン州上院議員スーザン・コリンズが、人体組織製品に対する食品医薬品局の規制強化についての聴聞会を開いたが、それ以上真剣な超党派の試みがおこなわれることはなかった。以下を参照。Annie Cheney, Body Brokers: Inside America's Underground Trade in Human Remains (New York: Broadway Books, 2006), 171〔アニー・チェイニー著、『死体闇取引：暗躍するボディーブローカーたち』、中谷和男訳、早川書房、2006年〕
20. John M. Broder, "In Science's Name, Lucrative Trade in Body Parts," *New York Times*, March 12, 2004, https://www.nytimes.com/2004/03/12/us/in-science-s-name-lucrative-trade-in-body-parts.html.
21. Cheney, *Body Brokers*, xv〔チェイニー著、『死体闇取引』〕. チェイニーによる以下の注釈も参考になる。「・この価格は研究・教育用のパーツで、死亡直後か冷凍のもの。・価格は死体の出所とブローカーによって異なる。・輸送費は含まず。」
22. 以下では、アメリカにおける死体泥棒行為の歴史について非常に緻密な考察がなされている。Michael Sappol, *A Traffic of Dead Bodies: Anatomy and Embodied Social Identity in Nineteenth-Century America* (Princeton: Princeton University Press, 2002).
23. Kimberly Edds, "UCLA Denies Roles in Cadaver Case," *Washington Post*, March 9, 2004, sec. A, 3.
24. Edds, "UCLA Denies Role in Cadaver Case," sec. A, 3.
25. Goodwin, *Black Markets*, 19.
26. John M. Broder, "U.C.L.A. Halts Donations of Cadavers," *New York Times*, March 10, 2004, https://www.nytimes.com/2004/03/10/us/ucla-halts-donations-of-cadavers-for-research.html.
27. Randal C. Archibold, "2 Accused of Trading in Cadaver Parts," *New York Times*, March 8, 2007, https://www.nytimes.com/2007/03/08/us/08ucla.html.
28. Associated Press, "Plea in Sales of Cadavers by U.C.L.A.," *New York Times*, October 19, 2008, https://www.nytimes.com/2008/10/19/us/19ucla.html.
29. Food and Drug Administration, *Order to Cease Manufacturing and to Retain HCT/Ps—Donor Referral Services*, August 18, 2006. 以下を参照。https://web.archive.org/web/20170505160211/http://www.fda.gov/BiologicsBloodVaccines/SafetyAvailability/TissueSafety/ucm095466.htm.
30. Associated Press, "How a Rogue Body Broker Got Away With It," *NBC.com*,

com/2007/05/india-transplants-prices. カリフォルニア大学バークレー校のナンシー・シェパー＝ヒューズの研究も、こうした臓器売買システムに関する倫理的・医学的懸念事項を喫緊の課題とした。

3. Catherine Waldby and Robert Mitchell, *Tissue Economies: Blood, Organs, and Cell Lines in Late Capitalism* (Durham: Duke University Press, 2006), 31.
4. Waldby and Mitchell, *Tissue Economies*, 32.
5. Waldby and Mitchell, *Tissue Economies*, 187.
6. Waldby and Mitchell, *Tissue Economies*, 187.
7. 以下を参照。Michael Sappol, *A Traffic of Dead Bodies: Anatomy and Embodied Social Identity in Nineteenth-Century America* (Princeton: Princeton University Press, 2002), 318–319. サポールは、優れた研究によって、バークとヘア世代のアメリカ人の多くが、バークらと同種の法的帰結をめったに経験しなかったことを説明している。
8. Randall Patterson, "The Organ Grinder," *New York magazine*, October 16, 2006, 35.
9. Patterson, "The Organ Grinder," 35.
10. Patterson, "The Organ Grinder," 35.
11. Food and Drug Administration, *Recall of Human Tissue-Biomedical Tissue Services, Ltd.*, October 15, 2005. 以下を参照。https://web.archive.org/web/20170112100149/http://www.fda.gov/BiologicsBloodVaccines/SafetyAvailability/Recalls/ucm053644.htm.
12. Food and Drug Administration, *Human Tissue Recovered by Biomedical Tissue Services, Ltd. (BTS)*, October 26, 2005. 以下を参照。https://web.archive.org/web/20170112170714/http://www.fda.gov/Safety/MedWatch/SafetyInformation/SafetyAlertsforHumanMedicalProducts/ucm152362.htm.
13. 英国の放送局チャンネル4は、「ニューヨークの死体盗人」と題した、マストロマリノについての優れたドキュメンタリー番組を制作した。公式サイトに記載されている以下の番組概要を見ると、マストロマリノの所業がどのような形で大衆に提示されたのかがはっきりとわかる。「ニューヨークの外科医ドクター・マイケル・マストロマリノの身の毛もよだつ実話。医師は、何百もの死体を許可なく違法に切り刻み、取り出した骨や組織を移植用に売りさばいた」。ドキュメンタリー番組の全編はオンライン上（視聴可能な場合）で見ることができる。以下を参照。https://web.archive.org/web/20160522074439/http://www.channel4.com/programmes/bodysnatchers-of-new-york.
14. Office of the District Attorney, Kings County, New York, *Bones for Transplant Taken from Corpses without Consent*, February 23, 2006, 3. 以下を参照。https://web.archive.org/web/20100602011735/http://www.nyc.gov/html/doi/downloads/pdf/tissueharvesting.pdf.
15. Office of the District Attorney, *Bones for Transplant*, 1.
16. Susan Cooke Kittredge, "Black Shrouds and Black Markets," *New York Times*, March 5, 2006, https://www.nytimes.com/2006/03/05/opinion/black-shrouds-and-black-markets.html.

Agamben, *The Open*, 25〔アガンベン著、『開かれ』〕
27. また、こうした発明し直しの過程をとおして、グンター・フォン・ハーゲンスが、入場券によって何百万ドルもの売り上げを積み上げげたという情報も有用である。P・T・バーナムよろしく、フォン・ハーゲンスがショウマンの能力をもつと認識することはつねに重要だ。
28. Michel de Certeau, *Heterologies: Discourse on the Other*, trans. Brian Massumi (Minneapolis: University of Minnesota Press, 1986), 201–202〔引用箇所については、ミシェル・ド・セルトー著、「〈虚構〉」、『歴史と精神分析：科学と虚構の間で』、内藤雅文訳、法政大学出版局、2003 年所収〕
29. Institute for Plastination *Body Donation Program* release forms.
30. Institute for Plastination *Body Donation Program*, 2.
31. 献体用の書類にはつぎのように明記されている。

　本書類が、統一死体提供法またはそれに類する法にしたがって、私が（または私の指示によって私以外の者が）署名した法的文書であることを理解する。私は、自身の体がプラスティネーションに用いられることに対する同意を、いつでも理由を述べることなく撤回することができる。だが、撤回する場合には、連署人２名の署名のある文書をもって撤回する必要がある。プラスティネーション協会も、プラスティネーション用に死体を受け入れることへの同意を撤回する陳述をおこなう権利を有する。(2)

32. *Body Worlds Press Release*, "North American Donors to Body Worlds Anatomical Exhibitions Converge in Los Angeles to Meet Scientist, Gunther von Hagens & Discuss Their Post-Mortal Lives" (June, 10, 2008).
33. Institute for Plastination, *Donating Your Body for Plastination*, 5.

第五章

1. Martha W. Anderson and Renie Schapiro, "From Donor to Recipient: The Pathway and Business of Donated Tissues," in *Transplanting Human Tissue: Ethics, Policy, and Practice*, ed. Stuart J. Youngner, Martha W. Anderson, and Renie Schapiro (Oxford: Oxford University Press, 2004), 13.
2. 2011 年 12 月 1 日、米国第 9 巡回区控訴裁判所の裁判官３人からなる合議体は、骨髄の提供者は、その生物材料に対して合法的に支払いを受けることができるとの判決を下した。1984 年の全米臓器移植法では、骨髄は、売買してはならない生物材料に含まれているため、その取引は重罪になり得た。本件の控訴人は米国司法省。以下を参照。Flynn v. Holder, 655 F. 3d 1048 (Ninth Cir., 2011). また、指摘すべき重要な点として、米国の臓器関連法は、他国が移植可能な臓器を売ることを禁じてはいない、ということがある。他国とはすなわち、インド、中国、パキスタン、フィリピン、イランである。経済全体がこうした市場（合法の場合もあれば、違法の場合もある）の結果として発展し、医療ツーリズム業が急成長した。たとえば、インドの一部の地域では、腎臓の闇値は約 3,000 ドルと思われるが、その腎臓を西洋人に転売すると 85,000 ドルになり、しかも利益は元の提供者にはいっさい渡らない。以下を参照。Scott Carney, "Why a Kidney (Street Value $3,000) Sells for $85,000," *Wired*, May 8, 2007, https://www.wired.

9. こうした団体の例として、サンディエゴ自然史博物館、ミネソタ科学博物館、バッファロー科学博物館、オハイオ州クリーヴランドの五大湖科学センター、ロサンゼルスのカリフォルニア科学センター、ミルウォーキー公立博物館などがある。
10. Michael Sappol, *A Traffic of Dead Bodies: Anatomy and Embodied Social Identity in Nineteenth-Century America* (Princeton: Princeton University Press, 2004), 203.
11. Kate Connolly, "Fury at Exhibit of Corpses Having Sex," *Guardian*, May 6, 2009, https://www.theguardian.com/world/2009/may/06/german-artist-sex-death.
12. Connolly, "Fury at Exhibit of Corpses Having Sex," https://www.theguardian.com/world/2009/may/06/german-artist-sex-death.
13. AFP, "Copulating Corpses Raise the Roof in Berlin," https://www.france24.com/en/20090507-exhibition-germany-doctor-death-copulating-corpses-raise-roof-berlin-hagens-anatomy.
14. Reuters, "Copulating Corpses Spark Outrage in Berlin Show," https:// www.reuters.com/article/us-finearts-corpses/copulating-corpses-spark-outrage-in-berlin-show-idUSTRE5455CI20090506.
15. リンネの著書の正式タイトルは、『自然の体系 自然の三界を綱、目、属、種に分け、特徴、相違、同物異名、産地を付す *System of Nature through the Three Kingdoms of Nature, According to Classes, Orders, Genera and Species, with [Generic] Characters, [Specific] Differences, Synonyms, Place*』。以下を参照。Giorgio Agamben, *The Open* (Stanford: Stanford University Press, 2004), 25–26〔ジョルジョ・アガンベン著、『開かれ：人間と動物』、岡田温司・多賀健太郎訳、平凡社ライブラリー、2011年〕
16. Agamben, *The Open*, 25–26〔アガンベン著、『開かれ』〕
17. 以下を参照。Walter, "Body Worlds," 464–488.
18. Institute for Plastination, *Donating Your Body for Plastination*, 13–14.
19. Gunther von Hagens, *KÖRPERWELTEN Exhibition Guide*, 4th ed. (2001): 12.
20. Walter, "Body Worlds," 478.
21. Michel Foucault, *Birth of the Clinic*, trans. Alan Sheridan (New York: Vintage, 1973)〔ミシェル・フーコー著、『臨床医学の誕生』、神谷美恵子訳、みすず書房、新装版2020年〕
22. Foucault, *Birth of the Clinic*, 141〔フーコー著、『臨床医学の誕生』〕
23. Georges Canguilhem, *The Normal and the Pathological*, trans. Carolyn R. Fawcett (New York: Zone Books, 1989), 237–239〔ジョルジュ・カンギレム著、『正常と病理』、滝沢武久訳、法政大学出版局、新装版2017年〕
24. Paolo Virno, *A Grammar of the Multitude*, trans. Isabella Bertoletti, James Cascaito, and Andrea Casson (New York: Semiotext[e], 2004), 81〔パオロ・ヴィルノ著、『マルチチュードの文法：現代的な生活形式を分析するために』、廣瀬純訳、月曜社、2004年〕
25. Von Hagens, *KÖRPERWELTEN Exhibition Guide*, 18.
26. 初期の分類学者エドワード・タイソンは、1699年に以下の論文を発表した。「オランウータン、あるいは森の人《ホモ・シルウェストリス》、もしくは猿、類人猿、ヒトと比較したピグミーの解剖、さらに付け加えるに、古代人たちのピグミー、犬頭人、サテュロス、スフィンクスに関して、それらの生き物が類人猿か猿のいずれかであり、かつて主張されていたようなヒトではないことを明らかにする文献学的論文」。以下を参照。

をご存知のことと思う。ここ数週間、政治家や諸分野の専門家が、私の最新作に疑問を呈している。男性と女性――同意を得た２人の死者ドナー――を私が編み出したプラスティネーションの科学で解剖学的に保存したもので、人間の生殖に注意を向けてもらうための体勢を取らせてある。

皮肉にも、権威ある方々から批判されたにもかかわらず、展示会の来場者は、今や世界的に有名になった「セックス・カップル」を支持した。ベルリンでこの展示をお披露目して以来、英国からも、Ｏ２バブル博物館で開催中の〈ボディ・ワールド〉展でもそうした特別なプラスティネーション標本を展示してほしい、というメッセージを何百通も受け取っている。

私は公共の解剖学者として、これまで仕事をするなかでずっと、優れたものや正しいものを知る権威より、一般大衆の意見に耳を傾けてきた。それゆえ英国国民のみなさん、このプラスティネーション標本について、あなたがたの意見をうかがいたい。ベルリンと同様のプラスティネーション標本がロンドンに来て、Ｏ２バブル博物館の〈ボディ・ワールド・アンド・ミラー・オブ・タイム〉の常設展示に加わることをご希望だろうか？

議論に参加し、投票いただけるとありがたい。

現在ドイツで展示中のプラスティネーション標本は、ロンドンへ向かう準備はできている。あなたがたが今投票すれば、この唯一無二の展示作品を数週間のうちにＯ２バブル博物館の〈ボディ・ワールド〉展に常設することができるのだ。

私が決断するための投票をお待ちしている。

グンターより

フォン・ハーゲンスの訴えをオンラインで読むには、以下を参照。http://www.thisislondon.co.uk/standard-home/body-worlds-sex-couple-the-debate-6801712 .html.

7. 2012年4月、グンター・フォン・ハーゲンスは、ロンドンの自然史博物館で動物のプラスティネーション標本展を実際に開催した。〈動物、裏表〉と題されたその展示会は、2012年9月までつづいた。2018年には、同じくロンドンのピカデリー・サーカスで観光客向けに〈ボディ・ワールド〉展を開催した。

8. 以下を参照。Tony Walter, "Body Worlds: Clinical Detachment and Anatomical Awe," *Sociology of Health & Illness* 26, no. 4 (2004): 464–488.〈ボディ・ワールド〉展初期の具体的展示物に関連する論争の一つは、展示物に女性の体がないことを問題にした。女性の体がないことが原因で、来場者から不満の声が上がる場合もあった。トニー・ウォルターはつぎのように述べている。

   〈ボディ・ワールド〉展が提示する、みんなに共通の人間性には、一つの大きな例外がある。それは、女性の体の排除である。水泳をする標本を除けば、女性の全身標本の展示は、生殖にかかわるものしかない。これは、女性を生殖のための機械と暗に定義している。多くの女性が、男性のことと同じくらい自分たち女性のことも学びたいと述べている……女性の全身のプラスティネーション標本を除外したことについて、フォン・ハーゲンスはこう言い訳をしている。〈ボディ・ワールド〉展は男性に女性の体をいやらしい目で見ることを許している、との批判を受けたくなかったからだ、と。(483)

衆衛生業務の従事者は、亡骸の安全な扱い方について協議するとともに、葬儀も提供しようと試みるからだ。とくにエボラ出血熱と植民地主義の歴史にまつわる文化的政治学は、非常に複雑であり、感染の広がりを抑える最良の対応をしようと試みる際にどれほど速く死の政治学が姿を現すか、がよくわかる例も多い。

47. ジョディ・ラクールは、現在の業務状況についてつぎのコメントをくれた。

状況は前進している……HIV/AIDSの死体のエンバーミングについて、「パニック」に陥る葬儀ディレクターを目にすることはもうない、と胸を張って言える。葬儀ディレクターは、普遍的予防策を使って、通常の死体をエンバーミングするときとまったく同じように、HIV/AIDSの死体をエンバーミングしている。思うに、変化の主な理由は、単純にHIV/AIDSの知識が増えたからではないだろうか。かつては、HIV陽性の死体に触れるのは怖いことだったが、恐怖心のもとにあったのは無知だったと思う。われわれは当時、HIV/AIDSやその伝染の仕方についてよく知らなかった。AIDSの死体をエンバーミングする場合には、AIDSに罹患するリスクがきわめて高いと思い込んでいた。無知から生じる恐怖は、人間の本質としてめずらしいことではなく、以前より理解が深まったあかつきに恐怖心がどうなるかには驚くべきものがある。事実をすべて手に入れたら、不思議なことに恐怖は収まっていくのだ。(ジョディ・ラクール、著書宛ての個人的なメール、2009年9月)

第四章

1. 以下より引用。Institute for Plastination, *Donating Your Body for Plastination*, 7th rev. ed., December 2004, 23.
2. グンター・フォン・ハーゲンスのラジオの語りについては、以下を参照。"Cadaver Exhibits Are Part Science, Part Sideshow," on *National Public Radio*, August 10, 2006, at http://www.npr.org/templates/story/story.php?storyId=5553329.
3. 来場者数に関する詳細は、〈ボディ・ワールド〉展公式サイトのFAQ内"What Is Body Worlds"を参照。https://bodyworlds .com/about/faq/.
4. Institute for Plastination, *Donating Your Body for Plastination*, 8.
5. AFP, "Copulating Corpses Raise the Roof in Berlin," May 7, 2009, https://www.france24.com/en/20090507-exhibition-germany-doctor-death-copulating-corpses-raise-roof-berlin-hagens-anatomy. 以下も参照。Dave Itzkoff, "Cadaver Sex Exhibition in Germany Is Criticized," *New York Times*, May 7, 2009, https://www.nytimes.com/2009/05/08/arts/design/08arts-CADAVERSEXEX_BRF.html. 以下も参照。"Copulating Corpses Spark Outrage in Berlin Show," *Reuters*, May 6, 2009, https://www.reuters.com/article/us-finearts-corpses/copulating-corpses-spark-outrage-in-berlin-show-idUSTRE5455CI20090506.
6. フォン・ハーゲンスが手紙形式でロンドン市民に訴えかけた記事広告を、以下に引用する。2009年6月23日付〈ロンドン・イヴニング・スタンダード〉紙掲載。

グンター・フォン・ハーゲンスからの公開書簡

読者各位

みなさんの多くは、死後の体を人々の意識にのぼらせた解剖学者として、私

Lectures at the Collège de France, 1974–1975, trans. Graham Burchell (New York: Picador, 2003), 55–56〔フーコー著、『ミシェル・フーコー講義集成５：異常者たち』〕
33. Jerome F. Frederick, "AIDS—Identification and Preparation," *The Director*, July 1985, 8–11, 43–44.
34. Waldby, *AIDS and the Body Politic*, 140.
35. Waldby, *AIDS and the Body Politic*, 145.
36. Waldby, *AIDS and the Body Politic*, 146.
37. Michael Hearn, "Photographs and Memories," *The Director*, January 1992, 10–13, 57–58. 意味の競合があり、死体の制御がおこなわれたHIV/AIDSによる死者の葬儀に関する同様の記述については、以下の第１章を参照。Simon Watney, *Policing Desire: Pornography, AIDS and the Media* (Minneapolis: University of Minnesota, 1996).
38. Michael Lensing, "Arrangement Conference for AIDS Related Deaths," *The Director*, December 1996, 6–8.
39. T. Scott Gilligan and Thomas F. H. Stueve, *Mortuary Law*, 9th ed. (Cincinnati: Cincinnati Foundation for Mortuary Education, 1995), 6.
40. 死者の亡骸に対する法的主張は、アメリカにおける同性婚の合法化に関する多くの問題のうちの一つだった。Obergefell v. Hodges (2015) において、アメリカ最高裁判所は、同性婚はアメリカ全州に適用されるとの判決を下し、この判決により亡骸に対する権利の所在について法的決着がついた。この際の認諾がなければ、同性のパートナーは法的には近親者ではなかった。ジム・オーバーグフェルが訴訟を起こしたきっかけは、夫であるジョン・アーサーの死亡診断書の「配偶者」欄に自分の名を記載することができなかったからだった。オーバーグフェルとアーサーは、メリーランド州で結婚したが、居住している場所はオハイオ州だった（オハイオ州では、婚姻が法的に認められていなかった）。この訴訟が最高裁判所にまで進んだ理由や経緯などの背景は、しばしば忘れられてしまう。この訴訟については、2015年に〈ニューヨーク・タイムズ〉紙が短いドキュメンタリー動画を公開している。以下を参照。*How a Lover Story Triumphed in Court*: https://www.nytimes.com/video/us/100000003765330/how-a-love-story-triumphed-in-court.html.
41. Kath Weston, *Families We Choose: Lesbians, Gays, Kinship* (New York: Columbia University Press, 1991), 56.
42. 以下の文献と、著者ワットニーの「政治的葬儀」についての議論を参照。Simon Watney, *Imagine Hope: AIDS and Gay Identity* (London: Routledge, 2000).
43. Foucault, *The History of Sexuality, Volume I*, 135〔フーコー著、『性の歴史Ｉ』〕
44. Waldby, *AIDS and the Body Politic*, 146.
45. Funeral Directors Services Association of Greater Chicago, "AIDS Update," *The Director*, January 1993, 56–57.
46. もっと新しい種類の「危険」な死体に関する公衆衛生問題は現在もある。エボラ出血熱やクロイツフェルト・ヤコブ病（狂牛病の変異型で、人間に伝染）による死体はそれぞれに感染と致死の可能性がある。こうしたシナリオでは、HIV/AIDSの死体はまたもや生産的な死体となる。なぜなら、葬儀ディレクターと公ディレクター〉誌1992年1月号18-22ページに掲載された。私がこの報告書に言及する理由は、報告書が、HIV/AIDSの死体のエンバーミングをする際には予防策が必要だが、AIDSの危険性は多くの葬儀ディレクターが考えるほど深刻なものではまったくなかった、ということを明らかにする上で有用だったからである。

22. Michel Foucault, *Ethics, Subjectivity, and Truth*, ed. Paul Rabinow, trans. Robert Hurley (New York: New Press, 1997), 224–225〔引用箇所については、ミシェル・フーコー著、「自己のテクノロジー」、ミシェル・フーコー他著、『自己のテクノロジー：フーコー・セミナーの記録』、田村俶・雲和子訳、岩波現代文庫、2004年所収〕
23. Foucault, *Ethics, Subjectivity, and Truth*, 225〔引用箇所については、フーコー著、「自己のテクノロジー」〕
24. 「自己のテクノロジー」は、ミシェル・フーコーがさまざまな出版物で論じているものである。私が参照したのは、1982年にバーモント大学でフーコーがおこなった講義「自己のテクノロジー」。同講義録は以下に所収されている。Foucault, *Ethics, Subjectivity, and Truth*, 223–251〔フーコー他著、『自己のテクノロジー』〕. あるいは、「自己のテクノロジー」または「自己の陶冶」(と翻訳される場合もある)についての議論は、以下にも見つかる。Foucault, *The History of Sexuality, Volume III*, trans. Robert Hurley (New York: Vintage Books, 1986), 43–45〔ミシェル・フーコー著、『性の歴史Ⅲ：自己への配慮』、田村俶訳、新潮社、1987年〕
25. 以下を参照。James H. Bedino, *AIDS: A Comprehensive Update for Embalmers*, Research and Education Department of The Champion Company, No. 616 (1993).
26. Mayer, *Embalming: History, Theory and Practice*, 3rd ed. と Strub and Frederick, *The Principles and Practice of Embalming*, 5th ed. はいずれも、エンバーマーや葬儀社の従業員が一見しただけではわからない死因を知ることができるように、死体にタグ付けをすることの重要性を論じている。両文献とも、タグ付け開始時の歴史には触れていないが、COD(死因)タグの使用は、HIV/AIDSの死体を扱う段になって重要性を増したものである。
27. Mayer, "Offering a Traditional Funeral to All Families," 28–30.
28. 「普遍的予防策」についての以下の情報が、労働安全衛生局のウェブサイトから得られた。「1991年12月、労働安全衛生局(OSHA)は、血液媒介病原体への職業曝露に関する基準を発表した。本基準の目的は、約560万人にのぼる保健医療や関連の職業に従事する人を、後天性免疫不全症候群やB型肝炎ウイルスといった血液媒介病原体への曝露の危険から保護することである」。普遍的予防策についての詳細は、以下の労働安全衛生局のウェブサイトを参照。https:// www.osha.gov.
29. Mayer, *Embalming: History, Theory and Practice*, 37.
30. Dalton Sanders, "Err on the Side of Caution," *The Director*, April 1997, 73–74.
31. Foucault, *Ethics, Subjectivity, and Truth*, 51〔引用箇所については、ミシェル・フーコー著、「講義要旨」、『ミシェル・フーコー講義集成5：異常者たち(コレージュ・ド・フランス講義1974-1975)』、慎改康之訳、筑摩書房、2002年〕
32. 「怪物的人間」の形象については、以下を参照。Michel Foucault, *Abnormal:*

Association of the United States, Inc.," *The Director*, October 1985, 19.
11. Catherine Waldby, *AIDS and the Body Politic* (New York: Routledge, 1996), 1.
12. Robert G. Mayer, *Embalming: History, Theory and Practice*, 3rd ed. (New York: McGraw-Hill, 2000), xiv.
13. The National Funeral Directors Association, *The Director*, June 1986, 46.
14. Clarence G. Strub and L. G. "Darko" Frederick, *The Principles and Practice of Embalming*, 5th ed. (Dallas: Professional Training Schools, 1989), 3.
15. Paul Rabinow, *Essays on the Anthropology of Reason* (Princeton: Princeton University Press, 1996), 36.
16. Robert G. Mayer, "Offering a Traditional Funeral to All Families," *The Director*, September 1987, 28–30.
17. Mayer, "Offering a Traditional Funeral to All Families," 28–30.
18. 本章のために私が集めた記事や業界内の文献はいずれも、HIV/AIDS の死体のエンバーミングを拒否する匿名の葬儀ディレクターを取り上げる場合、たいていはエンバーミングを了承する匿名の葬儀ディレクターの話もしている。私がなぜこの点に言及するかというと、収集した記事を参照すれば、1980 年代の葬儀業が、同性愛や AIDS に対する恐怖心によって生じた状況や、ウイルスによって生じた全体的な制度の変化に対処しようと奮闘していたことは明らかだからだ。前述のニューヨーク州のエンバーミング法に関する 1986 年の Q & A も、こうしたことがよくわかる一例である。
19. Mayer, *Embalming: History, Theory and Practice*, 3rd ed. と Strub and Frederick, *The Principles and Practice of Embalming*, 5th ed. はいずれも、放射線の危険について、産業事故とがん治療における医学的な放射線の使用という両方の観点から論じている。Mayer においては 412–414 ページを参照（死の化学への言及にもとくに注目）、Strub and Frederick においては 348–352 ページを参照。Strub and Frederick は、放射線被ばく問題についてさらに例示するために、1989 年に出版された著書のなかの「放射線の事例」という簡潔なタイトルをつけた第 29 章をつぎのような出だしで始めている。

 近年、放射能をもつ死体のケアと処置は、エンバーマーにとって大きな関心事となり、その重要性も増している。こうした問題が生じる主な原因は、原子力発電所関連の災害や、放射性物質の放出である。原子力技術が発達するにつれ、原子力関連の事故が生じる危険性も高まっている。こうした要因によって、比較的重度の伝染病と同等の健康被害が引き起こされるだけでなく、死亡してからエンバーミングをするまでの期間が許容しがたいほど長くなってしまう恐れも生じる。（348）

20. Mayer, *Embalming: History, Theory and Practice*, 413. 放射線安全管理官は、放射能を有する死体について、葬儀社で安全に取り扱うことができる死体である旨が記載された特別な書類に署名する必要がある。原子力災害が起きた場合には、葬儀ディレクターも放射線事故の犠牲者に対して処置をすることが認められる場合もある。
21. 1992 年、全米後天性免疫不全症委員会は、「AIDS とともに生きるアメリカ」と題した報告書を発表し、委員会がアメリカ葬儀業に対して提示した推奨事項が〈ザ・

カバーをつけ、手袋やエプロンといっしょに廃棄すること。(6)台と床はクロロックス溶液で掃除すること。(7)処置の際に使用した布類とタオル類は廃棄すること。(8)遺族が遺体と対面する場合、身体的接触は避けること」

5. エンバーミングに関する8項目の注意事項が、現在も使われているのかを確認するため、ミネソタ大学の葬儀科学プログラムでエンバーミングの指導員を務めていたジョディ・ラクールに各項目について尋ねた。ラクールは、メールでつぎのように説明してくれた。

　君の理解のとおり、エンバーミングに関する注意事項は、ここ20年間あまり変わっていない。とはいえ、私の生徒やミネソタ州の葬儀ディレクターが受けるOSHA〔労働安全衛生局〕の研修では、PPE〔個人防護具〕の適切な使い方を含め、君がメールに書いてよこした8項目の注意事項よりもっと詳細にわたって指導を受ける。今は、エプロンと手袋に加えて、皮膚が露出している部分すべてを覆う使い捨てのガウンと、眼鏡の上からぴったりつけるゴーグルも着用する決まりだ。瑣末なことかもしれないが、一応知らせておこうかと思う。今は遺族に遺体との身体的接触を避けるよう言ったりしない、というのも君の認識どおり事実だ。遺族に対して愛する人の手も額も触ってはいけないと告げるなんて想像もできない。そんなことを言われた遺族はどれほどつらかっただろう。他の葬儀ディレクターの意見はさておき、私個人がここ10〜15年で感じた一つの変化は、HIV/AIDSで亡くなった人の死体をエンバーミングする際の注意事項8つとはまったく関係ないが、葬儀ディレクターの態度が変わったということだ。(著者宛ての個人的なメール〔2009年9月〕)

6. 1992年、シカゴ都市圏葬儀ディレクター業協会感染症/伝染病委員会は、つぎの問題についての研究をおこなった。HIVは、死んだ人間の体のなかでどれくらいの期間生きられるのか?　本章の終わりで1992年の研究(〈ザ・ディレクター〉誌1993年1月号に掲載)について論じているが、冒頭部分もここで紹介しておきたい。報告書の執筆陣はつぎのように述べている。「AIDSで亡くなった方にかかわる仕事をする者にとって、感染者の血液や体液による汚染リスクは非常に重大な懸念事項である。……さまざまな流言が飛び交っている。ウイルスはすぐに死ぬ、24時間以内に死ぬ、7日後に死ぬ、冷凍処置によって死ぬ、等々。葬儀ディレクターは、行動の指針とし心を落ち着かせるための事実にもとづく根拠を必死で探し求めているものの、何も得られない日々がつづいている。だが、それも今日で終わりだ」。Funeral Directors Services Association of Greater Chicago, "AIDS Update," *The Director*, January 1993, 56–57.

7. ミネソタ大学葬儀科学課程は、この種のプログラムとしてはアメリカでもっとも歴史の古い部類に入る。2008年11月1日には、100周年記念式典をおこなった。ミネソタ大学葬儀科学課程についての詳細は、以下を参照。https://www.mortuaryscience.umn.edu.

8. ジョディ・ラクール、著者宛ての個人的なメール(2009年9月)。

9. 「即時処理」とは、いかなる形式のエンバーミングも式典もすることなく、死体を即座に埋葬するか、火葬するか、合法的に処理することを指す。

10. National Funeral Directors Association Board of Governors, "Acquired Immune Deficiency Syndrome Policy of the National Funeral Directors

な売り文句が躍っている。「水銀が華氏 90 度になるまで待つといい、ビスガ液があればなあと思うだろう」

第二章

1. 以下を参照。United States, President's Commission for the Study of Ethical Problems in Medicine and Biomedical Behavioral Research, *Defining Death: A Report on the Medical, Legal and Ethical Issues in the Determination of Death* (Washington, DC: Government Printing Office, 1981).
2. 以下を参照。United States, President's Council on Bioethics, *Controversies in the Determination of Death: A White Paper by the President's Council on Bioethics* (Washington, DC: Government Printing Office, 2009), http://bioethics.georgetown.edu/pcbe/reports/death/index.html〔The President's Council on Bioethics 著、『脳死論争で臓器移植はどうなるか：生命倫理に関する米大統領評議会白書』、上竹正躬訳、篠原出版新社、2010 年〕
3. Lyn Lofland, *The Craft of Dying: The Modern Face of Death*, 40th anniversary ed. (Cambridge: The MIT Press, 2019), 2.
4. 以下を参照。Peter J. Donaldson, "Denying Death: A Note Regarding Ambiguities in the Current Discussion," *Omega*, November 1972, 285–290. Richard G. Dumont and Dennis C. Foss, *The American View of Death: Acceptance or Denial?* (Cambridge: Schenkman, 1972).
5. Lofland, *The Craft of Dying*, 72–73.
6. Lofland, *The Craft of Dying*, 86.

第三章

1. ウィスコンシン州ミルウォーキーに本部を置く全米葬儀ディレクター協会は、1880 年に設立された。公式サイト (http://www.nfda .org) には、協会の歴史についてつぎのような概要が掲載されている。「1880 年 1 月 14 日、ミシガン州の葬儀業者 26 名が最初の会合を開き、これが 1882 年の全米葬儀ディレクター協会設立のもととなった。今日、全米葬儀ディレクター協会は、世界でもっとも長い歴史をもつ最大の国別葬儀業団体である」
2. National Funeral Directors Association Memorandum, *AIDS Precautions for Funeral Service Personnel and Others*, June 1985, 1. ジョージア州アトランタにある疾病管理センターのジョン・H・リチャードソン博士からの依頼も、覚書作成に至るきっかけの一つだった。「葬儀業者がもつ資料のなかに、葬儀業従事者の保護について参考にできるものがあれば送ってほしい」という依頼だった。
3. National Funeral Directors Association, *AIDS Precautions*, 1.
4. 「エンバーミングに関する注意事項」の 8 項目は以下。「(1) エンバーマーは、二重にしたゴム手袋、使い捨てのエプロン、髪の毛を確実に覆うことのできるキャップを着用すること。(2) 器具は、10 分の 1 に希釈したクロロックス溶液で洗うこと。(3) エンバーミングの際に使用したエプロンと手袋は、ビニール袋に入れ、なるべく早く焼却すること。(4) ゴーグルまたは眼鏡を使用すること。(5) 靴

〔ヴォルフガング・シヴェルブシュ著、『鉄道旅行の歴史：19世紀における空間と時間の工業化』、加藤二郎訳、法政大学出版局、新装版2011年〕

43. Schivelbusch, *The Railway Journey*, 35〔シヴェルブシュ著、『鉄道旅行の歴史』〕
44. Habenstein and Lamers, *The History of American Funeral Directing*, 320.
45. カール・ルイス・バーンズは、アメリカのエンバーミング史において、大変華々しい人物の一人である。ハーベンステインとレイマーズは、*The History of American Funeral Directing* の328ページで、彼のことを「あのショウマン、カール・ルイス・バーンズ博士」といっている。また、Robert Mayer, *Embalming: History, Theory and Practice*, 3rd ed. (New York: McGraw-Hill, 2000), 475には、バーンズの経歴についてつぎのように記載されている。

    ペンシルベニア州コネルズヴィルで葬儀業を営む家庭に生まれたバーンズ（1872-1927年）は、インディアナ州で医学を学んでエンバーミング学校を開き、のちに学校をシカゴへ移転させた。エンバーミング用の化学薬品を製造するとともに、それに関する著書や論文を多数執筆し、ニューヨーク、シカゴ、ボストン、ミネアポリス、ダラスで、常設校としては史上最多のエンバーミング学校を所有していた。第一次大戦中は、アメリカ陸軍軍医として海外任務についたが、そのあいだにビジネスは失敗した。学校を再建することはなく、生涯をとおして医師として働いた。

46. ビスガ溶液の広告は、1902年から1903年にかけて、エンバーミングと葬儀業の業界誌である〈ザ・キャスケット〉誌と〈ザ・サニーサイド〉誌に連続掲載された。原本は、ウィスコンシン州ミルウォーキーにある全米葬儀ディレクター協会本部で閲覧可能である。一般向けの読み物として出版されていたわけではなかったので、葬儀ディレクターとエンバーマー以外の人が広告を目にしたとは考えにくい。ビスガマンについて、カール・ルイス・バーンズがいったいどこから死体を入手したのか、ということはわかっていない。バーンズは、1905年にコネチカット州葬儀ディレクター協会でおこなった講義中に、広告で使用した男性の死体についてわずかに言及している。全米葬儀ディレクター協会アーカイヴに保存されている、タイプライターで文字起こしをした講義録によると、バーンズは、エンバーミングが「難しかったケース」についてつぎのように述べている（難しかった、というのは、死体が病気によって損なわれていたか、腐敗が進んだ状態であったという意味）。「私が処置をしたなかで最高の出来栄えとなったケースは、最初は失敗だった。死体は、30歳くらいの若い男性だった」(15)。死因は結核で、溶液の注入は困難をきわめたというようなことをバーンズは述べている。エンバーミングがうまくいったあとについては、こう説明している。「死後3カ月たってから、この人の写真を広告に使用した。私がおこなったように処置をしていなければ、〔死体は〕3日とたたずにぼろぼろになっていただろう」(16)。ビスガマンについてこれ以外のことは、ちょっとした謎である。
47. この記載の引用元は、〈ザ・キャスケット〉誌1902年12月号に掲載されたビスガマンの広告で、全米葬儀ディレクター協会のアーカイヴに保管されている。
48. カール・ルイス・バーンズの狙いは、自分の製品を使うと死体の見栄えがどれほど向上するかを葬儀ディレクターにわからせることだった。1906年の〈ザ・サニーサイド〉誌に掲載されたビスガ・エンバーミング液の別の広告では、つぎのよう

28. Barnes, *The Art and Science of Embalming*, 183.
29. ハーベンステインとレイマーズは、南北戦争前後の期間において、大衆が信仰上の懸念によりエンバーミングを拒んでいたことについて述べている。ハーベンステインとレイマーズによると、「さらに、大衆が亡骸に手を加えることに抵抗していた背景には、体は神殿であり、亡骸はつねに聖性を帯びているから、どんな場合でも敬意をもって扱わねばならない、というキリスト教の伝統的な考え方があった」。以下を参照。*The History of American Funeral Directing*, 218. 大衆の不安に対処するため、バーンズをはじめとする葬儀ディレクターは、自分たちの仕事を「神の業」になぞらえることもしばしばだった。興味深いことに、1910年に開催された北米エンバーマー審議会第7回年次会で、ジョン・H・ナウンが「われわれの職業の聖性」と題した公式演説をし、エンバーマーの仕事の技術的重要性について語った。以下を参照。"Proceedings of the 7th Annual Conference of Embalmers' Examining Boards of North America," pp. 6–8.
30. James Farrell, *Inventing the American Way of Death*, 1830–1912 (Philadelphia: Temple University Press, 1980), 160–161.
31. Farrell, *Inventing the American Way of Death*, 158.
32. Habenstein and Lamers, *The History of American Funeral Directing*, 303.
33. Habenstein and Lamers, *The History of American Funeral Directing*, 303.
34. "Proceedings of the 4th Annual Joint Conference of Embalmers' Examining Boards of North America," Norfolk, VA (1907), 9–10.
35. "Proceedings of the 4th Annual Joint Conference of Embalmers' Examining Boards of North America," Norfolk, VA (1907), 9–10.
36. 19世紀後期から20世紀初期にかけて、〈ザ・サニーサイド〉、〈ザ・キャスケット〉、〈ジ・エンバーマーズ・マンスリー〉といった葬儀業の定期刊行物には、「溶液男」の記事がいくつも見つかる。
37. Habenstein and Lamers, *The History of American Funeral Directing*, 219.
38. 全米一般手荷物代理店協会が死体の輸送に関する規則を最初に提案したのは1888年だったといえば、死体の大陸横断輸送についての規定づくりがどれほど長引いたかわかってもらえるかもしれない。以下を参照。Habenstein and Lamers, *The History of American Funeral Directing*, 319.
39. 各種団体によるこの会議と、同意に至った規則についての情報は、1906年の以下の文献に再掲載された。"Proceedings of the 3rd Annual Meeting of Association of State and Provincial Boards of Health and Embalmers' Examining Boards of North America," 46–48.
40. "Proceedings of the 3rd Annual Meeting of Association of State and Provincial Boards of Health and Embalmers' Examining Boards of North America," 46–47.
41. 以下にあるミシェル・フーコーの「屍体の時間」についての議論も参照。Michel Foucault, *Birth of the Clinic*, trans. Alan Sheridan (New York: Vintage, 1973), 141〔ミシェル・フーコー著、『臨床医学の誕生』、神谷美恵子訳、みすず書房、新装版2020年〕
42. Wolfgang Schivelbusch, *The Railway Journey; the Industrialization of Time and Space in the 19th Century* (Berkeley: University of California Press, 1977), 33

ニングは19世紀における「心霊写真」の発展を詳述するというすばらしい功績を残している。ガニングによると、心霊写真は、「一九世紀には哀悼のイメージとしても作られていた」(「幽霊のイメージと近代的顕現現象」、望月由紀訳)(66)。この効果を得るために、撮影技師は、一つのイメージの上に別のイメージを重ね焼きすることで、幽霊のようなものが出現したように見せた。

13. スタンリー・バーンズは、*Sleeping Beauty II: Grief, Bereavement and the Family in Memorial Photography* (2002)で、こうした写真が発展した過程と、写真の真実を暴くにあたってP・T・バーナムが果たした役割について簡潔に語っている。
14. Ruby, *Secure the Shadow*. ルビーの著書は、人間とペットを含むあらゆる種類の死後の写真術についての総合的な文献記録として興味深い。
15. Ruby, *Secure the Shadow*, 52.
16. 以下を参照。Richard Leppert, *Art and the Committed Eye: The Cultural Functions of Imagery* (Boulder, CO: Westview Press, 1996).
17. Ruby, *Secure the Shadow*, 50. ぜひとも記しておきたいのだが、前述したJames Van Der Zee, *Harlem Book of the Dead* は、20世紀初期から中期におけるアフリカンアメリカンの死後の写真術に関する優れた文献である。
18. Gunning, "Phantom Images," 68〔ガニング著、「幽霊のイメージと近代的顕現現象」〕
19. 以下は、写真術とエンバーミングが発達する以前の死体にまつわる衝撃的光景についての優れた評論である。Vanessa Schwartz, "Cinematic Spectatorship before the Apparatus: The Public Taste for Reality in *Fin-de-Siècle Paris*," in *Cinema and the Invention of Modern Life*, ed. Leo Charney and Vanessa R. Schwartz (Berkeley: University of California Press, 1995), 297–319。同文献298–304ページでは、パリの死体公示所に置かれた身元不明の死体を見る一般大衆の興奮について述べられている。
20. Ruby, *Secure the Shadow*, 53.
21. Ruby, *Secure the Shadow*, 59.
22. Ruby, *Secure the Shadow*, 59.
23. Robert W. Habenstein and William M. Lamers, *The History of American Funeral Directing*, 4th ed. (Milwaukee: National Funeral Directors Association of the United States, 1996), 212.
24. Habenstein and Lamers, *The History of American Funeral Directing*, 212.
25. Habenstein and Lamers, *The History of American Funeral Directing*, 219. 戦場でのエンバーミングは、費用が高額すぎる上に質が悪かったので、1865年3月、北軍は「エンバーマーに関する命令」と題された陸軍省一般命令を受けた。命令では、戦死者のエンバーミングをする際は、資格をもつ適切なエンバーマーを使うべきである旨が規定されていた。南北戦争は1カ月後に終結したが、このときの規定は、政府による正式な資格の授与が効力を発揮した最初の事例である。ハーベンステインとレイマーズは、同文献207–219ページで、この歴史全体について論じている。
26. Habenstein and Lamers, *The History of American Funeral Directing*, 217.
27. Carl Lewis Barnes, *The Art and Science of Embalming* (Chicago: Trade Periodical, 1896), 143.

てはあとになってみないとわからない。デジタルテクノロジーにおける革新は、死、死にゆく過程、死体について議論するにあたり、現在人間が使用できるコミュニケーションツール一式を反映している。死後の写真術と同様に、デジタルツールの使用は、100年後に、オンライン上で何がなされていたかが新事実として再発見されたときに、ずっと興味深い対象となるだろう。

7. T. Scott Gilligan and Thomas F. H. Stueve, *Mortuary Law*, 9th ed. (Cincinnati: Cincinnati Foundation for Mortuary Education, 1995), 5によると、「"dead body"という語は具体的には、命を失ってはいるが、完全に分解されてはいない人間の体を意味する。"corpse"という語は、"dead body"という語と同義である。法的にdead bodyまたはcorpseと認められるためには、3つの条件を満たす必要がある。人間の体であること、生きていないこと、完全に分解されていないこと、である」。有機物の残骸になるまで腐敗が進んだ場合や、白骨化した場合は、もはや死体とはみなされない。ギリガンとストゥーヴィは、例として以下の米国の訴訟を挙げている。「State v. Glass, 27 O. App. 2d 214, 273 N.E. 2d 893において、不動産開発業者が、かつて墓地のあった土地をブルドーザーでならすよう命じたところ、オハイオ州の『盗掘』法違反で告発された。開発現場には、120年ほど前に埋葬された3人の墓が含まれていた。控訴裁判所は、開発者の有罪判決を覆すにあたり、つぎのように述べた。『死体というものは、永続的なものではない。定めなき程度の腐敗を経たのち、法律上は死体ではなくなる』と」。*Mortuary Law*, 9th ed., 5.
8. 本書では、ヴァルター・ベンヤミンの『複製技術時代の芸術』〔佐々木基一編集・解説、晶文社クラシックス、1999年〕や『図説写真小史』〔久保哲司編訳、ちくま学芸文庫、1998年〕にはっきりと言及してはいないが、いずれの文献も、私が死の写真術について考える上で重要だった。1980年に出版されたロラン・バルトの『明るい部屋：写真についての覚書』〔花輪光訳、みすず書房、新装版1997年〕も、死と写真術の問題に関して参照すると面白い。
9. Tom Gunning, "Phantom Images and Modern Manifestations," in *Fugitive Images: From Photography to Video*, ed. Patrice Petro (Bloomington: Indiana University Press, 1995), 66〔トム・ガニング著、「幽霊のイメージと近代的顕現現象」、望月由紀訳、『アンチ・スペクタクル：沸騰する映像文化の考古学』、長谷正人・中村秀之編訳、東京大学出版会、2003年所収〕
10. 死の写真術（死後の写真術ともいう）を主題として書籍の形で出版されている文献がいくつかある。以下の文献は、イメージの視覚的記録としても、死者の写真撮影という実践についての歴史的情報としても重要である。Jay Ruby, *Secure the Shadow* (Cambridge: MIT Press, 1995), James Van Der Zee, *The Harlem Book of the Dead* (Dobbs Ferry, NY: Morgan & Morgan, 1978), Michael Lesy, *Wisconsin Death Trip* (New York: Pantheon Books, 1973), Stanley Burns, *Sleeping Beauties: Memorial Photography in America* (New York: Burns Archive Press, 1990), Stanley Burns, *Sleeping Beauty II: Grief, Bereavement and the Family in Memorial Photography* (New York: Burns Archive Press, 2002).
11. Gunning, "Phantom Images," 48〔ガニング著、「幽霊のイメージと近代的顕現現象」〕
12. Gunning, "Phantom Images," 64〔ガニング著、「幽霊のイメージと近代的顕現現象」〕。ガ

Libby Meintjes, Public Culture 15, no. 1 (2003): 11–40〔アキーユ・ンベンベ著、「ネクロポリティクス：死の政治学」、小田原琳・古川高子訳、東京外国語大学海外事情研究所、〈クァドランテ〉第 7 号、2005 年〕

21.Raymond Williams, *The Politics of Modernism: Against the New Conformists* (New York: Verso, 1989), 134〔レイモンド・ウィリアムズ著、『モダニズムの政治学：新順応主義者たちへの対抗』、加藤洋介訳、九州大学出版会、2010 年〕

第一章

1. *Casket*, December 1902, 30–31.〈ザ・キャスケット〉誌の原本は、ウィスコンシン州ミルウォーキーにある全米葬儀ディレクター協会のアーカイヴに保管されている。
2. *Casket*, 30.
3. ここ 15 年間で、たとえば以下のような本が出版され、いずれの文献も確かに人間の死体について議論している。だが興味深いことに、死についての議論が、死体にもたらされた変化がどんなふうに死生学といった分野にも影響を与えたか、という問題に取り組むことはめったにない。Mary Roach, *Stiff: The Curious Lives of Human Cadavers* (New York: W. W. Norton, 2003)〔メアリー・ローチ著、『死体はみんな生きている』、殿村直子訳、日本放送出版協会、2005 年〕、Gary Laderman, *Rest in Peace: A Cultural History of Death and the Funeral Home in Twentieth-Century America* (New York: Oxford University Press, 2003)、Norman Cantor, *After We Die: The Life and Times of The Human Cadaver* (Washington, DC: Georgetown University Press, 2010).
4. 医療および生命医学行動科学研究における倫理的諸問題を検討するための大統領委員会とその報告書 *Defining Death: A Report on the Medical, Legal, and Ethical Issues in the Determination of Death* (1981) は、現代のアメリカに存在する無数の死の定義をまとめた文献の一例である。
5. ジャン＝フランソワ・リオタールやフレドリック・ジェイムソンを含む多くの理論家が、ポストモダンの主体（postmodern subject）を探究してきたが、本書の研究の中心にあるのは、死後の主体（postmortem subject）である。「死後（postmortem）」は、ポストモダンの概念抜きに存在し得るし、つねに存在しているだろう。だが、死を抜きにしては、何が近代を越えられるかという問いは複雑さを増す。私がここでとくに念頭に置いている文献は以下。Jean-François Lyotard, *The Postmodern Condition: A Report on Knowledge*, trans. Geoff Bennington and Brian Massumi (Minneapolis: University of Minnesota Press, 1984)〔ジャン＝フランソワ・リオタール著、『ポスト・モダンの条件：知・社会・言語ゲーム』、小林康夫訳、水声社、1994 年〕、Fredric Jameson, *Postmodernism* (Durham: Duke University Press, 1991).
6. 私が示唆しているのは、過去 150 年のあいだ人間の死体が継ぎ目なく変化した、ということではなく、死体に影響をおよぼすテクノロジーが変化するにつれ、死にまつわる死後の条件も変化してきた、ということだ。私たちは今、「デジタルな死」のテクノロジーの時代を生きている。だが、この時代はいつまでつづくのか、あるいは、この時代は人々が将来も覚えているものなのか、といった問題につい

Johns Hopkins University Press, 1999), 277.
9. Charo, "Dusk, Dawn, and Defining Death," 288.
10. University of Minnesota Center for Bioethics, *Determination of Death: Reading Packet on the Determination of Death* (Minneapolis: University of Minnesota, 1997), 4.
11. デヴィッド・ユーイング・ダンカンは、〈ニューヨーク・タイムズ〉紙に寄せた、延命に関する簡潔な論説で、つぎの重要な問いかけをした。「あなたはいつまで生きたいですか？」以下を参照。David Ewing Duncan, "How Long Do You Want to Live?" *New York Times*, August 25, 2012, https://nytimes.com/2012/08/ 26/sunday-review/how-long-do-you-want-to-live.html.
12. Agamben, *Homo Sacer*, 161〔アガンベン著、『ホモ・サケル』〕
13. T. Scott Gilligan and Thomas F. H. Stueve, *Mortuary Law*, 9th ed. (Cincinnati: Cincinnati Foundation for Mortuary Education, 1995), 6.
14. ここでの重要文献は以下。Jay Ruby, *Secure the Shadow* (Cambridge: MIT Press, 1995); Robert W. Habenstein and William M. Lamers, *The History of American Funeral Directing*, 4th ed. (Milwaukee: National Funeral Directors Association of the United States, 1996); and Robert G. Mayer, *Embalming: History, Theory and Practice*, 3rd ed. (New York: McGraw-Hill, 2000).
15. Catherine Waldby, *AIDS and the Body Politic* (New York: Routledge, 1996).
16. グンター・フォン・ハーゲンスのラジオの語りについては、以下を参照。"Cadaver Exhibits Are Part Science, Part Sideshow," on *National Public Radio*, August 10, 2006, at http://www.npr.org/templates/story/story.php?storyId=5553329.
17. 2012年4月、グンター・フォン・ハーゲンスは、ロンドンの自然史博物館で動物のプラスティネーション標本展を実際に開催した。〈動物、裏表〉と題されたその展示会は、2012年9月までつづいた。2018年には、同じくロンドンのピカデリー・サーカスで観光客向けに〈ボディ・ワールド〉展を開催した。
18. Annie Cheney, *Body Brokers: Inside America's Underground Trade in Human Remains* (New York: Broadway Books, 2006)〔アニー・チェイニー著、『死体闇取引：暗躍するボディーブローカーたち』中谷和男訳、早川書房、2006年〕は、現代のアメリカにおけるボディーブローカーについて調査した重要文献であり、業界を動かす金銭欲について深い洞察を示している。以下の文献も、死体の周旋を歴史的現象とみなして、より複雑な分析をおこなっている。Michael Sappol, *A Traffic of Dead Bodies: Anatomy and Embodied Social Identity in Nineteenth-Century America* (Princeton: Princeton University Press, 2002).
19. Giorgio Agamben, *Remnants of Auschwitz*, trans. Daniel HellerRoazen (New York: Zone Books, 1999), 83–84〔ジョルジョ・アガンベン著、『アウシュヴィッツの残りのもの：アルシーヴと証人』、上村忠男・廣石正和訳、月曜社、新装版2022年〕
20. 「necropolitics」〔本文中で「死体政治」という訳語を当てている原語〕という概念は、他の文献にも登場するが、それらの著者は死と死体を混同している。「necropolitics」とは、死体を内包する政治的状況であり、必ずしも死を含むものではない。以下を参照。*Polygraph 18: Biopolitics, Narrative, Temporality*, issue eds. Rodger Frey and Alexander Ruch (2006), and Achille Mbembe's "Necropolitics," trans.

原注

序章

1. 2009年1月、大統領生命倫理評議会が、『脳死論争で臓器移植はどうなるか：生命倫理に関する米大統領評議会白書』（上竹正躬訳、篠原出版新社、2010年）を発表した。これは、1981年の大統領委員会の知見をおおよそ支持するものである。報告書を読むには、以下を参照。http://bioethics.georgetown.edu/pcbe/reports/death/index.html.
2. United States, President's Commission for the Study of Ethical Problems in Medicine and Biomedical Behavioral Research, *Defining Death: A Report on the Medical, Legal and Ethical Issues in the Determination of Death* (Washington, DC: Government Printing Office, 1981), 3.
3. President's Commission for the Study of Ethical Problems in Medicine and Biomedical Behavioral Research, *Defining Death*, 3.
4. 死体のテクノロジーという概念の一部は、ミシェル・フーコーの「人間のテクノロジー」の議論を中心に構築している。死体のテクノロジーとフーコーの人間のテクノロジーについては、第二章で詳細に議論する。フーコーの人間のテクノロジーについては、以下を参照。Michel Foucault, *Ethics, Subjectivity, and Truth*, ed. Paul Rabinow, trans. Robert Hurley (New York: New Press, 1997), 224–225〔引用箇所については、ミシェル・フーコー著、「自己のテクノロジー」、ミシェル・フーコー他著、『自己のテクノロジー：フーコー・セミナーの記録』、田村俶・雲和子訳、岩波現代文庫、2004年所収〕
5. Giorgio Agamben, *Homo Sacer*, trans. Daniel Heller-Roazen (Stanford: Stanford University Press, 1998), 164〔ジョルジョ・アガンベン著、『ホモ・サケル：主権権力と剥き出しの生』、高桑和巳訳、以文社、2003年〕
6. 2005年8月、〈ニューヨーク・タイムズ〉紙が、ホスピス・ケアまたはエンドオブライフ・ケアが必要になった場合に家族が直面する問題について長文記事を掲載した。以下は記事からの引用である。「今年の4月、国立ホスピス・緩和医療協会の会長であるJ・ドナルド・シューマッハは、上院健康・教育・労働・年金委員会に対してつぎのように述べた。『アメリカ人は、わが子に安全なセックスや薬物について話すことより、末期患者である親に人生の最終段階が近づくなかで医療の選択肢について話すことを回避する傾向にある』と」。記事全文を読むには、以下を参照。Robin Marantz Henig, "Will We Ever Arrive at the Good Death," *New York Times Magazine*, August 7, 2005, http://nytimes.com/2005/08/07/magazine/07DYINGL.html.
7. President's Commission for the Study of Ethical Problems in Medicine and Biomedical Behavioral Research, *Defining Death*, 3.
8. Alta Charo, "Dusk, Dawn, and Defining Death: Legal Classifications and Biological Categories," in *The Definition of Death: Contemporary Controversies*, ed. Stuart J. Youngner, Robert M. Arnold, and Renie Schapiro (Baltimore:

ジョン・トロイヤー（John Troyer）
葬儀業を営む家に生まれ、現在はバース大学社会・政策科学部上級講師、死および社会研究センターのセンター長として、死について多角的に研究している。2006年、本書と同題の博士論文がミネソタ大学芸術・人文科学論文大賞を受賞。死に関するブログ記事を掲載するウェブサイト〈Death Reference Desk〉の共同設立者（http://www.deathreferencedesk.org/org/）。BBCのコメンテーターも務める。本書が初の著書。

藤沢町子（ふじさわ・まちこ）

大阪府生まれ。京都大学総合人間学部卒業。翻訳専門校フェロー・アカデミーで出版翻訳を学ぶ。訳書に『原爆投下、米国人医師は何を見たか：マンハッタン計画から広島・長崎まで、隠蔽された真実』。

人《ひと》はいつ「死体《したい》」になるのか
生《せい》と死《し》の社会学《しゃかいがく》

●

2023 年 *10* 月 *31* 日　第 *1* 刷

著者……………ジョン・トロイヤー
訳者……………藤沢町子《ふじさわまちこ》
装幀……………永井亜矢子《ながいあやこ》（陽々舎《ようようしゃ》）
発行者……………成瀬雅人
発行所……………株式会社原書房

〒 160-0022 東京都新宿区新宿 1-25-13
電話・代表 03(3354)0685
振替・00150-6-151594
http://www.harashobo.co.jp

印刷……………新灯印刷株式会社
製本……………東京美術紙工協業組合

ISBN 978-4-562-07351-1, Printed in Japan